창조주 하나님과 과학

Foreign Copyright:
Joonwon Lee
Address: 127, Yanghwa-ro, Mapo-gu, Chomdan Building 6th floor,
         Seoul, Korea
Telephone: 82-70-4345-9818
E-mail: jwlee@cyber.co.kr

창조주 하나님과 과학

2016. 5. 3. 1판 1쇄 인쇄
2016. 5. 10. 1판 1쇄 발행

지은이 | 박웅서
펴낸이 | 이종춘
펴낸곳 | **BM** 주식회사 **성안당**

주소 | 04032 서울시 마포구 양화로 127 첨단빌딩 5층(출판기획 R&D 센터)
       | 10881 경기도 파주시 문발로 112(제작 및 물류)
전화 | 02) 3142-0036
       | 031) 950-6300
팩스 | 031) 955-0510
등록 | 1973.2.1 제406-2005-000046호
출판사 홈페이지 | **www.cyber.co.kr**
ISBN | 978-89-315-7928-4 (03230)
정가 | **13,800원**

검
인

이 책을 만든 사람들
책임 | 최옥현
편집·진행 | 조혜란, 정지현
교정·교열 | 장석훈
본문·표지 디자인 | 윤대한, 박원석, 박현정
홍보 | 전지혜
국제부 | 이선민, 조혜란, 김해영, 김필호
마케팅 | 구본철, 차정욱, 나진호, 이동후, 강호묵
제작 | 김유석

창조주 하나님과 과학

진화, 인간의 완성, 구원

박웅서 지음

BM 성안당

과학적 합리주의와
기독교의 공존

이 책은 신앙과 진화론에 관련된 필자의 평소의 고민을 정리함으로 시작되었다. 필자가 본고의 집필을 결심하게 된 것은 한 권의 책을 읽으면서였다. 신재식 교수가 쓴 『예수와 다윈의 동행』이라는 책이었다. 2013년에 출판되어 조선일보에서 한 면을 다 할애하여 인터뷰를 한 적이 있다. 이 책에 의하면 한국교회는 진화론이란 말만 하여도 경기를 일으킨다고 한다. 반면에 신 교수는 진화론적 유신론을 세계적 신학의 대세라고 단언하며, 수많은 진화론을 수용하는 신학자들을 소개한다. 특히 영국계 신학자들 중에는 일찍이 『종의 기원』이 출간된 다윈의 시절부터 진화론자가 존재하였다고 한다. 기독교에는 기독교와 과학의 관계에 대하여 두 권의 책으로 이해하는 오랜 전통이 있는데, 그에 따르면, 하나님이 두 권의 책을 쓰셨는데, 하나는 『성경』이고, 또 하나는 『자연』이라고 한다. 두 가지가 다 하나님의 작품이므로 하나를 수용한다고 해서 다른 하나를 부정할 이유가 없다는 주장이다. 기독교와 다윈의 진화론은 오랜 세월을 두고 다투고 있고, 아직도 미국에서는 문자주의적 기독교 원리주의자(Christian Fundamentalist)들이 공립학교에서 진화론 교육을 문제 삼고, 기독교 창조론을 과학 시간에 같이 가르쳐야 한다고 주장할 뿐 아니라, 진화론만을 교육하는 것을 금지해 달라는 소송을 지방법원에 낸 곳도 상당수 존재한다.

필자는 한국 기독교처럼 과학을 수용하는 데 인색한 풍토에서 진화론을 거론할 뿐 아니라, 이를 전면적으로 수용하여야 한다고 주장하는 신 교수의 용기를 높이 평가한다. 그러나 필자는 신학자들이 '진화 현상'을 수용하는 것과 '진화론'을 수용하는 것을 구분하여야 한다고 생각한다. 진화 현상은 자연이 변화하는 방법의 하나이므로 이것을 수용하고 안 하고 할 상황이 아니다. 그냥 모든 생물체는 내·외부적 충격을 받고, 변하고, 선택되고, 적응한다. 하나님이 그렇게 만들었기 때문이다. 이것이 진화 현상이고, 이는 하나님이 자연을 운영하시는 가장 중요한 도구 중의 하나일 뿐이다. 기독교가 불필요한 고집을 부린다 해서 양심적 신학자들까지 당연히 존재하는 것을 존재한다고 재선언할 필요는 없다고 본다.

그러나 진화론은 다르다. 진화론을 선택하려면, 우연적 변화와 수많은 변이와, 그 중 승자의 우연한 선택(Selection by chance)과 패자의 대량 도태와 그 과정의 무한한 반복이 모두 우연적으로 일어난다고 믿어야 하고, 이 과정을 통하여 유인원이 현재의 인간이 되었다고 믿어야 진화론을 선택한 것이 된다. 하나님의 간섭, 특히 인간의 두뇌의 고속발달 같은 특수한 자연현상이 완전히 우연적 선택의 반복에 의하여 달성되었다고 믿어야 할 뿐 아니라, 이를 증명하여야 한다. 종교와 달리 진화론은 과학의 일부로 인식되어왔기 때문에 진화론의 주장들은 전부 예외 없이 객관적 증거에 의하여 증명되어야 하는 검증이 가능한 가설들이다. 진화 현상은 부정하기 힘든 자연 현상이지만, 진화론은 엄청나게 많은 양의 우연이 기적적으로 각 시간대별로 정확히 발생하여 통계학적으로 불가능에 가까운 극히 낮은 조건부 확률의 사건(Events with improbably low conditional probability)들이 실제로 발생해야 하고, 그것도 반복해서 그런 기적이 일어났다고 믿어야 한다. 이거야말로 어느 종교보다 더 심한 미신이다.

이제 흰 종이 위에 진화의 지도를 그려 보자. 종이 제일 아래 부분에 출발점을 하나 찍고, 이를 우리가 침팬지와 비슷했을 때라고 가정해 보자. 다음에는 종이 제일 윗 부분에 점을 한 개 찍고 이를 우리가 현재의 모습 또는 호모 사피엔스가 된 시기라고 보자. 이제 출발점으로 돌아가서 인간 진화의 여정을 시작한다.

모든 진화적 변화는 무작위적 변화여야 하기 때문에 첫 번째 변화를 지칭하는 점들은 출발점 부근에 360도 각도로 퍼질 것이다. 그 중에서 한 개 또는 몇 개의 점이 적자생존의 법칙에 따라 선택 될 것이다. 문제는 적자생존의 법칙으로 선택된 점이 최종 도착지에 더 가까이 있는지, 더 멀어졌는지는 아무도 모른다. 목표지점의 호모 사피엔스는 모든 동물 가운데 두뇌는 가장 뛰어나도, 육체적으로는 별 볼일이 없는 동물이기 때문에 자연은 적자선택을 하는

데 있어 어느 기준을 적용해야 할 지 알 수가 없다. 자연이 이 어려운 선택을 하느라 진땀을 빼고 있는 동안 DNA들은 계속해서 새로운 변화를 쏟아내고 이 선택 작업을 더 어렵게 만든다.

이런 과정이 반복되면 인류 조상의 진화의 지도는 엄청 복잡하고 다양하게 되고, 유대교의 촉대처럼 생긴 여러 갈래로 퍼지는 인간 진화의 지도는 수십 페이지의 책이 된다. 종국적으로는 자연이 이 무의미한 촛불 받침대의 연결 같은 진화지도의 진화의 방향이 원래 가야 할 방향과 너무 떨어져 있다는 사실을 발견하고 이 다양한 유인원의 지도를 확 쓸어버린 경우가 반복적으로 일어났다. 이러한 올바른 진화 방향을 향한 역사적 대 조정 사건은 인류의 진화 과정에서 여러 번 발생한 것으로 이는 고대 인류학자들의 연구를 통하여 잘 밝혀져 있다.

여기서 주의해야할 점은 바로 이 '올바른 방향'이라는 말이다. 위의 분석에서 자연이 인간 진화의 올바른 방향을 원래부터 알고 있었고, 인간 진화가 이 올바른 방향에서 이탈하는지 또는 제 코스 대로 가고 있는지를 판단할 능력을 가진 것이 분명하다. 반복적인 역사적 방향 대 조정은 자연이 이 방향 오류에 대하여 알고 있었기 때문에 가능한 것이었다. 다시 말해서 누군가가 인간 진화가 지향해야 할 올바른 방향을 사전에 설정해 놓고, 자연에게 꾸준히 인간 진화의 방향에 관한 내비게이션 정보를 주고 있었던 것이다. 이 올바른 방향이 선험적으로 존재하지 않으면, 이탈이라는 말도 의미가 없어지고, 조정이란 말도 의미가 없어진다. 이러한 올바른 방향이 무신론적 진화론자들의 주장대로 4백만 년 전에 우연히 조성되고 그 방향으로 인간이 진화하였다면 이는 이미 우연이라고 볼 수가 없다.

필자는 하나님이나 하나님의 대리자들에 의한 간섭에 의하여 인간의 두뇌가 다른 자연의 진화 현상과 다르게 고속으로 현재의 상태로 발전하였다고 본다. 이는 과학적 명제다. 과학적 명제는 경험과학적 방법으로 아직 부정되지 않은 살아있는 가설의 집합체이다. 언제든지 틀렸다는 평가를 받을 준비가 되어 있는 이론들이다. 진화론이 현재 설명하지 못하는 인간 두뇌의 고속 성장을 종교적 입장에서 과학적 논리로 설명하여 보자는 뜻이다. 하나님이 남겨 두신 창조의 흔적은 과학적 방법으로 찾아가면 언젠가는 손오공이 부처의 손가락에 도달하듯이 인간의 과학도 우주의 본질적 진리와 하나님이 지정해 둔 궁극적 진리에 접근할 것으로 믿는 것이다.

이 책은 필자의 종교적 고민들을 합리적 사고방식으로 풀어 보려는 시도와 노력에서 출발하였고, 이를 하나의 수상(隨想)으로 썼다. 그러나 이 책의 원고를 세 번이나 정독하고 깨알같이 많은 수정과 질문을 해주신 신재식 교수의 직·간접적 충고를 소화하다 보니, 모르는 사이에 과학적 합리주의와 기독교가 융합이 가능하다는 대단히 용맹스러운 주장을 하는 책이 되고 말았다. 물론 그 용기에 비해 성과는 크게 부끄럽지만, 그래도 이 세상 수억 명의 예수의 제자들에게 이 말은 꼭 하고 싶었다.

이 작은 글을 쓰는 데 참으로 많은 이의 도움을 받았다. 초기 원고 상태로 많은 수정과 권고를 해주신 신재식 교수님의 노고에 이 기회를 빌어 진심으로 감사드린다. 아울러 본문에 각주를 성심껏 달아주신 김호진 박사님과 전문적으로 교정을 봐주신 장만영 시인의 장남 장석훈 집사께도 감사드린다. 그 외에 원고를 읽고 중요한 조언을 해주신 전 한림대학교 총장 이상우 박사, 선린교회 김영신 목사,

정인환 사장님께도 감사드린다. 특히, 대중성 없는 이 책을 출판하기로 결정하신 도서출판 ㈜성안당의 이종춘 회장님의 용기에 충심으로 감사드린다.

그리고, 툭하면 뜬금없이 튀어나오는 경쟁 원죄론, 인류의 다(多) 지역 진화론 등 필자의 밥상머리 세미나를 다 참고 들어 준 아내에게 진심으로 사랑과 감사를 보낸다.

저자 박웅서

CONTENTS

CHAPTER 5 구원의 완성과 예수님의 요구

CHAPTER 6 창조의 목적에 관하여

CHAPTER 7

결론

과학과 종교의 관계

하나님은
거짓말을 하셨다

창세기 제1장에 따르면, 하나님이 창조한 우주 안에는 고정된 지구 위에 궁창을 만드시고 그 천장에 별들을 배치하셨다고 한다. 즉 하나님은 창세기 저자에게 거짓말을 하신 것이 된다. 하나님도 아시고 우리도 다 알듯이 이 천동설(지구는 고정되어 있고 천체들만 움직인다는 이론: Geocentrism)은 사실이 아니다. 지구도 돌고, 별들도 돌고, 우주 만물이 다 움직인다. 여기서 성경 독자의 선택은 두 가지다. 하나는 성경을 저술한 저자가 하나님이 천동설을 가르쳐 주셨다고 거짓말을 한 것이라고 해석하거나, 아니면 창세기 저자의 주장대로 하나님이 실제로 저자에게 천동설을 설명해주셨으며, 하나님이 어떤 이유가 있어서 저자에게 거짓을 가르쳐 주셨거나 둘 중의 하나다. 전자의 경우는 하나님의 계시도 없었는데 창세기 저자가 하나님의 계시가 있었던 것처럼 조작한 것이므로 독자는 이 부분의 창세기를 버리면 된다. 하나님이 천지만물을 창조하셨다고 말하면 되는 것을 저자 자신의 토목공사 설계 실력과 원시적 상상력을 발휘하여 구체적으로 천지창조의 신화를 쓰다 보니 그만 들통이 나버렸다고 해석하면 된다. 창세기를 버린다 해서 기독교가 무너지는 것은 아니다. 기독교는 그보다 비교할 수 없으리만큼 중요한 목적을 가지고 예수가 세운 종교이기 때문이다.

그런데 만일 기독교 신자들이 믿는 대로 하나님의 계시가 있었고 이를 근거로 창세기 저자가 창세기를 기술하였다면, 이는 심각한 문제를 야기한다. 하나님이 거짓말쟁이가 되는 것이다. 그러면 하나님은 거짓말을 할 수 있는가? 그것도 가능하다고 본다. 하나님이 왜 거짓말을 하셨어야 하는지는 후에 인간의 지능발달 부분에서 자세히 설명할 것이기 때문에 여기서 논의하지 않는다. 인간들도 때로는 선의의 거짓말을 하여야 할 때가 있다.

한편 종교를 비방하는 지식인, 예를 들어 리처드 도킨스 같은 이는 "종교는 초자연적이고, 설명이 불가능한 사소한 것들을 믿으라 가르치면서, 우리가 (과학이) 이미 보유한 좋은 설명들에 눈을 가리게 한다. … 교인들에게 권위와 계시와 신앙만 강조하고, 증거를 요구하는 자세를 배제한다."[1]라고 비판하였다.

---

1 Richard Dawkins "전투적 무신론(Militant atheism)", 2002 Technology Entertainment Design— TED) 대회 강연 내용

'증거를 요구하는 자세'는 소위 객관적 경험적·과학적 방법을 주장하는 말이다. 종교는 지성적 사고와 논리적·추리적 분석과는 거리가 멀다는 주장을 하고 있는 것이다. 즉 종교는 합리성이 없다는 주장이다. 종교는 과연 지성적 사고와 연역적·논리적 분석을 수반하면 안 되는 것인가? 교인들은 그냥 듣기만 하고 머리를 좀 굴리면 안 되는가? 젊은 기독교인들과 과학을 아는 교인들이 성경을 읽다가 도저히 수긍이 안 되어 막히면, "믿음이 약해서 그래, 더 기도해 봐, 그러면 다 해결이 될 거야!"라고 충고하면, 교회는 도킨스의 밥상 위에 우리 청년들을 먹잇감으로 갖다 바치는 것밖에 안 된다.

앞에 설명한 지동설과 관련한 창세기의 간단한 분석에서 우리는 이미 하나님의 계시와 신앙 이외에 논리와 추리, 과학적 진실(지구가 움직인다는 사실)을 동원하여 성경해석을 하고 있었다. 과학을 도입하여 성경을 해석하는 행위가 그리 어려운 것도 아니고, 많은 신학자가 과거에도 지금도 도처에서 하고 있다. 그 결과 성경의 모든 부분이 다 살아남는 것은 아니다. 그러나 이제는 과학을 신앙과 단순히 비교하는 방법을 뛰어넘어 과학을 적극적으로 알고 이해하여 기독교가 존재해야 하는 거대한 존재목적이 비과학적이 아니라는 설명을 해야 한다. 왜 그런고 하니, 기독교는 하나도 비과학적이거나, 비논리적이지 않기 때문이다.

과학은 이성(reason)과 경험주의와 증거주의를 토대로 전개되는 논리를 쌓아 올린 구조물이고, 종교는 계시와 신앙, 철학과 형이상학적 방법으로 쌓아 올린 합리적 구조물이다. 과학자들은 우주와 자연, 그리고 그 안의 생물체와 무생물체의 본질과 특징 그리고 행태를 분석하는 것을 목표로 하고 있고, 종교는 하나님을 알고, 하나님과 인간관계를 이해하려는 노력을 하고 있다. 그런데 여기서 양측이 간과하는 중요한 점이 하나 있다.

종교인들은 하나님을 알기 위하여 성경만 보고 기도만 한다. 다른 관련 서적은 많지만, 이는 어디까지나 보조 수단이고, 하나님을 아는 노력의 핵심 수단은 성경이다. 그러면서 한편으로 기독교인들은 하나님이 이 우주와 자연과 그 안의 모든 생명체와 무생명체의 창조주라고 주장한다. 그러면 그 만물은 다 하나님의 작품이므로 그 작품을 자세히 들여다보아야 하고, 잘 들여다보면 하나님의 흔적과 창조의 목적과 하나님의 의도가 보여야 하고, 만물의 특성에서 하나님의 뜻을 감지할 수 있어야 한다. 기독교는 이 부분에 눈을 감고 있다.

자연에서 하나님을 본다는 것은 만물의 존재형태를 보고, 물체의 특성과 그 변화를 보고, 그러한 변화의 모습과 변화 방향을 보고, 그리고 그 관찰을 이론화해서 미래를 예측하는 것이다. 이런 행동을 무엇이라고 부르는지 아는가? 과학이라고 부른다. 하나님이 우주를 창조하셨다고 주장하는 찰나 우리는 과학을 시작하는 것이다. 기독교인들은 "참 아름다워라…"라고 감탄사는 많이 내는데, 자신들이 내는 감탄사가 바로 경이의 표현이고, "왜"라는 질문의 시작이고,

이것이 과학의 출발점인 것을 모르는가. 여기서 멈추면 게으른 기독교가 되는 것이다. 하나님을 아는 것이 종교의 목적이면, 그냥 믿기만 하지 말고, 더 알려고 노력하는 것이 종교생활이다. 즉 과학이 종교생활이다.

반면, 과학자들은 현대과학이 발전해 오는데 기독교와 심한 마찰을 겪었기 때문에 종교에 대하여 본능적 적대감과 경멸감을 가지고 있다. 필자가 어느 대학교 캠퍼스 앞의 작은 교회에서 한동안 영어로 설교를 한 적이 있다. 이러한 좋은 프로그램이 존재한다는 내용과 연락처를 명함만 한 종이에 인쇄하여 지나가는 외국인 대학생들에게 나누어 주곤 하였다. 기독교인이 아니라도 좋으니, 주말에 방에만 있지 말고, 교회에 나와 한국인들과 어울리고 머리를 식힐 시간을 가져보라는 뜻에서였다. 마침 50대 정도의 교수처럼 보이는 한국인이 지나가길래 외국인 학생들을 좀 보내 달라고 부탁을 하려 접근하였더니,

"거, 미친 짓 좀 그만 하세요!"

라는 뜻밖의 반응이 나왔다. 들고 있던 책으로 보아 자연 과학자인 것 같았는데, 그 과학자는 종교에 대한 본질적 거부감을 가지고 있는 것 같았다. 그는 종교가 미친 짓이라는 확신에 차 있는 것이었다.

위의 리처드 도킨스는 종교는 악이고, 과학은 선이라고도 부른다. 그만큼 종교가 과거에는 진실을 찾아가는 데 도움보다 장애가 되었다는 말이다. 그러나 그들이 찾고 있는 것은 우주의 질서, 자연의

질서, 생명체의 질서, 무생물의 변화의 예측성을 찾아내어 만물의 과거를 추적하고 미래를 예측하려 한다. 그리고 그렇게 찾은 질서를 우아한 수학 공식으로 표현하려고 한다. 그런데 이 만물의 질서와 예측성은 무엇보다도 우선 존재부터 하여야 한다. 존재하지 않는 질서와 예측성을 어찌 찾는단 말인가. 모든 탐구적 노력의 대전제는 탐구의 목표가 존재하여야 한다. 모든 과학자는 그들이 '탐구하는 목표의 존재'에 대하여 털끝만큼도 의심이 없다. 그러나 과학자들은 이 탐구의 목표는 완전히 '우연'에 의하여 존재하게 되었다고 '믿는다'. 즉 현존하는 모든 우주의 질서, 아인슈타인과 뉴턴의 멋진 법칙들, 그리고 그 행태의 예측성은 모두, 왜 그리되었는지는 몰라도, 절대로 누가 그렇게 만든 것은 아니고, 오로지 우연에 의하여 그리되었다는 주장이다.

그러나 우연히 존재하게 된 것은 존재하지 않을 수도 있다. 그래야 우연이다. 즉 궁극적 과학적 진리가 우연히 존재한다는 주장은 과학적으로 모순이다.

왜 그런 억지가 필요할까. 우연에 의하여 여기까지 왔다는 명제(命題)를 증명하는 증거는 없고, 과학자들이 받아들일 만한 증거는 아무것도 없다. 누가 그렇게 만들었다는 증거도 과학자들이 눈을 감고 있으니 안 보인다. 그러니까 과학자들은 창조주의 반대인 우연이라는 제3의 범인을 만들어 놓기는 했는데, 이 '우연'이라는 범인이 우주를 여기까지 오게 했다는 증거도, 인류를 이처럼 진화시켰다는 증거도 역시 하나도 없다. 원래 우연은 하나님의 창조설을 부정하기 위하여 "어쩌다 그리되었다"는 주장을 하느라 만든 과학자들의 창조주다. 그러니까 하나님이 창조했다는 물적 증거는 하나도 안 보고, 그 반대인 우연이라는 범인이 창조했다는 물적 증거도 하나도 없다. 그러나 하나님의 창조설은 주체가 확실하니, 거증(擧證)의 책임을 져야 하지만, 우연의 창조설은 우연이라는 범인이 원래 '없다'는 뜻으로 만든 개념이니까, 거증의 책임이 없다. 과연 머리 좋은 과학자들 답다.

정리하면, 종교든, 진화론이든 창조의 원인에 대한 주장은 모두 증거주의적 접근방법에 의한 '과학적' 주장이 아니라, 증거도 없이 주장하는 하나의 '종교와 같은' 가설이다. 위의 비교를 통하여 우리는 대단히 중요한 발견을 하였다. 종교는 앞으로 과학적 노력을 통하여 우주에서, 자연에서 하나님의 특징과 존재를 찾아야 하는데, 이를 게을리하고 있다. 반면에 과학은 자기가 모르는 것은 모두 우연이라고 우기지 말고, 우주와 자연의 작동 원리를 연구하는 과정에서 그 안에 들어 있는 숨겨진 비밀(위에서 사용한 표현으로는 탐구의 목표)을 성실히 찾아내고, 창조주의 존재에 대한 열린 마음으로 접근해야 한다. 그리하면 과학적 탐구가 훨씬 더 수월해질 것이다. 현재는 종교인은 과학에 마음을 닫고 있고, 과학자는 하나님에 대하여 마음을 꽉 닫고 있다.

진화론과
진화 현상의 구분

과학은 자연의 연구를 통해 진리에 접근하려 한다. 그런데 그 진리가 너무 많다. 그 가운데서 궁극적 진리에 접근하여 자연의 작동원리의 핵심에 도달하면 그것이 수학 공식이라고 생각한다. 그러면서 수학을 신(神)들의 언어라고 부른다. 창조주라는 절대적 신의 존재는 부정하지만, 자기들이 공부를 잘하면 언젠가는 신들의 경지에 도달할 것을 희망하고 있다. 즉 다신론자(多神論者)들이고, 인신론자(人神論者)들이다. 무신론자들은 아니다. 교만할 뿐이다.

반면에 기독교 신자들은 이러한 자연의 작동원리를 찾아내는 과학이라는 행위가 바로 하나님의 작품을 통하여 하나님을 알게 되는 과정이라는 사실에 무척이나 둔감하다. 과학자들이 신자 자신의 일을 해주고 있는데도 관심이 없다. 그냥 창조론이라는 결론만 믿고 신앙의 본질과 너무나 동떨어진 궁창이라는 토목공사 이론을 방어하느라 정신이 없다. 하나님의 창세 행위에 어린아이 같은 설명을 달아놓고 그것이 6천 년 전에 발생한 실제 역사라고 증명하겠다고 한다. 하나님이 왜 우주와 자연과 인간을 창조하고, 현재의 우리들처럼 진화시켰는지와 같은 본질적 질문에 대해서는 아예 관심이 없다.

여기서 필자는 진화 현상과 진화론을 구분할 것을 제안한다. 생명체의 변이와 도태와 그 반복에 의한 생명체의 발전과정은 진화 현상이다. 반면에 진화론은 찰스 다윈이 고안해낸 무신론적 자연 발전 이론이다. 같은 진화라는 어휘를 사용하지만, 진화 현상은 우리 주변에서 그리고 우리 몸속에서 항상 일어나고 있다. 이 현상은 모든 생명체의 공통적 현상으로 과학이 발견해낸 위대한 공적이다. 이 진화 현상은 실제로 DNA(Deoxyribonucleic Acid)라는 유전자의 변화를 통해 일어나고 있는데, 이 유전자들은 우리 세포 내의 세포핵 속에 꼭꼭 잘 숨어 있다가, 세포의 분리라는 방법으로 자기를 증식해 나가거나, 암수의 결합을 통하여 또는 외부의 충격으로 인하여 변해 나간다. 그 변화의 과정은 무작위적(random)으로 발생하고, 그 가운데 적자생존이나 또는 인위적 이유(예: 유전공학 Genetic Engineering) 등으로 새로운 생명체로 진화 또는 변화해 나간다.

1990년 대에는 DNA 맵핑[2](mapping: 지도 만들기)을 완성하고, 후속 연구를 통하여 과학은 이제 대부분 생물체의 유전자를 알게 되었고, 상처가 난 유전자를 찾아내어 각종 질병의 치료도 가능하게 되었다.

이 DNA의 변화를 시작으로 생명체가 새로운 모습과 기능을 얻게 되고, 그중 상당 부분이 종족 번식에 실패하거나, 질병이나, 자연재해 등의 이유로 도태되어 같은 동·식물이라도 시간이 지나면서 계속해 새로운 종자로 발전되어 가는 현상이 바로 진화 현상이다.

이 현상은 기독교인들이 아무리 고집을 부려도 인간이 호흡하는 것과 같이 우리 주변에서 항상 발생하는 사실이고, 우리 생활에서 밀접하게 활용되고 있다. 예를 들어 우리가 매일 먹는 밥은 한국 농업기술 연구원의 과학자들이 1970년대에 땀 흘려 개량한, 즉 DNA를 개량하여 만든 새로운 종자의 볍씨를 심어 추수한 쌀로 만든 것이고, 우리가 먹는 후지 사과도 일본사람들이 종자를 개량하여, 즉 DNA를 변이시켜 만든 새로운 종자의 사과다. 6천 년 전에 하나님이 우주를 만드셨다고 주장하는 이들은 그때 이미 현재 우리가 먹는 쌀을 하나님이 완성된 종자로 창조하셨다고 주장하는 것이다. 참으로 놀라운 고집이다. 하나님은 진화의 과정을 만들고, 그 과정을

---

2 미국 에너지 부(部)와 국립보건 연구소가 공동으로 추진한 프로젝트로 30,000개에 달하는 인간의 유전자를 확인(identify)하고, 인간의 유전자를 구성하는 30억 개의 화학물질 염기쌍의 배열을 결정(determine)하는 작업으로 1990년부터 2003년까지 10년 이상의 시간을 들여 전 세계 수만 명의 과학자들이 공동 작업으로 완성한 대작업이다.

통하여 생명체의 발전을 도모하고 통제한다. 그리고 지금 우리가 보는 모든 생물체는 우리 자신을 포함하여 미완성의 상태에 있고, 계속 변하고 있다. 이 세상에 완성된 종자는 없다.

그러나 진화론은 다르다. 우선 진화론은 무신론(無神論)이다. 그렇다고 하나님의 존재와 섭리를 부정하는 실험에 성공한 것도 아니다. 그냥 주장일 뿐이다. 하나님의 존재를 부정하려면 실험자가 죽어봐야 하겠지만, 이런 과학적 실험은 불가능하니, 자연의 모든 변화와 선택이 하나님의 간섭 없이 세계 모든 곳에서, 앞으로 영겁을 두고 '자연히' 또는 '우연히' 발생한다고 증명해야 한다. 물론 이런 실험은 불가능하다. 우연이 아닌 의도적 (하나님의) 변화가 단 한 번만 나와도 이 전수(全數) 실험은 실패한다. 그래서 진화론 속의 무신론은 과학적 증명도 없이 자연의 변화와 진화가 모두 무작위적 변이(random changes)와 적자생존(適者生存·survival of the fittest)에 의하여 어쩌다 여기까지 왔다고 우기는 것이다. 최적자(最適者·fittest)가 무엇인지 정의하라면, 살아남는다는 사실을 그 최적의 증거로 본다. 즉 생존의 원인과 결과가 동일하다. 밥을 먹어서 배가 부른 것이 아니라, 배가 부르니까 배가 부르단다. 참으로 딱한 순환논리다.

도대체 우연이라는 말은 대단히 비과학적인 말이다. 영어로 과학은 사이언스, 즉 'Science'이고, 이는 라틴어의 'Scientia'에서 나온 말이며, 이는 '앎'이라는 뜻이다. 과학은 아는 것이고 알려고 노력하는 것이다. 그렇다고 현대의 과학이 알아야 할 것을 다 아는 것은 아니며, 모르는 것이 있어서 과학자가 필요한 것이다. 다 안다면 과학사전만 있으면 된다. 과학은 알려고 노력하는 과정을 포함한다. 과학적 검증 자체가 모르는 것에 대한 이론과 가설을 경험적으로 테스트하는 것이다. 즉 모르는 것도 과학이다. 그리고 이 부분이 비교할 수 없이 더 크다. 과학은 모르는 것에 대하여 대단히 정직하고 명쾌하다. 그런데 '우연'이라는 어휘는 아는 것도 아니고, 모른다는 사실도 인정하지 않겠다는 어린아이와 같은 고집을 뜻한다. 과학의 모든 분야에서 이런 '신념'으로 가득 찬 비과학적 고집은 무신론적 진화론뿐이다.

진화론은 모든 생물체의 변화를 이 딱 두 가지 도구, 즉 무작위적 변화와 적자생존으로 설명을 해야 한다. 그런데 이 적자 선택의 개념은 한두 번의 선택이 아니라, 몇억 년을 두고 일어난 몇억 번, 몇조 번의 선택이어야 하고, 그 선택의 과정이 모두 증명이 되어야 하니, 그것은 불가능하다. 그러나 이것이 없으면 진화론은 결과의 추측일 뿐이고, 속 빈 논리적 비약일 뿐이다. 그 결과 모든 도태를 이겨내고 지금까지 생존한 종자는 지금 우리가 보고 있는 만물과 우리 자신과 똑같아야 한다. 이것은 기적이다. 진화론적 적자 선택의 우연적 반복이라는 논리는 생명체가 현재의 상태로 진화한 과정을 설명 못하는 것이 지식과 증거의 부족 때문인 것은 인정하지 않고, 어쩌다 우연히 그리되었다고 둘러대는 것에 불과하다. 과학과 우연은 서로 합치가 안 된다.

과학이 종교와 대립관계에 있지 않다고 보는 기독교인 과학자 중에 프란치스코 아얄라(Francisco Ayala)가 대표적 인물이다. 아얄라는 원래 스페인 태생의 천주교 도미니칸 교단의 신부였는데, 미국으로 유학을 오면서 성직을 포기하고, 생물학자로 성장하여 미국 과학한림원의 정회원이 되고, 대통령 위촉 국가 과학발전 촉진위원회 위원장이 되었고, 미국 과학자에게 주는 대부분의 상을 휩쓴 성공한 대학자다. 그는 과학과 종교는 서로 다른 창문으로 우주와 자연을 보고 있으며, 충분히 양립이 가능하다고 주장한다.

아얄라는 이 종교와 과학의 양립을 설명하기 위하여 2010년에 『나는 원숭이인가?-Am I A Monkey?』라는 명쾌한 책을 출판하여 이 문제를 대중화하고, 과학 만능주의도, 소위 젊은 지적 창조론(우주가 6,000년 전에 현재의 완성된 상태로 창조되었다는 주장)이나 창세기의 문자적 해석을 모두 배격한다. 그는 종교는 과학적으로 증명이 불가능한 과학적 주장을 버릴 것을 요구하며, 종교 원래의 목적, 즉 절대적 유일신에 대한 신앙과 도덕적 성경해석을 주문한다. 또한 필자의 주장과 같이 진화 현상은 이제 너무나 당연한 생물체의 변화 방법이라는 상식을 종교가 받아들여야 한다고 주장한다.

동시에 아얄라는 필자가 주장하는 진화론과 진화 현상의 분리에 해당하는 또 다른 논지를 편다. 그는 진화라는 단어는 최소한 세 가지의 뜻을 지니는데,

첫째는 생물체의 변화와 다변화 현상의 과정을 설명하는 도구

로서의 진화를 의미한다. 이 점은 누구도 저항할 수 없는 사실이다. 우리가 먹고 있는 농산물이나, 보고 듣는 모든 생물체의 현재의 상태는 기나긴 DNA라는 유전체의 변화를 통해 도달하였고, 그 긴 변화의 과정 중에서 지금 우리가 보고 있는 것은 또다시 새롭게 변하기 전에 나타나는 일시적 현상에 불과하다. 아무리 독선적인 신자일지라도, 이를 부정할 수는 없다. 이는 과학 전체를 부인하는 것과 같다.

둘째로, 진화라는 뜻은 이미 나타난 각종 증거들을 통하여 진화의 역사를 추정하고, 이를 통하여 생물체 전체의 족보와 종(種)의 변화의 경로를 추정하는 것으로 사용된다.

셋째로, 진화론은 진화적 변화를 추적하여 생명체 변화의 통일적인 기계론적 구조(앞으로는 이 어휘를 그냥 메커니즘으로 부르자)에 대하여 가설을 세우고, 이를 검증해 나가는 과정을 의미한다. 다른 말로 돌연변이와 우연에 기초한 자연적 선택의 메커니즘을 말한다. 말은 다 진화론 또는 진화라고 하지만, 직업에 따라서 이렇게 서로 다른 의미를 가진 용어로 사용한다는 뜻이다.

아알라는 이 세 가지 사용법 중에 과학적 진실로 받아들일 수 있는 것은 오직 첫째의 생물체 종의 변화 방법이라는 뜻의 진화일 뿐이고, 진화의 역사와 족보의 추정은 아직 그 갈 길이 먼 하나의 희망일 뿐이며, 세 번째의 돌연변이와 자연 선택이라는 생물체 변화의 통일적 메커니즘으로서의 진화론은 아직 과학이라고 부를 수 없을 정도로 필연성의 검증이 약하다고 본다.

이 진화의 통일적 메커니즘을 이렇게 부드럽게 부르지만, 그 뜻은 진화론이라는 도구를 사용하여 우주와 자연, 그리고 모든 생명체가 다 오랜 시간을 들여 결국 우연히 현재 상태에 도달하였다는 가설을 증명하는 행위를 말하는 것이다. 누가 보아도 이는 증명이 불가능한 논리적 비약이고, 과학자들의 희망 사항일 뿐이지, 원시적 박테리아가 수억 년을 두고 변화하여 지금의 나와 우리가 되었다는 과정을 과학적으로 증명하고, 증거를 통하여 설명하는 것은 불가능하다. 사람들은 진화론을 이야기할 때 주로 이 세 번째 뜻으로 사용하고, 이를 '다윈주의'라고 부른다. 무의식중에 첫째의 생명체의 변화현상이라는 뜻의 진화 현상과 이 다윈주의를 혼동해 사용하기도 한다. 즉 첫 번째 뜻이 당연한 과학적 진실이니까 세 번째의 가설도 당연한 과학적 명제로 받아들인다. 그러나 이 두 명제 사이의 거리는 과학과 미신의 거리만큼이나 멀다.

기독교적 신앙을 기초로 하며 동시에 진화 현상을 적극적으로 수용하는 이로는 윌리엄 크레그(William Craig)가 있는데, 그는 "진화론이 왜 과학자들 사이에 중심적 이론으로 자리 잡았는가"라는 질문에 대하여 자신의 블로그에서 "이 이론이 현재 우리가 가진 최고의 자연주의적 이론이기 때문이다"라고 설명한다. 자연 외적 간섭을 완전히 배제하고 자연주의적 가설의 틀 안에서만 설명을 시도한다면, 그 선택은 극히 좁아지고 작금(昨今)으로서는 다윈주의가 가장 설명력이 강하고 폭도 넓은 유일한 이론이라는 것이다. 아무리 그 주장이 허망하고, 아무리 진화론의 설명능력을 검증 가능한 증거물도 없이 과장해서 적용되더라도, 아무리 그 명제들이 터무니없고 비현실적이라도, 그 외에 다른 자연주의적 이론이 마땅한 게 없으니 과학자들은 이 억지 같은 이론을 받아들일 수밖에 없다는 것이다.

DNA라는 유전체 연구를 통하여 설명력을 강화한 유전현상에 대한 이론을 신(新) 다윈주의라고 하는데, 아얄라는 이 신(新) 다윈주의를 포기한다고 선언한 바 있다(알트버그 16, 2008 회동에서). 그 이유가 돌연변이나 자연선택 같은 신 다윈주의의 설명력으로는 4억 년에 걸친 생명체의 변화를 다 설명할 수 없기 때문이다. 독실한 그리스도인인 그가 요구한 것은 전통적 진화 이론뿐만 아니라, 생물체의 진화 가능성 외에 복잡계 이론, 진화적 가소성(변화한 뒤 원상태로의 복귀 가능성), 문화적 유전성의 통합과 이노베이션, 유전 단절 현상, 유전적 변화의 촉진 현상, 유전자 보전형 외부적 변이, 다면적 복수 선택과 진화 등 현대적으로 통섭된 신(新) 생물학을 원하는 것이다. 이는 분명히 자연주의적 환경의 범주를 뛰어넘는 요구를 하는 것이다. 진화론적 생물학이 앞으로 가야 할 길이, 단순 물질세계에서 정신세계를 향한 관심 이동이라는 것이 눈에 보인다.

다만 불행하게도 아얄라는 여기서 논의를 마치고, 그 이상의 종교와 과학의 관계에 관하여 관심을 멈춘다. 그러나 필자는 일단 생물체의 진화 현상을 상식으로 받아들인다면, 한 걸음 더 나아가 그 진화하는 자연 현상과 우주의 변화에서, 그 엄청나게 많은 과학적 관찰 결과에서 하나님의 창조의 흔적과 증거, 나아가 창조의 목적과 의도를 과학적으로 추적해 나아가야 한다고 본다.

진화 현상은 하나님의 도구다. 그 도구가 어떻게 쓰이는지를 추구하지 않으면, 과학을 받아들인 것도 아니고, 진화 현상을 아직 두려워하는 것과 다름이 없다. 아래 인간의 진화 현상에서 필자는 최소한 두 가지 이유로 하나님이 간섭하고 인도한 진화 현상의 흔적을 우리가 눈을 뜨고 보면 찾을 수 있다고 주장한다. 그 증명은 과학자들의 몫이나, 여기서는 우선 신(神)의 흔적이 명백한 두 가지를 설명한다.

자연을 거스르는
인간의 진화

인간을 우리는 '만물의 영장'이라고 믿는다. 실제로 지난 4백만 년 전의 인간과 지금의 인간을 비교하면 완전히 다른 동물이 되었다. 인간 두뇌의 용량은 4백만 년 전부터 서서히 커지기 시작하여 그 용량이 400cc(과학자에 따라 이 숫자가 다를 수 있음)에서 1,400cc 수준에 도달한 것은 약 20만 년 전 언젠가로 보는데, 이는 두개골(Brain Case)의 화석으로도 추정할 수 있다. 물론 두개골의 크기만으로 그 안의 두뇌 구조와 활동을 판단할 수는 없으나, 인간의 두뇌는 20만 년 전에 이미 현재의 크기로 커져 있었다는 것은 사실이라 한다.

자연의 진화 현상은 모든 생물이 자신의 후예들을 더 많이 낳고,

더 강하게 키우고, 더 빨리(1년에 수차례) 출산하고, 자신의 종자가 다른 유사한 종자에 비하여 월등한 생존력을 가지게 하기 위하여 소위 적자생존의 잔인한 선택을 한다고 주장한다. 인간을 제외한 다른 모든 동물에서 이 주장은 옳아 보인다. 그러나 인간의 경우 이 논리는 크게 빗나갔다. 두뇌 이외의 신체의 구조(biological anatomy) 측면에서 인간은 크게 다른 모습을 갖게 되었다. 우선 머리가 자꾸 커지고 무거워지니까 이를 받치고 다니기 위해 강한 척추를 만들고 그 위에 머리를 올려놓고 다녀야 한다. 그러기 위해서는 척추가 서서히 직립으로 변하여야 하고, 무거운 물건을 떠받칠 수 있을 만큼 강해져야 한다. 기어가는 동물이 무거운 머리를 연약한 목의 끝에 달고 다녔다가는 아마 오래 못 살 것이다. 두뇌가 이렇게 커지는 동안에 인간의 자세는 서서히 직립 상태로 변해간 것이고, 동시에 호모 사피엔스로 변하는 과정에서 많은 것을 잃었다. 그 변화는 대부분 인간 자신과 종족의 생존 능력과 종자의 보존 능력을 크게 퇴화시키는 방향으로 바뀌었다.

몸의 털이 다 없어져서 겨울에 얼어 죽기에 알맞은 동물이 되었고, 몸의 크기가 다른 동물과 겨루어 압도할 만큼 큰 것도 아니고, 쉽게 숨을 수 있을 만큼 작은 것도 아니고, 호랑이만큼 커서 잘 숨을 수도 없고, 호랑이처럼 싸워 이길 능력도 없고, 강한 무기도 다 없어져, 이제는 이빨을 제외하고는 특별한 무기도 없게 되었다. 생존능력의 기준으로 볼 때 최악의 크기와 상태로 발전한 것이다.

뿐만 아니라, 다른 동물들은 새끼를 한 번에 다섯 이상씩 복수로 낳는데, 인간은 겨우 한 번에 하나만 낳게 되었고, 그것도 1년에 겨우 한 번 정도 수태하도록 변화했다. 원숭이는 암컷이 수태기가 되면 성기 부분이 빨갛게 변해서 수태기의 도래를 공개적으로 광고하여 아무 수컷하고나 공개적으로 반복적으로 교미를 하는 데 반해, 인간은 언제 여자가 수태기가 되었는지 자신을 빼고는 아무도 모르고(그것도 최근에야 알게 되었다), 생존을 위하여 공동생활을 하게 되니까, 공동체 생활의 평화와 질서를 지키느라 다른 동물에는 드문 일부일처제를 습관화하여 하나의 남성하고만, 그것도 남들이 보지 않는 곳에서 은밀히 교미를 하는 특이한 행위를 갖게 되었다. 그것마저도 폐경(閉經)이라는 다른 동물에는 없는 현상을 만들어 자식을 낳는 기능을 아예 봉쇄해 버리는 구조를 만들었다.

에미가 고생고생 끝에 억지로 아기를 하나 낳으면, 워낙 약해 절반 이상이 한 살을 못 넘기고 죽어 버렸고, 자라면서도 항상 부모의 보호하에 동굴 같은 안전한 곳에서 아슬아슬한 삶을 십여 년 동안 살아야 겨우 자립이 가능한 성인으로 성장하였다. 다 자라서도, 직립으로 걷기 시작하여 달리는 속도가 다른 맹수들에 비하여 현저히 뒤떨어지게 퇴화하였고, 팔이 짧아져서 나무 타는 기능도 현저히 떨어져 맹수의 공격에 쉽게 노출되는 동물로 변하였다. 게다가 두뇌는 멋없이 커져서 사냥을 하거나 도망 다닐 때 아주 불편한 짐이 되었다. 모두 한결같이 자기와 종족의 생존능력을 크게 하락시키는 방향으로 장기간 퇴화를 겪었다.

이는 진화론의 자연적 선택과 적자생존의 법칙에 정면으로 위배되는 변화이다. 적자의 생존이 아니라 최(最) 부적자의 생존이고 승리다. 4백만 년 동안, 그 많은 변이 가운데 인간은 퇴출당하기 딱 좋은 변화만 골라서 자연 가운데 최약자로 퇴화하였다. 그것도 인간 스스로 선택해서 지금처럼 된 것이 아니라, 과학자들이 부르는 소위 '자연'의 선택에 의하여 이 모양이 되었다. 자연은 인간과 무슨 원수를 졌나. 왜 인간만 골라서 이다지도 살기 힘든 동물을 만들어 놓았나. 그러나 인간의 경우는 전혀 다르다. 자연은 인간이 앞으로 4백만 년 후에 뛰어난 지적 능력과 문화를 가진 문명인으로 살게 하기 위하여 차곡차곡 준비를, 그것도 아주 위험한 길을 걸어 육체적으로 퇴화하고, 정신적으로 진화한 것이다. 가장 오랜 시간이 든 것이 두뇌 크기의 확대다.

인간의 신체구조와 종족 번식 능력이 이렇게 퇴화하는 동안에 인간의 두뇌는 엄청난 변화를 경험하였다.

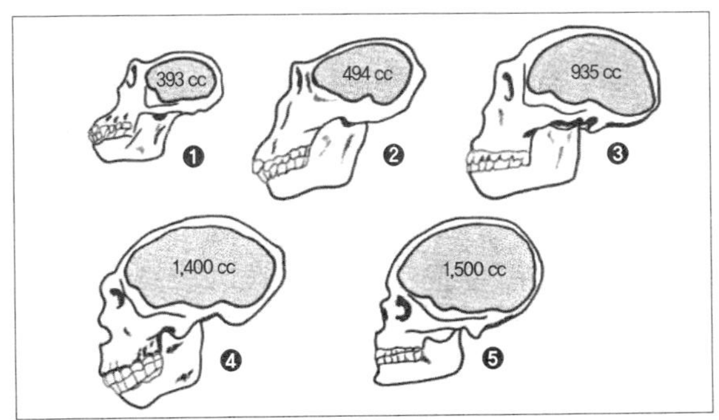

인간의 뇌 용량의 진화 번호 ❶로부터 침팬지, ❷ 오스트랄로피테쿠스, ❸ 호모 에렉투스, ❹ 네안데르탈인, ❺ 호모 사피엔스이며, 숫자는 화석에서 채취된 두뇌의 용적이다. 마지막의 호모 사피엔스(지혜가 있는 사람: 대표적으로 크로마뇽)는 이른바 현생인류로 분류되고 진화했다.

화석으로는 증거가 나올 수 없으나, 그 큰 두뇌 속에 원시적 감각 기능 이외에 정신적, 관념적 활동을 할 수 있는 여섯 겹의 신피질(neocortex)을 새로 탑재시켰다. 탑재한다고 했으나, 누가 외과적 수술로 신피질을 집어넣은 것이 아니라, 4백만 년을 두고 서서히 새로운 뇌세포를 개발하고, 복사하고, 대량 생산을 하여 인간다운 두뇌 활동을 할 준비를 한 것이다. 이 두뇌 활동이 어느 정도 성숙하여 지혜로 자기 보호가 가능해질 때까지 인류는 위에 설명한 각종 기능적 도태를 겪었다. 두뇌와 정신 활동에 의한 자기 보호가 가능해지는 것은 대단한 지능적 발전을 요구한다. 이러한 능력의 철저한 준비도 없이 그냥 신체를 기능적으로만 퇴화시켰다면 인류는 아마도 지구 상에서 다 사라진 지 오랠 것이다. 지능의 발달과 육체의 퇴화는 아마도 대단히 정교하게 동기화(Synchronization)되어 4백만 년 동안 계획적으로 조금씩 꾸준히 변화한 것이 틀림없다. 이것은 기적이다. '누구의 의도'가 엿보인다.

이것은 우연적이고 다양한 무작위적 변화와 자연에 의한 최적자 선택이라는 적자생존의 시나리오와는 정반대다. 4백만 년 전부터 인간만을 특별히 골라 두뇌의 변화를 시작하기 위해 그 크기와 외형적 신체구조를 서서히 준비하고 완성시키고, 20만 년 전에는 현대 인간의 기능을 갖춘 호모 사피엔스를 만들기 위하여 오랫동안 두뇌의 내부 구조와 신 피질 등 새로운 뇌세포들을 발달시키고, 준비가 대강 되었을 때 서로 으르렁거리며 잡아먹지 말라고 자체 보호

능력과 공격성을 급격히 퇴화시키고, 상호 협조에 의하여서만 생존이 가능한 동물로 변화시키고, 자식들을 안전하게 키울 수 있고, 키워야만 하는 자비롭고 사회적인 동물로 강제로 변화시킨 것이다. 이 수백만 년의 시간을 소요한 인간 진화의 긴 역사, 그리고 그 진화의 설계도와 설계도에 따른 인간 신체의 변화와 지능의 발전은 고도의 지적 활동을 하는 자연(?), 즉 하나님만 가능한 것이다. 이 고도의 지적 자연이 바로 하나님의 섭리 이외에 무엇이 또 있겠는가. 이는 하나님이 각본을 쓰고 지휘하고, 건설한 인간과 그 사회 발달의 대 서사시이다.

진화론자들과 무신론자들이 자연이라고 부르는 의사결정자는 DNA이고, 이 DNA는 생명체가 아니기 때문에 변화를 '당할 뿐'이다. 많은 변화의 결과 중에 가장 적절한 생존능력을 가진 DNA가 강한 아비와 그들의 세계에서 가장 매력적인 어미의 의도적 선택으로 새끼를 많이 낳고, 이 과정의 연속적 반복의 선상에서 소위 적절한 DNA가 수동적으로 선택을 받는다는 이론이지, DNA가 스스로 의사결정을 하고, 준비를 하고, 변화를 촉발하는 능동적 선택을 하는 것은 아니다. 소위 '이기적 DNA'의 약점이다.

원시 생명체는 단백질과 탄수화물과 핵산으로 구성되어 있다. 그 중 핵산은 DNA와 RNA로 구성되었고, RNA에는 여러 가지가 있다. DNA는 정보의 저장 장치로서 자기가 속한 동물의 유전자 정보를 잘 간직하고 있고, 이 DNA의 정보를 메모리 RNA(mRNA)가 받아

두 개의 동물이 결합할 때 암컷의 염기서열 사다리를 반으로 열어 mRNA가 그사이에 끼어들어 수컷의 정보를 전달하면, 암컷의 염기서열 사다리는 이 새 정보를 받은 뒤 사다리 문을 닫고 새로운 세포를 만들기 시작한다. 여기서 DNA는 정보 저장 장치일 뿐이고, mRNA는 정보 전달 매체일 뿐이고, 새 세포의 탄생과 복제의 기능(cytokinesis)은 세포라는 생명체의 역할이다. 자기가 자기를 생산하는 공장이다. 즉 미리 프로그램이 잘 되어 있어서, 명령전달이 잘 되어 있지 않고는 작동이 불가능한 자동화된 공장이다. 자연이라는 대 공장은 우연이 아니라, 사전에 프로그램되어있는 하나님의 피조물로서 사전에 명령한 대로 잘 작동하고 있는 것이다.

그러나 현재의 인간을 만드는 과정은 그중에서도 대단히 길고 복잡한 역사이고, 그 역사는 치밀하게 설계하고, 준비하고, 적절한 시기마다 변화를 유도하고, 모든 변화의 결과로 필히 따라오는 부작용을 예측하고, 이에 대한 적절한 생물학적 보상을 하였다. 이것이 우연이라고? 그 우연은 하나님만큼이나 대단한 우연이다. 생각하고, 계획하고, 준비하고, 실천하고, 검사하고, 보완하고, 결과에 불만족하고, 더 발전시키는 천재적 우연이다. 사람들은 이런 것을 SF(과학 소설)라고 부른다. 무신론적 진화론은 개연성만 높아 보이는, 즉 그럴듯한 가설이고 소설이다.

하나님은 심지어 원시적 인간들의 집단생활에서 발생할 부작용, 즉 폭력적 상호파괴까지 예측하였다. 사자같이 사나운 인간들이 약

1천 명이 공동생활을 한다고 상상해보라. 하나님은 인간으로 하여 금 뛰어난 예측력과 판단력이라는 정신적 기능을 보유케 하여 인 류의 자멸을 봉쇄하는 실로 주도면밀한 변화의 대역사를 구현한 것 이다. 원시적 본능적 기능이 사라진 자리에 인간 생활에 필요한 각 종 새로운 기능이 자리를 잡았는데, 이 새 기능은 인간 두뇌의 둘레 를 에워싼 신피질(Neo-cortex)[3]에 탑재되어 있고, 이 신피질은 사물 과 사건의 특징과 본질을 분석하고 인식하는 추리적 능력을 보유하 고, 사회생활에 긴요한 언어를 구사하는 데 필요한 기억력과 추상적 상징물(소리를 포함한)의 인식 능력과 소리의 발성능력을 포함하고 있 다. 그리고 무엇보다 엄청난 지식을 저장하고 체계적으로 분리하고 필요에 따라 재활용할 수 있는 기본적 기억 용량을 가지고 있다. 마 치 슈퍼 컴퓨터 수준의 마이크로프로세서와 막대한 메모리 용량을 가지며, 자동적으로 혼자서 작동할 뿐 아니라, 상대의 소리를 듣고 분석하고 처리하고 판단하여, 스스로 대답을 구한 뒤 자기 몸의 소 리를 내는 기관을 자극하여 적절한 높이로(자상하게 또는 엄하게) 대답 을 하는 과학소설의 슈퍼 로보트 같은 기능을 가지게 되었다.

물론 이러한 기능은 그 사용법 자체가 아주 어려워 아기가 태어

---

3 대뇌피질 중 가장 최근에 진화된 부위. 6층의 세포층으로 구성된다. 대뇌피질은 대뇌의 안쪽 부분과 비 교해 어두운색을 띠고 있어서 회백질(灰白質 · gray matter)이라고 부르고 반대로 안쪽은 백질(white matter)이라 한다. 회백질은 신경세포체(cell body)와 모세혈관으로 이루어져 있고, 백질은 신경섬유 (axon)에 둘러싸인 미엘린(myeline sheath) 때문에 백색으로 보인다. 대뇌피질은 계통발생학상 신 피질(새겉질 · neocortex)과 이종피질(부등겉질 · allocortex)로 나누기도 하는데, 사람의 대뇌피질의 90%가 신피질이고, 10%만이 이종피질이다(위키백과).

나서 약 3년이 지나야 제대로 활용이 시작되고 그 뒤 평생을 두고 학습하고, 의사 결정력의 질을 향상시키고, 추상적 사고를 하고, 정치 제도와 같은 자신의 생활환경을 조정해 나가는 능력을 가지게 된다. 인간은 이러한 기본적 하드웨어뿐 아니라, 스스로 취득한 정보와 학습능력을 통하여 통계적 추리력, 분석적 학습을 통한 연역적 추리력을 갖게 되었고, 공동생활에 필요한 공존의 지혜, 즉 도덕성을 발달시키고, 경쟁과 승리를 통해 타인을 지배하고 타인의 노동성과를 탈취하고 독점하는 막대한 경제적 보상을 받는 정치·경제 제도를 개발하였다. 그리고 이 모든 정신적·육체적 활동을 지배하는 의사결정력, 즉 자유의지를 보유하게 되었다.

이 동물은 과거에 지구 상에 없었던 전혀 새로운 지능형 동물이다. 이 동물은 농사만 하는 것이 아니라, 새로운 산업을 일으켜 인류의 생활을 상상을 초월하는 수준까지 향상시킬 수 있으며, 자연의 작동 원리를 터득하여 과학이라는 학문을 일으켜 신의 영역이라고 생각되던 미지의 분야를 야금야금 파악해 들어가 이제는 하나님을 믿는 종교인들이 위험을 느끼고, 과학을 배척하는 상태에까지 왔다. 이 동물은 하나님이 자기와 동일하게 생겼고, 자기와 같은 언어를 사용한다고 믿고, 거대 국가와 지배 체제를 발명하여 우호국과 협력을 통하여 다른 나라를 점령, 지배하기도 하고, 과학적 지식을 결합해 달에 인간을 보내는 등 초인간적 집단 능력을 발휘하게 되었다.

무엇보다 이 동물은 경제라는 생활 방법을 만들어 남보다 더 쉽게, 더 많이 소비하며, 미래를 안전하게 살기 위하여 축적이라는 개념을 발명하고, 이 재화의 축적을 위하여 제국주의라는 통치행태를 만들어 냈고, 자기 집단의 안전하고 풍요로운 미래를 위하여 다른 집단의 인간을 수천 수만 명 단위로 학살할 수 있는, 상상을 초월하는 잔인성을 터득하고 실천하게 되었다. 잔인성이 증가한 만큼 그것을 통제하려는 도덕과 철학과 법치주의도 발달되었으며, 종교라는 인간과 하나님과의 관계 설정 방법을 만들어, 서로 다른 종교인들 간에 비(非)종교인을 능가하는 잔인성과 배타성을 보이며, 때로는 수백만 명의 인구를 학살하는 전쟁의 동기부여자 역할도 하고, 때로는 한번 적대시하게 된 집단과 수천 년 동안을 투쟁하기도 한다.

인간의 역사를 6천 년 전부터 성경적으로만 검토하면, 하나님이 인간의 역사를 통하여 여러 가지로 간섭하고 섭리하신 주장이 많이 보인다. 그러나 인간의 역사를 4백만 년 전부터 과학적 증거에 입각하여 검토해 보면, 우리는 불가피하게 하나님의 계획과 섭리의 증거를 만나게 된다. 이것이 기독교가 과학을 정면으로 받아들이고, 과학적 진실을 인정하고, 눈을 밝게 뜨고, 하나님의 창조의 결과물들에서 하나님을 찾아야 하는 이유이다. 진화 현상을 분석하면, 하나님의 창조의 흔적과 증거가 보인다.

인류의 다 지역
동시 진화 이론
(Multiregional Evolution of Humans)

4억 년 전 지구 표면을 덮고 있던 탄소, 산소, 수소, 질소의 걸쭉한 혼합물 속에 살고 있던 단세포 생명체들이 오늘 우리 인간과 같은 고급동물로 진화하였다는 것은 그 자체가 과학이 설명하여야 하나 아직 잘 설명하지 못하는 기적 같은 역사이다. 과학이 부정하지 못하는 기적이다. 그 중에서도 인간이 여하히 지난 4백만 년 동안 육체적으로는 급격히 퇴화하고, 내부적으로, 정신적으로는 초고속으로 진화하여 오늘 우리와 같은 인간이 태어나게 되었는지는 더 설명이 어려운 기적이다. 진화의 시간으로는 4백만 년이라는 기간은 지구 상에 포유류가 나타난 6천만 년의 기간 안에 15번 이상 반복될 수 있는 짧은 기간이고, 이 6천만 년

중 어느 시점에 우연이라는 범인이 자칫 두뇌 진화를 다른 방향으로 보내서 원숭이나 유인원이 아닌 고양이과로 흘러갔다면, 오늘 인간과 같은 문명을 창출할 다른 고급 동물은 이 고양이과에서 나왔을 것이고, 우연은 이런 실수(?)를 15번 이상 저지를 수 있었다. 우연이라는 말은 바로 이런 어쩌다 도태를 면하는 것을 말하는 것으로, 우리가 우리처럼 된 것은 우연이 한 번도 실수를 하지 않았다는 증거다. 즉 기적이다. 우리가 우연에 의하여 현재의 인간의 모습과 기능을 가지게 되었더라도, 기적은 기적이다. 우연이 한 번도 실수를 안 한 것이다. 그런데 만일 이러한 기적이 한 번도 아니고 여러 곳에서 동시에 발생했다면 이는 확률적으로는 불가능한 일이고, 오로지 신의 섭리나 간섭과 계획, 설계 및 수행 말고는 설명이 불가능하다. 인간의 진화가 하나님의 작품이라는 아주 중요한 증거다.

그러한 증거는 또 있다. 소위 '이브 이론(Eve Theory)' 또는 '아프리카 출신(Out-of-Africa Theory)'이라고 부르는 주장인데, 하바드 대학교의 윌리엄 하우웰즈(Williiam Howells) 교수의 이론으로, 인간은 모두 아프리카의 한 지역에서 2백만 년 전에 나타나서(arose) 두 번에 걸쳐 전 세계로 퍼져 나갔으며, 도착한 세계 각 지역의 원시적 원주민들을 다 '대체해(replaced)' 버렸다는 주장이다. 특히 두 번째 대 이동의 물결은 현대인과 똑같은 호모 사피엔스들이었고, 이들은 원시적 현지의 종자들을 다 대체하고, 지금은 아프리카 출신의 호모 사피엔스들만 남아 있다고 주장한다. 여기서 대체한다는 뜻은 다 죽이거나 멸망케 하여 각 지역 원주민의 씨를 말렸다는 뜻이다.

캘리포니아 대학교 버클리 캠퍼스의 앨런 윌슨(Alan C. Wilson) 교수는 미토콘드리아 DNA를 사용하여 지구 각지의 인간의 조상을 끝까지 추적해보았다. DNA는 세포핵 내부에 크로모좀으로 잘 포장되어 보관되어 있고, 세포핵 주변에 사는 미토콘드리아는 꼬리에 DNA를 보관하고 있고, 남성의 정자가 여성의 난자 벽을 뚫고 돌진할 때 미토콘드리아의 꼬리가 잘려나가므로, 부부가 결합하면 아기의 세포 DNA는 아비와 어미의 DNA를 결합해서 새것으로 받는 데 반해 미토콘드리아 DNA(이하 mtDNA로 표시)는 어미 것만 받게 되므로 이 mtDNA를 추적해 올라가면 인류 최초의 할머니를 찾을 수 있다는 이론이다. 그 추적의 결과 마지막에 도달한 곳이 2십만 년 전에 아프리카 동부에 살던 여자로 판명되었고, 이 할머니를 인류 최초의 할머니라 선언하고, '이브'라고 명명하였다.

고대 인류학자들은 90% 이상이 이 이론을 받아들이는데, 여기에 과학자들의 음모가 들어 있다. 우연 맹신적 무신론을 지키려면, 인류가 단 한 곳에서 진화하여 여러 곳으로 퍼져 나갔다는 주장이 성립되어야 지금처럼 너무나 똑같은(extremely closely related) 친척 같은 인간들이 여러 곳에서 생존하는 사실을 설명할 수가 있다. 만일 여러 곳에서 동시에 진화하였다면 그 결과가 이토록 똑같을 수가 없다.

가장 적절한 종자의 선택과 도태 과정을 통하여 수백만 년을 두고 이 우연한 변화와 선택을 반복했더니, 어쩌다 여기까지 왔다고 주장하려면, 왜 아프리카에 사는 사람과 아시아에 사는 사람과 유럽에 사는 사람의 진(Gene·유전자)이 99.95% 똑같은지를 설명하여야 한다. 진화론자들은 모든 인류가 아프리카에서 진화하여 다른 대륙으로 퍼져나갔다고 우긴다. 그래야 동일한 인간 게놈(Genome) 구조가 설명되기 때문이다. 만일 다른 대륙에서 별도로 인간이 진화하였다면 왜 현재의 인간은 오랜 세월 살아온 대륙이 아시아인지, 아프리카인지와 무관하게 결과적으로 다 거의 완벽하게 똑같은 진을 가지게 되었는지를 설명하기가 불가능해진다. 다른 0.05%의 차이는 같은 아시아인, 유럽인과 같은 종족 내에서 사람들이 서로 얼굴이 다르고, 키가 다르고 능력과 성격이 다른 개인적 차이를 반영할 뿐이고, 어느 대륙에 살든지 인간은 거의 완벽하게 동일하다. 이것은 똑같은 기적이 서로 다른 두 곳이나, 세 곳에서 동시에 발생하였다면 이는 비과학적이고, 누군가가 간섭했다는 결과이다.

똑같은 종자라도 전혀 다른 곳에서 수백만 년을 두고 무작위 변이를 겪고, 서로 다른 환경과 기후 아래서 적자생존의 긴 선택을 반복해온다면, 그 결과는 서로 달라야 한다. 만일 그 결과가 똑같은 유전자가 되었다면 아무리 철면피라도 우연히 그리됐다고 우길 수는 없다. 우연적 변이와 적자 선택만으로 현재 인간의 모습으로 진화하는 것 자체가 엄청난 기적의 연속인데, 어떻게 서로 다른 진화 과정이 두 곳 또는 그 이상의 장소에서 반복되어 그 결과가 거의 완전하게 동일한 인간으로 수렴되었다 주장할 수 있는가. 그래서 진화론자들은 인간은 아프리카, 그것도 단 한 곳에서 진화했다고 우겨야 한다. 그 크고 넓은 아프리카에서 말이다.

그러나 이 주장은 허구임이 밝혀졌다. 이 논쟁의 한 복판에 호주 국립대학교의 앨런 손(Alan G. Thorn) 교수와 미국 앤 아버(Ahn Arbor) 미시간 대학교의 밀포드 울포프(Milford H. Wolpoff) 교수가 공저하고, 최고 권위의 《사이언티픽 아메리카 저널(The Scientific America)》에서 출판된 '*인간의 다 지역적 진화 -The Multiregional Evolution of Humans*'라는 논문이 있다. 이 유명한 논문은 이브 이론을 완전히 바보로 만들었다. 첫째로, 이브 할머니가 모든 인류의 조상이고 아프리카 선진 인간들이 현지인들을 다 대체하려면 다른 조상들의 흔적인 이브 이외의 DNA가 없어야 한다. 다른 곳의 인류가 다 씨가 말랐어야 하기 때문이다. 즉 호주의 호모 오스랄레쿠스나, 아시아의 호모 페키니즈나, 유럽의 네안데르탈인들은 현대적 호모 사피엔스에 자신들의 유전자를 남기지 말아야 한다. 이 원주민들은 너무 원시적이고, 완전히 다른 동물들이어서 호모 사피엔스와 결합하면 말과 당나귀가 결합하여 노새를 낳기는 하는데 생식기능이 사라져 종자가 끊기는 것처럼, 아프리카에서 온 현대적 호모 사피엔스의 남자들이 현지의 원시 인간과 결합을 하여도 그 대가 끊기고, 지금까지 살아남은 인간은 다 아프리카에서 온 순수한 호모 사피엔스의 자손들이라는 주장이다.

그러나 세계 각지의 원주민들의 DNA는 아직도 현대인의 DNA 속에 줄기차게 살아남아 있다. 심지어는 중국에 서식하던 호모 페키니즈의 DNA가 영국 옥스퍼드 대학이 있는 옥스퍼드셔(Oxfordshire) 지역에 널리 분포되어 있는 것이 보고되었다.[4] 또한 인간 이하의 동물로 여기던 네안데르탈인의 DNA가 유럽 사람들의 DNA 속에서 심심찮게 발견된다.

둘째, 이브 이론이 성립되려면, 아프리카에서 온 침략자들은 현지에서 현지 기후와 환경에 오랫동안 적응하며 살아온 현지인들보다 더 잘 적응하고, 생존했어야 한다. 그래야 종족의 전체적 대체가 가능하다. 이것도 상식에 안 맞는다. 어떻게 열대지방의 호모 사피엔스들이 추운 겨울에 익숙한 현지인들보다 현지 생활환경에 더 잘 적응한다는 말인가.

셋째, 이 단일 아프리카 종자는 후에 스스로 변하여 지금처럼 다양화 됐어야 한다. 이는 억지다. 실은 현지의 기존의 다른 DNA 소유자들과 결합했다는 증거밖에 안 된다. 그것은 현지의 인간들이 이미 잘 진화된 별도의 호모 사피엔스였다는 증거다. 한마디로 아프리카 선진 종족의 침략과 종족대체 이론은 허구이고, 유럽만 제외하고는 어디에서도 이 종자의 침략증거가 하나도 없다.

아프리카 케냐의 수도 나이로비에서 서쪽으로 65km 정도 가면

---

4 Bill Bryson 저, 『거의 모든 것의 역사(A Short History of Nearly Everything)』, Doubleday and Black Swan, 2003, p.557

거대한 석기 시대 도구의 돌무덤이 있다. 이 도구들은 약 1백만 년 전부터 만들어졌는데, 물방울 다이아몬드처럼 생겼고, 크기는 아기 손바닥 정도에서 지름이 50cm나 되는 큰 돌도끼도 있단다. 아프리카의 호모 사피엔스들은 이 도구를 애용하여 어디든지 가지고 다녔고, 그들이 진출한 중동 지역과 유럽 각 지역에서 나타난다. 이 돌도끼가 처음 발견된 북프랑스 아큐엘 지역 이름을 따서 아큘리언 도구(Archulean Tools·양면날 주먹도끼)라고 부른다. 만일 아프리카 호모 사피엔스들이 '이브 이론'이 주장하는 바와 같이 아시아와 동남아시아 및 호주까지 진출했다면, 이 아큘리언 도구가 거기서도 발견되어야 한다.

그런데 놀랍게도, 하바드 대학교의 고대 인류학자 할럼 모비우스(Hallum Movius)의 조사에 따르면, 아시아 등의 지역에서 이 아큘리언 도구가 하나도 나타나지 않을 뿐 아니라 노르웨이에서 인도 칼카타까지 직선을 그으면, 그 서쪽에서는 아큘리언 도구가 많이 발견되는데 그 선의 동쪽에는 하나도 없다고 한다. 이 선을 '모비우스 선'이라고 부른다.[5] 만일 '이브 이론'이 맞는다면 이 선까지 진출한 아프리카 선진 호모 사피엔스들이 "자 이제 다 왔다. 이제 우리는 물방울 다이아몬드 같은 도구를 다 내려놓고, 빈 몸으로 아시아로 가자."라고 했어야 한다. 아니면 아시아에 이미 호모 사피엔스가

---

5 Bill Bryson, 『거의 모든 것의 역사』 동저 ibid, p.545와 위키피디와 '모비우스 선' 자료

독자적으로 진화해서 살고 있었고, 이들은 물방울 다이아몬드 같은 도구를 만들지 않았고(농사를 짓기 위하여 무기가 아닌 다른 도구를 만들었다), 1~2만 년 전 기간에 지구를 지나간 소빙하기 말기에 겨우 살아난 아시아인들이 사는 이 혹독한 기후의 대륙에 아프리카 출신 호모 사피엔스들이 진출하기를 꺼렸다고 보는 것이 올바른 설명이다.

이브 할머니 이야기도 그렇다. mtDNA(미토콘드리아 DNA) 추적이 이브 할머니에게까지 도달한 것은 그 할머니의 자손들이 한 번도 딸이 없는 세대가 없었다는 증거에 불과하다. 그러니까 그 mtDNA 연결이 가능했던 것이다. 이는 인류의 최초 조상과는 전혀 무관한 사건이다. 딸이 끊겨서 중간에 추적이 불가능하지만, 그 위로 수백 대, 수천 대 계속 더 올라간 아버지들의 조상은 얼마든지 가능하기 때문이다. mtDNA라는 현대 과학적 도구를 사용하는 것은 참 섹시해 보이지만, 같은 결과를 놓고 엉터리 해석을 내리면 과학적 도구가 되겠는가. 조심스러운 해석을 내려야 하는 것은 과학이나 성경이나 매한가지다.

따라서 인류는 아프리카에서 현대 인간과 같은 호모 사피엔스로 진화한 종자도 있고, 또 아시아·동남아시아와 인도네시아·호주 등지에서 동시에 병행해 진화한 종자도 있다. 그들이 시간을 두고 상호 교류하고, 결합하여 내용적으로 아주 비슷한 친척 같은 인류를 만들 수는 있지만, 실은 그들은 이미 자생적으로 완전한 호모 사피엔스로 진화해 있었다.

만일 아시아에서 진화한 호모 사피엔스가 아프리카에서 진화한 호모 사피엔스보다 현저히 뒤떨어지거나 다른 종이었으면, 이 대륙 간 상호결합은 이종 간 결합이어서, 말과 당나귀가 만든 노새가 불임 동물인 것처럼 종이 섞이기보다는 도태되었을 것이다. 그러나 이 호모 사피엔스들은 이미 결혼이 가능한 같은 수준의 종자로 별도로 진화해 있었다. 이것이 바로 인간의 다 지역 동시 진화의 논리다. 기적이 여러 곳에서 동시에 발생하였다.

한편 기후의 악화와 질병의 확산 등으로 많은 인구가 때때로 멸종 위기에 가까운 경험을 한 것 같다. 이런 의심을 갖게 하는 이유는 이런 대재앙이 올 때마다 인구 수가 급격히 감소하여 멸종의 위기에 직면하게 되고, 살아남은 가까운 동족끼리 결합에 의해 인구의 재확산을 시도하고, 그 결과 DNA의 다양성이 떨어지고 분포가 좁아져 소위 DNA 클러스터 현상이 발생한 것이다. 구약의 롯의 딸들이 종족확산을 위하여 노력하는 것이 바로 이런 현상을 가리킨다.[6] 20세기에 와서 아시아에서는 인구폭발이 일어났는데 유럽과 아프리카에서는 인구폭발이 발생하지 않은 것도 이 빙하기의 멸종 위기의 결과, 아시아인의 번식 능력이 더 높아진 것으로 보인다. 인간이 현재의 인간으로 진화 한 것도 기적인데, 다른 곳에서 동시에 진화하여 모두 현대적 인간으로 진화하였을 뿐 아니라, 그 결과가

---

6 소돔과 고모라가 불에 다 타는 재앙을 겨우 피한 롯은 동굴에서 살았는데, 그의 딸들이 종족번식을 위하여 아버지를 술 취하게 만들고 몰래 동침한다는 창세기 설화

이처럼(친척처럼) 다 같다면, 이는 우연히 그렇게 되었다는 주장을 허구로 만든다. 게다가 서로 다른 곳에서 다른 모습으로 시작하여, 죽도록 고생한 끝에 도착해 보니 다 비슷한 내용물로 수렴되었다면, 이는 하나님이 그 방향으로 인도하였다는 증거다.

인류는 종의 다양화와 단순화를 동시에 겪으며 여기까지 온 것인데, 인간의 진화 현상이 동시 다발적이면서도, 결과적으로 하나의 종으로 진화한 것은 우연적 자연 선택의 이론으로는 설명이 안 되고, 오로지 하나님의 설계와 간섭과 섭리에 의하지 않고는 불가능하다. 종의 클러스터 현상은 각 지역에 따라 다 다르다. 이것은 지역에 따라 멸종의 위기가 다다른 시기에 다른 방법으로 도달하였기 때문이다. 그런데도 불구하고, 결과적으로 인류가 다 친척처럼 같은 종자가 되었다면 이는 누군가가 서로 다른 진화과정의 최종 종착지의 모습을 미리 정해놓고 인류의 진화를 그 방향으로 인도하였다는 증거가 된다.

아프리카 출신 호모 사피엔스 한 줄기만으로 반복되는 멸종의 위기와 재확산의 역사를 다 이겨냈다는 주장은 종의 다양화를 통해 생존과 번식력을 확보하는 자연의 전략적 법칙에도 어긋나는 비과학적 주장이다.

동물의 세계는 약육강식의 법칙이 지배한다. 이는 개별적으로 보면 대단히 잔인한 법칙이지만, 크게 보면 동물과 식물 세계의 공존을 위한 하나의 덕목이기도 하다. 그 이유를 '에콜로지컬 밸런스',

즉 생태계 균형이라고 부르는데 예를 들어 설명하면, 세계 2차대전 후 독일에서 경험한 대로 숲에서 맹수를 모두 제거하였더니 사슴 같은 채식 동물의 개체 수가 급증하여 숲 전체를 파괴하여서 할 수 없이 맹수를 다시 투입하여 생태계의 균형을 복원하여 주었다고 한다. 즉 약육강식은 특정 종자의 과잉 서식과 그로 인한 생태계의 파괴를 예방하기 위한 불가결한 정글의 공존공생 방법인 것이다.

인간은 자신의 육체적 방어력의 퇴화를 겪는 동안에 이를 보완하기 위한 방법으로 공동체 생활을 습관화하였던 것으로 보인다. 인간뿐 아니라 모든 자체 방어력이 부족한 동물들은 단체적 보호능력을 개발하거나(예: 꿀벌) 종의 번식력을 확대하여 멸종의 위험에서 탈출하는(예: 물고기) 공동체 생활을 하게 된 것이다. 이 공동체 생활은 불가피하게 도덕 또는 금기라는 세련된 공존 방법을 요구한다. 그 중에 강제적 금기사항을 체계화하는 것, 즉 법의 제정과 자발적 금기사항의 보편적 수용, 즉 도덕이라는 두 가지의 공동생활의 질서체계를 완성한 것은 인간뿐이다. 이것이 왜 인간은 소위 '사회적 동물'이 되었는지를 설명한다. 우리는 원래 사회적 동물은 아니었던 것으로 보인다. 이것은 후천적으로 얻은 문화적 관습이다. 아리스토텔레스가 찰스 다윈을 몰랐기 때문에 이름만 지어주었나 보다.

이렇게 법과 도덕으로 강화된 공동체 생활 문화를 터득한 인간을 만드는 데 하나님은 약 4백만 년의 세월을 이용하신 것이다. 이 과정에서 인간은 모든 먹이 사슬의 제일 꼭대기에 올라앉게 되었고,

천적은 다 사라져서 인간의 개체 수가 한없이 증가하는 것을 막는 방법이 없게 되었다. 특히 동아시아 지역의 주민들처럼 일찍이 몸의 털이 다 빠지고 온도를 조절할 수 있는 환경, 즉 주택을 사용하고, 불가피하게 한 지역에 매어 농사를 하게 되고, 곡식을 일 년 중 한 철에 일시적으로 추수하고 대량으로 저장하여 이동이 불가능한(어려운) 농경민들은 종족 번식 기능의 태생적 약점에도 불구하고 세계 최고의 번식활동에 성공하여 인구 폭발을 우려하게 만들었다. 천적이 없는 인간은 내버려 두면 자연이 허락한 개체 수와 무관하게 폭발적으로 증가하여 자연을 통째로 파괴할 수 있다. 하나님의 4백만 년에 걸친 인간 실험, 육체의 지속적 퇴화와 정신의 지속적 진화의 교체 현상은 그냥 버려두면 자연의 총체적 파괴라는 치명적 결과를 초래할 수 있게 되었다.

인간을 오랜 진화와 퇴화 과정을 거쳐 비자연적인 특별한 동물, 소위 영장으로 만드신 하나님의 실험은 이렇게 실패하였다. 인간이 문명의 힘으로 무기를 개발한 이래 그 기술은 끝없이 발전하여 이제 자멸적 무기를 보유하게 되었을 뿐 아니라, 그 잔인성으로 인하여 불필요한 살생을 취미로 하고, 희귀종의 멸종속도를 산업혁명 이전에 비하여 10배 이상으로 과속화하였다. 인간 위에 천적이 없으니, 인간이 인간의 유일한 천적이 되어 하나의 살생은 보복적 살생을 낳고, 이는 더 심한 보복적 살생을 정당화하여, 인간생활 자체가 경쟁이라는 비폭력적 경제활동(간접적 폭력)과 폭력적 경제활동(전쟁)

의 연속으로 바뀌고 말았다. 이러한 전쟁 불가피 현상은 자연히 하나님의 간섭과 예수의 도래와 메시아 사상을 예견하게 한다. 그러나 이 부분은 뒤에 다시 본격적으로 다룬다.

날로 발전하는 과학과 기술은 여러 면에서 성경의 내용과 상치하는 경우가 허다하다. 특히 생물체의 유전자가 변해나가는 진화 현상과 성경의 내용과는 맞지 않는 경우가 허다하다. 그러면 과학적 사실과 종교적 주장과는 영원히 서로 상극의 상태로 가야 하나. 과학도 받아들이고 성경도 받아들이는 방법은 없나. 신학자들은 이 문제에 관하여 상당히 세련된 해결책을 알고 있는 것 같은데, 교회에서는 이 문제를 피하고만 있다. 위에 길게 설명하였듯이, 기독교는 현대 과학적 진실들을 적극적으로 수용하고, 이를 토대로 과학이 발견한 자연의 진실 가운데 하나님이 남긴 여러 가지 증거들을 추적하면, 무신론적 과학자들이 애써 보지 않으려 하는 하나님의 증거를 무수히 발견할 수 있다. 이 제1장의 목적이 바로 그러한 사례를 지적한 것이다. 전문가도 아닌 필자가 기독교적 신앙의 토대 위에 과학을 사랑하는 마음으로 들여다보아도 이렇게 중요한 발견을 할 수 있을진대, 하나님을 사랑하는 전문적 과학자들이 찾으려 나서면 얼마나 큰 결과를 초래할지 가슴이 설렌다.

성경을 읽는 행위는
조심스런 해석 작업이다

성경을 해석하는 데 최소한의 과학적 상식들을 도입하는 행위는 피할 수 없는 과제다. 3천여 년 전 구약성경이 처음으로 쓰여졌을 때, 그 뒤 2천여 년 전 신약성경이 쓰여졌을 때와 지금을 비교해 보면 우리의 과학적 지식은 비교가 안 되도록 발전하였다. 하나님이 창조하신 이 거대하고 아름다운 생명체와 무생명체로 구성된 우주의 작동 원리를 설명하는 과학을 두고 교회는 너무 이중적이다. 자기 교리에 거스르지 않으면 과학적 진실을 받아들이고, 거스른다고 생각되면 무모할 정도로 거부한다. 성경은 과학 서적이 아니다. 왜 교회는 성경을 마치 과학 서적인 양 문자적 해석을 강요하며 눈앞의 진실을 무시하려 하는지 알 수가 없다. 어떤 교인은 성경을 마치 어느 밀교(密教)의 비서(秘書)처럼 별난 예언을 찾아내고, 이를 토대로 많은 연약한 영혼들을 사로잡아 집단 자살까지 한다. 이런 예수님이 진노할 행위가 교회 안에서 나오게 된 토양은 누가 만들고 있나.

실제로 성경은 대단히 조심스러운 해석을 필요로 한다. 성경 기술자들은 하나님의 계시를 받고 서술하였다고 한다. 그러나 그 서술은 하나님의 계시에도 불구하고, 인간의 언어로 쓰여진 것이다. 인간의 언어는 어디까지나 인간의 표현이므로 인간적 불완전성을 내포하고 있고, 인간의 지식이 지금에 비해 극히 낮은 수준에 있던 2천 년 내지 4천 년 전에는 그 표현 방법에 있어서 많은 인간적 불완전성과 오류를 피할 수 없었다. 그 이유는 인간의 사고(思考)는 인간의 지식을 기반으로 전개되고, 그 사고의 내용은 언어로 변환되고, 그 언어는 글로 고착화되기 때문이다. 따라서 성경기술에는 인간적 오류와 주관이 자연스럽게 들어가 있다고 보아야 한다.

그래서 하나님이 의도하신 참뜻과 기술 내용의 차이가 있을 수 있고, 우리는 성경을 항상 조심스럽게 해석하여야 한다. 구약 성경에 나오는 수많은 영웅호걸들의 전쟁승리와 그 뒤에 따라온 정복된 이방인들에 대한 잔인한 행동들을 보면서 우리는 이스라엘 사람들의 피비린내 나는 용감한 전투행위를 하나님이 우리에게 가르치시려는 참뜻이 아니라는 것은 누구나 알 수 있다. 그것을 하나님이 나의 적을 잔인하게 퇴출시켜 주실 것이라고 해석한다면 우리는 하나님을 너무 편협한 인간의 전쟁도구로 전락시키는 행위를 하고 있는 것이다. 우리가 불과 60년 전에 중국 공산군의 인해작전(人海作戰)에 희생이 되어 수십만 명이 목숨을 잃었던 일이 있다. 그러면 우리는 우리의 적인 중국을 하나님이 벌을 내리어 잔인하게 멸망시켜달라고 기도하여야 하는가. 오히려, 이스라엘의 역사를 통하여 나타나는 하나님의 섭리를 인류 역사라는 큰 틀에서 볼 때 신앙과 도덕성을 지키는 백성들을 하나님이 보호하신다는 증거와 간증으로 보는 것이 올바른 성경의 해석이다.

또한 성경은 여러 나라의 말로 번역되면서 우리에게 전달되었다. 영어 성경만 해도 40가지나 된다. 그 많은 번역과정을 통하여 얼마나 많은 오역이 발생했겠는가. 영어 성경과 한국어 성경만 비교해 보아도 적지 않은 다른 표현들이 존재함을 알 수 있다. 인류역사상 가장 오래된 책, 역사상 가장 많은 언어로 번역된 이 책의 번역과정에서 발생하는 자연적 변화는 부인할 수가 없다. 같은 단어라도 약간씩 다른 의미를 가지는 각종 언어들의 문화적 특성이 허다하다. 우리나라 말에서 "짭쪼롬하다"를 영어로 번역해 보라. 완전한 번역은 힘들 것이다. 추가적 설명은 가능해도, 한 단어로는 그 뜻의 완전한 전달은 불가능하다. 만일 성경 원본의 어의를 잘 지켜나가도록 해석과 설명과 주석을 달아 왔다면 지금쯤 성경은 아마 여러 권의 책이 되었을 것이다. 이러한 번역 과정에서의 내용의 견고성 (translational robustness)은 모든 번역 작업의 기본적 목적이다. 이때 번역자는 불가피하게 내용의 올바른 전달을 위하여 문자적 일치성을 포기하고, 가장 근접한 의미를 가진 어휘를 선택해서 사용하는 것이 상식이다. 여기서 성경 해석상 문자주의는 설 자리를 잃는다. 즉 성경은 하나님이 여러 나라말을 통하여 인간에게 전달하고자 하는 일관적이고, 도덕적이고, 합리적이며, 만인이 받아들여야 할 본뜻을 찾고 끝없는 해석 작업을 수반하며 읽어야 한다. 성경을 읽는 행위 자체가 해석적 작업이다. 한 가지 해석을 만유(萬有, all things, 헬라어로 '파스')의 진리라고 주장하는 것은 해석자를 하나님 위에 두는 것과 같다.

교회가 결정하고 지키는 교리들을 교회의 지적 관용성의 한계로 설정하고, 이 밖으로는 한 발자국도 안 나가려 한다면, 이는 우리의 하나님을 고집 많고, 진실에 어둡고, 새로운 인간의 발견을 혐오하는 상자 속의 하나님으로 만들게 된다. 교회와 신도들의 지적 한계와 과학적 사실에 대한 혐오와 신앙적 오만으로 인하여 우리는 하나님을 과학을 두려워하는 하나님으로 퇴화시키고 있다. 이는 나를 하나님보다 더 중요하고 더 큰 존재로 만든다. 내 마음을 열지 않으면 나는 하나님을 나의 관념적 귀신 당지기 속의 완구로 변화시키고 있을지 모른다.

초대교회 시대 예수의 사도들이 지중해 연안 각지에서 동시 다발적으로 전도를 하다 보니 예수를 믿겠다고 개종한 사람들이 그동안 자신들이 가지고 있던 종교, 신앙, 미신, 풍습, 신화 등에서 많은 것을 새로 택한 예수교 안에 도입 또는 대입하는 행위들이 있었다. 기독교 교리의 경직성은 여기에서 시작한 것으로 보인다. 바울[7]과 사도들이 초대교회[8] 한 곳에 늘 같이 있는 것이 아니고, 자주 편지로 격려하고 충고하고 생각을 수정해 주어야 하는 상황에서 신약 성경도 아직 집필되지도 않은 상태에서, 새 종교를 시작하는 유럽과 소아시아의 각 교회는 많은 문제에 봉착할 때마다 각 교회 지도자들은 자신도 모르게 자신들의 지식과 판단, 그리고 과거의 이론과 풍습에서 해답을 찾았을 것이다. 신약 성경 여러 곳에서 악마의 이론이라고 지적했듯, 하나님의 의지와 진리를 가장한 수많은 그럴듯하고 유사한 이론이나 판단이 나왔던 것을 쉽게 알 수 있다.

이러한 이민족(이방인·gentile)의 전래의 종교적 교리나 신화들로부터 새 종교인 기독교를 보호하기 위해서는 종교적 이론과 풍습에 대한 강력한 중앙 통제가 필요하였을 것으로 보이고, 결과적으로 교리의 경직성이 불가피했을 것이다. 그러한 불가피한 교리의 경직적 중앙 통제 성향은 실제로 기독교를 강력하고 역동적인 종교로 변화시켰다. 그 여세로 로마의 군주제와 연결되어 국교라는 수레를 타고 고속으로 전 유럽을 지배하게 되었다. 나아가 유럽의 중세시대에는

---

7 바울은 신약성경의 사도행전에 등장하는 예수교 창시자중의 한 사람으로, 예수의 열두 제자 중 누구보다도 교회 형성에 영향력이 컸다. 청소년 시절에 가말리엘 문하에서 율법의 엄한 교육을 받았고 바리새인의 입장에서 볼 때에는 도무지 결점이 없는(빌 3:5-6) 사람으로 예수교도들을 체포하고 처벌하는 극단주의적 유대교 사도였으나, 예수교인으로 개종한 뒤 소아시아와 유럽에 이 신 종교를 전파하는 데 주도적 역할을 하고, 신약의 초기 4개 복음서를 제외한 대부분의 책을 저술한 기독교 이론가이다.

8 일반적으로 교회의 역사를 보면, 초대 교회는 많은 박해 중에서 기독교 교회의 조직과 신학의 기초가 정립되었고, 중세 교회는 교황 제도 하의 가톨릭교회 시대라고 볼 수 있으며, (그레고리 1세부터 루터가 종교 개혁을 일으키는 1517년까지), 현대 교회는 1517년부터 현재까지로 신학계에서는 구분한다.

그 교리의 중앙 통제적 경직성이 경직성을 넘어 자기보호적 권력으로 발전하여 과잉경직, 불필요한 잔인성까지 보이며, 소위 정통성을 지켜왔다. 그러던 것이 루터의 종교개혁으로 인하여 해석의 다변화, 교리의 포용력 증대, 종파의 다양화로 발전하였다.

그러나 성경을 해석하는 행위는 불가피하게 인간의 해석이고, 인간의 해석은 인간의 불완전성과 가변성(可變性)에 지배를 받으며, 인간의 언어로 해석되는 고로 그 언어의 불완전성과 가변성에 지배를 받아, 불완전한 해석을 만들 수밖에 없다, 즉 성경은 진리일지라도, 해석은 최종적으로 확정할 수가 없다. 그러나 기독교의 역사는 많은 공의회에서 많은 성경적 진리를 '확정'해 왔고, 지금도 반복하고 있다. 종교개혁으로 신학적 이론과 종교적 행위를 대대적으로 개혁한 개신교도 이제는 스스로 만든 새로운 '정통성(orthodox)'에 얽매어 경직화되어 있다.

올바른 성경의 해석은 하나의 영적 경험일 것이다. 제자들의 마음에 투영된 예수님의 마음이 바로 성경이고, 성경을 읽는 독자의 마음과 제자들 속의 그 예수님의 마음이 일치될 때 올바른 해석이 일어날 것이다. 하나님은 성경이 쓰여질 때에 한번 구술(dictation)을 하셨으면, 이제는 성경을 바로 읽는 데에도 또 한 번 간섭과 지시(dictation)를 내리신다. 이러한 영적 경험은 극소수의 선택된 자들만의 경험이다. 이러한 영적 체험에 근거한 해석은 인간의 논리로는 '옳다, 그르다'를 판단하기 힘들다. 그러나 이렇게 영적 체험으로 설

정된 해석들만으로 교리가 구성되기에는 그 사례가 턱없이 부족하
고, 우리는 계속 인간의 주관적 해석 가운데 가장 설득력 있는 부분
들을 기초로 신앙의 기초를 삼고 있다. 따라서 수많은 주관적 해석
이 교리를 구성하는 주요한 요소 중의 하나라면, 당연히 현대 과학
이 찾아낸 객관적·과학적 사실들과 합리적 추리를 우리 교회의 교
리에 반영해야 한다. 영적 경험을 한 소수의 신앙의 귀족들에게 하나
님과 인간의 관계 설정을 다 맡기지 말고, 성경을 토대로 하고 과학
적 사실과 합리적 사고방법을 도입하여 성경말씀의 의도를 성실히
캐내는 것이 과학과 합리적 사고를 사랑하는 기독교인들의 의무다.

물론 모든 교리를 다 재해석하자는 것이 아니다. 각자 자기 위
치에서 각자 할 수 있는 만큼, 그리고 스스로 발견하는 만큼 기여
하여, 과학과 합리주의를 수용하는 기독교의 모습을 하나씩 다듬
어 나가는 수밖에 없다. 이 작업을 게을리하면, 머지않아 기독교는
과학적 사실과 합리적 현실에 어두운 무식하고 편협한 비현실주
의자들의 집단으로 전락하고, 여러 나라에서 변두리 광신자 집단
(irrelevant peripheral fanatics)으로 전락할 것이다. 과학과 합리주의
를 도입하는 것이 어려운 것도 아니고, 하나님의 뜻에 배반하는 것
도 아니고, 과학은 하나님이 만드신 우주와 자연의 설명 방법에 불
과한데, 신도 자신이 과학을 무서워하기 때문에 하나님께 누를 끼쳐
서는 안된다.

다음 장에서는 신도들이 가장 이해가 힘든 원죄에 관하여 과학

적이라기보다 합리적 설명을 시도하기로 한다. 이어서 성경적 원죄의 새로운 합리적 해석을 하고, 이 새 개념의 원죄가 인류 문명을 멸망을 향해 질주케 하며, 이를 어떻게 정지시킬 수 있는지를 설명한다. 그 다음은 예수의 새로운 가르침, 즉 정의(righteousness) 추구의 시대인 구약적 질서를 버리고, 사랑과 용서를 기초로 하는 신약적 신 시대로 옮겨가는 가르침, 이 새 가르침이 인류를 동시 멸망에서 어떻게 구원하는지, 그 구원의 효과가 어떻게 극대화되고 확산되는지를 설명한다. 이어서 예수의 구원의 완성과 인류의 완성과 하나님의 창조의 완성은 왜 동일한 것인지를 설명하고, 한반도에서 교차되는 두 개의 거대한 역사적 에너지의 정체를 설명하고, 이 에너지의 교차가 우리 그리스도인에게 전달하는 하나님의 명령을 확인한다. 끝으로 하나님과 대면하는 영적 경험이 없는 보통 신자, 과학과 합리주의를 추구하는 보통 지식인 신자의 입장에서 하나님이 우주의 창조자라는 말이 무엇을 뜻하는지를 밝히고자 한다.

원죄와 자각에 관하여

죄란
무엇인가

원죄설[9]에 따르면 인간은 신과의 관계를 완전히 망치는 데서부터 시작한다. 붕괴된 하나님과의 관계를 인간과 하나님은 '어떤 과정을 거쳐서 복구'하려 하는지 살펴보고자 한다. 그 복구 과정의 한가운데 예수님의 뜻으로 시작된 기독교의 역할이 존재하기 때문이다. 분명 하나님은 인간을 벌하지만, 멸하시거나 포기하지는 않은 것이 확실하다. 인간이 황야에 던져진 어린아이 같은 상태에서 어떻게 지금과 같은 종교인의 경지에까지

---

9 원죄는 아담으로부터 우리 인류에게 내려온 죄를 뜻한다. 하지만 원죄라는 단어는 성경에서 찾을 수 없고, 아담과 이브로부터 시작된 인간의 죄와 그 죄의 영향으로 모든 인류가 일종의 연좌제처럼 죗값을 치러야 하는 상황을 지칭한다.

진전해 왔는지를 검토해 보자. 그러나 이 점은 뒤의 '왜 하나님은 인간을 왜 구원하시는가'라는 명제를 다루는 곳에서 다루기로 하고, 지금은 우선 인간이 하나님으로부터 벌을 받고 에덴동산에서 추방당하는 최악의 상태에서부터 시작하자. 여기서 우리는 죄를 정의하기 위하여 공리적 접근을 채택한다.

'죄'라는 어휘는 실은 법률적 어휘이다.[10] 인간 공동체의 평화롭고 질서 있는 생활을 확보하기 위하여 최소한의 금기 사항들을 열거하고, 이를 범하는 자에게 처벌이라는 억제책을 합의(convention)로 정해 놓은 것이다. 이러한 죄는 공동체 구성원들이 일반적으로 반드시 이것만은 지켜야 하는 최소한의 금기 사항들로 구성되어 있어서 원시 사회에서는 그 내용이 살인, 강·절도, 성폭행 등 원초적 죄들만으로 구성되어 있었으나, 사회가 커지고 인간 간의 이해관계가 복잡해지면서 금기 사항의 내용도 점차 복잡해지고 세련되게 되었다. 그러나 그 중심에는 다른 공동체 구성원에게 피해를 끼치는 것이 기본적 조건으로 존재한다. 물론 때로는 공동체 구성원 개인뿐 아니라, 집합체 또는 국가의 안위를 해치는 일도 금기사항에 들어가 있지만, 이는 집합체의 안위를 훼손하므로 구성원 개인의 안위를 해친다는 간접 피해를 막기 위하여 발명한 일종의 파생적 금기사항(derivative taboos)이다.

---

10 영어에서는 법률적인 죄를 'crime'이라 하고 신앙적인 죄를 'sin'이라 하는데, 우리나라는 양쪽을 겸용해 구분하지 않고 '죄'라고 혼용한다. 이밖에 'guilt'도 법률적 의미로 '죄'라고 활용한다.

우리는 죄가 무엇인지 길게 논쟁하지 말고, 상식으로 누구나 받아들일 수 있는 죄의 뜻을 하나의 공리로 정리하고 시작한다. 죄는 "자신이 속한 공동체 구성원에게 피해를 주는 행위와 사고(思考)"라고 하나의 공리(公理)로 정리해 두자. 이 공리의 타당성을 이해하기 위하여 로빈슨 크루소 같은 홀로 사는 사람을 생각해 보자. 이 사람이 지을 수 있는 죄는 거의 없다. 마음속에 죄지을 생각을 하는 것 이외에는 죄를 지으려고 해도 지을 수가 없다. 기껏 주변의 생물체에게 잔인하게 행동하는 죄 정도일 것이다. 그러나 이 잔인한 대접을 받은 생물체는 이미 이 사람과 같은 공동체의 일원이 되어 있었다. 공동체의 나 아닌 다른 구성원이 없으면 죄를 짓고 싶어도 지을 수가 없다. 그래서 죄의 필요조건은 공동체 구성원의 존재이다.

다음은 피해를 주는 행위인데, 공동체 구성원에 대한 인간의 행동은 다른 구성원에게 도움이 되는 행동, 피해를 주는 행동, 그리고 도움도 안 되고 피해도 안주는 중립적 행동 세 가지밖에 없다. 이렇게 보면 적어도 죄라고 부르려면, 한 사람의 행동이 다른 사람이나 공동체 구성원에게 적극적으로 피해를 주어야 죄가 되지, 피해도 안 되고, 도움도 안 되는 무해한 행동을 죄라고 부를 수는 없다. 피해가 되니까 법으로나 도덕적 종교의 율법으로 이를 막는 것이지 강제로 막을 필요가 없는 행위를 죄라고 부를 수는 없다.

그 다음은 행위라는 적극적 움직임, 즉 행동이 있어야 죄가 형성된다. 레위 사람[11]이 강도에게 맞아 쓰러진 자기와 같은 민족을 구해내지 않고 그냥 지나갔다고 이를 죄지었다고 강제로 벌을 줄 수는 없다. 강제로 길을 막아 놓고, 이 피해자를 구하라고 누구도 강요하지 않는다. 강도가 한 짓은 적극적 죄이지만, 레위 사람이 한 무성의한 행동은 굳이 죄라고 한다면 '소극적 죄'라고 부를 수는 있어도, 이를 근거로 벌을 줄 수는 없다. 바람직한 행동은 아니었을지라도, 후안무치(厚顔無恥)한 두고두고 벌을 받아 마땅한 행위는 아니었다. 죄가 형성되려면, 적극적 행위가 수반되어야 한다. 내가 경솔하여 가정에 불안을 가져와도, 질투가 심하여 불화가 잦거나, 과음하여 몸을 망치거나 부정직하여 상사에게 의심을 사도 벌을 주는 법은 없다.

그래서 우리는 위의 공리, 즉 공동체 구성원에게 피해를 주는 적극적 행위를 죄라고 부르는 공리에 합의해 두자는 것이다. 다만 하나님에게 지은 죄는 세상의 법을 어긴 죄와 달리 그 범위가 많이 축소되어 종교적으로는 죄가 되어도, 법으로는 전혀 죄가 되지 않는 경우가 많다. 일요일 날 직장에 나가 일을 하거나, 십일조를 내지 않는다고 처벌할 수는 없다. 그러나 종교적으로는 확실히 죄다. 성경적 원죄는 세상의 법으로는 벌할 수는 없으나, 대대손손이 그 죗값을 치러야 하는 중대한 종교적·도덕적 죄이다. 그래서 이해가 잘 안 되는 것이다.

---

11 레위인은 야곱의 열두 아들 중 레위의 자손을 의미한다. 야곱의 열두 아들에는 포함되었으나 요셉의 두 아들 므낫세와 에브라임이 각각 한 지파로 여겨지면서 최종 열두 지파에서는 제외되었다. 이스라엘 민족의 제사장(사제)이 되는 특수한 지파로서, 모든 제사장은 레위인으로 구성되었다. 처음에는 레위인과 사제는 같은 뜻으로 쓰였다. 그러나 제사장이 아론의 직계로 한정되면서부터 다른 레위 지파는 레위인으로 불리어, 제사장 아래에서 종교적 업무에 종사하는 계급을 가리키게 되었다.

성경적
원죄의 서술

원죄에 관한 창세기 3장의 서술을 보면 아래와 같다.

뱀이 여자에게 말하기를 "절대로 죽지 않을 것이다. 왜냐하면, 네가 그 과일을 먹으면 네 눈이 밝아져 네가 하나님처럼 선과 악을 알게 될 것이다!"라고 하였다. 여인이 그 나무의 과일을 보니 먹기에도 좋아 보이고, 보기에도 좋고, 또 지혜를 얻는 것도 원하여 과일을 따서 먹었다. 여인은 옆에 있던 남편에게도 하나 주어 그도 이를 먹었다. 그러자 두 사람의 눈이 열리고, 자신들이 벌거벗은 상태였다는 것을 알게 되어 무화과나무 잎을 바느질(sew fig leaves)하여 자기 몸을 가렸다. 여기까지가 1절부터 7절까지이고, 16절부터는

하나님이 여인에게 말씀하시기를 "너의 출산 통증을 크게 늘려 아기를

낳을 때에 아주 심한 통증을 느끼리라. 너는 너의 남편을 그리워하게 되고, 그가 너를 지배하리라." 하셨다. 아담에게는 너는 네 처의 말을 듣고, 내가 금지한 나무의 과일을 먹었다. 너로 인하여 나는 이 땅에 저주를 하여 너는 평생을 두고 고통스러운 노동을 하여야 이 땅으로부터 식량을 얻으리라(eat from the land). 이 땅은 가시와 엉겅퀴로 가득하여 너는 이마에 땀을 흘리며 농사를 지어야 식량을 얻고, 이는 땅에서 나온 네가 땅으로 돌아갈 때까지 지속되리라."

여기까지가 19절이고, 22절에서

또한 하나님이 말씀하기를, "이 인간이 선과 악을 알아 우리처럼 되었다.[12] 이 인간이 손을 뻗어 생명의 나무에서 (과일을) 따 먹어 영원히 살 수 있도록 허락해서는 안 되겠다. 그래서 하나님은 아담을 에덴동산에서 추방하고 자기가 원래 태어난 그 흙을 갈면서 살게 하였다. 하나님은 아담을 추방한 뒤에 에덴동산의 동쪽에 천사와 앞뒤로 번쩍이는 불같은 칼을 두어 생명의 나무를 보호하였다."

위의 마지막 부분 22절 이하의 서술은 인간이 선과 악을 알아 "우리처럼 되었다."라는 대단히 놀라운 메시지를 담고 있다. 여기서 '우리'라는 어휘의 뜻을 명확히 하기 위하여 이어서 "생명의 나무에서 (과일을) 따먹어 영원히 살 수 있도록 허락하지 말자."라는 더 놀라운

---

12 한국어 성경에는 (창 3:22) '여호와 하나님이 이르시되 보라 이 사람이 선악을 아는 일에 우리 중 하나 같이 되었으니 그가 그의 손을 들어 생명나무 열매도 따먹고 영생할까 하노라 하시고…'라고 되어 있으나, 위 본문의 성경구절은 NIV를 직접 번역한 것이다.

메시지가 따라온다. 하나님이 '우리'라는 표현을 쓰는 것은 누군가가 하나님과 동격의 존재가 될 수 있다는 뜻이 되고, 이는 기독교도가 믿고 있는 유일한 절대적 하나님의 자격을 스스로 훼손하는 표현이다. 그리고 이 '우리'가 되는 조건을 영원히 사는 것으로 설명하였다. 즉 누구든지 영생을 하게 되면, 우리 즉 하나님과 동격의 존재가 된다는 해석이 된다. 더 놀라운 것은 이 영생의 자격이 에덴동산의 동쪽의 천사와 불같은 칼을 배치한 곳에 있는 생명의 나무 과일을 따서 먹으면 영생을 하게 된다는 희랍 신화에서나 나올 법한 이야기, 기독교의 입장에서 보면 미신에 해당하는 기술이 나온다.

예수의 말씀에 따르면, 영생의 조건은 나의 죄를 회개하고, 예수의 피로 이룬 대속의 은혜를 받아들이고, 항상 긴장한 상태로 세상 끝날까지 예수의 말씀을 전파하여야 영생의 조건이 충족된다. 그리스의 신화나 그보다 2천 년 전 메소포타미아 지역의 수메리아나 페르가몬[13] 같은 수많은 도시국가들의 신화에서나 나올 법한 이 이야기를 어떻게 받아들여야 할지, 이를 하나님이 구술하시고 인간이 받아 베낀 글로 보아야 하는가에 대한 논란은 이 글을 쓰는 주제에서 벗어나고, 많은 이들이 이미 부정하고 있기 때문에 더 이상 문제삼지 않는다. 그러나 분명한 것은 성경의 문자적 해석을 주장하는 이들에게 창세기 3장은 치명적인 기술이라는 점은 지적해 둔다.

---

13 '페르가몬' 또는 '페르가뭄(Pergamum)'이라고도 불리는 터키의 아나톨리아의 북서쪽 미시아의 고대 그리스 도시이다. 에게 해에서 26km 정도 떨어져 있고 카이우스 강이 북쪽에 있다. 그리스 제국 시대에 중요한 왕국이 되었고, 현재는 '베르가마'로 작은 소도읍이다.

원죄의 참 의미인
불복종과 그 후유증

아담이 선악과는 먹었어도, 이 영생의 열매를 먹지 못하였던 것은 분명하다. 그러나 선과 악을 구분할 수 있는 선악과를 먹은 것으로 그는 죄를 지었고, 에덴동산에서 추방당하여 평생 농사를 짓는 벌을 받았다. 여기서 농사를 짓는 노동을 벌로 본 것은 아주 중요하다. 왜냐하면, 창세기 저자에 따르면 노동은 벌이기 때문이다. 현대인의 가치관에서 볼 때 노동은 벌이라기보다 개인의 경제적 자립을 위한 숭고한 권리와 의무인데, 이를 벌로 간주하는 것은 노동하지 않을 때를 이상적 상태로 생각하는, 즉 놀고 먹는 것을 복으로 간주하는 고대인의 특이한 가치관이 엿보인다.

오늘의 기독교는 이러한 노동기피 사상을 졸업하였기를 바란다.

그런데 창세기 3장의 핵심 메시지는 죄와 벌이다. 죄는 선악과를 따 먹은 것이고, 벌은 에덴동산에서 추방당하는 것이다. 앞의 죄의 구성요소들과 비교해 보면, 선악과를 따먹는 행위는 공동체의 다른 구성원도 없고, 피해를 주는 것도 아니고, 행위만 있을 뿐이다. 첫째와 둘째의 요건은 충족되지 않고, 셋째 요건만 충족된다. 따라서 우리가 아는 인간의 논리로는 죄가 형성되지 않는다. 그러나 하나님의 눈에는 분노할 만한 죄가 저질러진 것이다. 그러면 우리 하나님은 인간의 기준으로도 죄가 되지 않는 것을 가지고 인간을 그토록 학대하는 속 좁은 신인가? 아니면 함석헌 선생이 주장한대로 교회가 사람들을 끌어모으기 위해 죄도 없는 사람들에게 아담의 행위를 핑계로 죄를 뒤집어씌우는 것인가?

이 선악과를 먹는 행위는 명령 불복종의 행위이고, 이는 피조물이 창조주의 지시를 어긴 가장 기본적인 죄다. 말을 안 들어먹은 것이다. 반항이라고는 상상도 할 수 없던 아담이 행동으로 반항을 보여 준 것이다. 이것은 종교인의 입장에서는 어느 죄보다 더 크다. 인간끼리 사는 세상에서 다른 인간에게 지은 죄가 아니라, 절대자인 하나님과의 관계에서 명령 불복종을 통하여 하나님의 절대성을 훼손한 것이다. 하나님의 절대성을 부정하는 것은 하나님을 부정하는 것과 동일하다. 모세가 구약성경 맨 앞의 시초의 모세 5경(Torah 또는 Pentateuch라고 부름)을 썼다는 창세기 서술 시대에는 '우리와 같은'이라는 표현을 넣어 다신적(多神的) 상황을 마구 기술해도 하나님의 절대성을 손상한다는 개념이 없던 것으로 보인다. 그 때는 절대성이라는 개념을 잘 몰라 그랬다고, 무지의 알리바이를 주장할 수 있었을지 모르지만, 이제 알 만큼 아는 현대인의 기준으로 볼 때, 아담의 불복종 행위는 아주 심각한 죄다.

아무리 현대적인 군대에서나 기업일지라도, 조직 내의 명령 불복종은 최악의 죄가 된다. 예를 들어 전쟁이나 경쟁의 현장에서 의사 결정의 권한이 때로는 구체적으로 하향 위임된다. 현장의 상태를 제일선에 나아가 있는 소대장이 가장 잘 알기 때문이다. 그러나 최전선의 전투 상태뿐 아니라 후방과 국제 관계를 포함한 큰 그림을 볼 수 있는 본부에서만 결정을 내려야 할 사항도 많이 있다. 최전선의 소대장의 10명의 생명을 살려내려는 인도주의적 결정이 1만 명의 목숨을 위태롭게 할 수 있기 때문에 상부의 명령은 그것이 설혹 현장에서는 틀리게 보일지라도 따라야 하는 이유이다. 그래서 군대에서는 명령 불복종은 엄청난 생명의 희생을 초래할 수 있는 것이다. 하물며 우주를 창조하시고, 미래를 만들어 가시는 하나님의 명령을 무지렁이 같은 인간이 어겨서야 되겠는가. 선악과를 먹은 죄는 그래서 아주 심각한 죄다.

그럼에도 불구하고, 자비로우신 하나님이 어떻게 인간을 영원히 벌하실 수가 있을까. 유명한 루이스(C.S. Lewis)의 모순이다.[14] 근본적

---

14 C.S.루이스는 영국의 소설가이자 영국성공회(Church of England)의 평신도(layman)이다. 또한 케임브리지 대학교에서 철학과 르네상스 문학을 가르쳤다.

으로 자신의 피조물인 인간을 그토록 사랑하시는 선한 하나님의 명령은 나의 어린 자식이 위험한 물가로 가지 말라고 타이르거나, 학교에서 나쁜 친구들과 사귀지 말라고 부탁하는 것이나, 도로를 건널 때 좌우를 잘 살펴 건너가라는 말과 같이 아이의 미래를 걱정하는 부모의 명령과 같은 것으로 본다. 말 한 번 안 들어서 자식이 사고를 쳤다고, 영원히 저주하는 아버지가 어디 있겠는가. 사랑하는 아들 예수를 보내어 죽음으로 속죄를 하여야 할 만큼 중요한 죄를 아담이 지은 것 일까. 아담이 저지른 이 불복종의 죄는 아주 중요한 죄이기는 하나, 예수님을 십자가에 못 박을 만큼 중요한지는 솔직히 잘 모르겠다. 분명히 선악과 하나 따먹었다고 그리 저주하는 것은 아닐 것이다. 무언가 우리가 놓쳐 버린 아주 중요한 죄가 있을 것이다. 두고두고 벌을 받아야 마땅한 하나님을 정말 분노케 한 이유가 있다.

하나님이 재미로 에덴동산 한가운데 선악과나무를 심어 놓고 아담이 이 열매를 따 먹지 않으면 하나님의 절대성이 존중되고, 따먹으면 그의 절대성이 훼손되는 게임을 하셨다면, 그 하나님의 절대성은 이미 존재하지 않는다. 이는 창세기 저자의 무지의 소치일 뿐이다. 하나님이 아담을 두고 게임을 한 것이 아니라, 선악을 가릴 수 있는 자각의 순간부터 인간은 필연적으로 더 중한 죄를 지을 수밖에 없는 운명의 시작을 상징적으로 기술한 이야기인데, 우리는 그 참뜻보다 선악과 사건에 더 집착하고 있다. 앞으로 논의해 나가야

할 주제는 에덴동산 추방 이후에 인간은 불가피하게 하나님의 절
대성을 지속적으로 훼손하여야 하는 아이러니 속에 살게 되었다
는 점이다. 다시 말해 인간의 태조인 아담이 저지른 죄는 인간이
그 뒤에 영겁을 두고 계속 저지를 수밖에 없는 죄의 시작이고 원
인이었다.

존재의 자각과 원죄 이전의
절대 복종적 피조물의 평화

여기서 잠시 원죄 이전의 상태를 상상하여 보자. 창세기는 선악과의 죄를 자각으로 규정한다. 모르던 것을 알게 되었다는 뜻이다. 과연 모르던 것이 선과 악 뿐이었을까. 벌거벗은 것도 몰랐다. 부끄러운 줄을 몰랐다는 뜻이 아니라 아예 나체 상태 자체의 인식이 없었던 것이다. 그것만 몰랐을까? 벌거벗은 것을 몰랐다는 뜻은 인간의 기본적 인식능력을 못 가졌다는 뜻이다. 한마디로 무지렁이다. 인간이 과연 그럴 수 있을까. 필자는 있다고 본다. 아주 어렸을 때 손기정 마라톤 선수의 베를린 금메달 수상으로 인해 조선의 어린이들이 새벽이면 거리에 나와 뛰느라 고생을 좀 하였다(어느 때나 야심 찬 어머니들은 항상 존재한다). 필자도 유치원

갈 나이에 영하 24도의 평안북도 시골길에서 마라톤 흉내를 좀 내다가 폐렴에 걸렸었다. 필자의 기억은 그보다 조금 일찍 정도에서 시작된다. 정확히 언제인지는 모르지만, 기억이 나는 시점은 어른들의 팔에 안기어 시골길을 걷던 때부터이다. 누구든지, 이 자각의 시각이 있을 것이다. 그 전에는 우리도 벌거벗은 것도 모르고, 어머니가 아닌 일가친척 중 어느 여인이 내 기저귀를 갈아주는 줄도 모르고, 부끄럼 없이 살았다.

이 자각의 시점은 동시에 옳고 그름의 기준을 익히기 시작하는 시기이기도 하였다. 이불에 오줌을 싸면 안 된다거나 남의 소유물을 먹어 치워도 안 된다거나, 금기에 대하여 배우기 시작했다. 마치 선악과 안 먹는 훈련을 하는 것과 흡사하다. 야생 동물들의 행태를 보면 자기와 주변의 존재들을 인식하지만 자신의 과거를 기억하지는 못하는 것과 같다. 근친상간을 자유롭게 하는 것을 보면, 모자 간의 관계를 젖 먹는 시기가 끝나면 머지않아 잊어버리는 것 같다. 그러나 훈련을 시키면 금기 사항에 대해서는 상당히 자제할 줄 안다. 가축들의 경우 특히 강아지의 경우는 변을 가리는 등 교육적 효과가 있는 것으로 보아 어느 정도의 기억력과 금기에 대한 판단력도 있는 것으로 보인다. 창세기의 아담과 이브는 자각적 인지능력과 기억력은 모자라나 금기사항에 대하여는 잘 훈련된 가축 정도의 지적 수준이 아니었나 보인다. 뱀과 언어를 나누었다는 말은 고대 히브리어를 사용한 것은 아닐 터이고, 자연의 동물들 간에 의사소통이 되는 능력 정도를 가진 것으로 보아도 될 것 같다. 하나님과의 소통은 언어가 불필요했을 것이다. 주인과 강아지 사이에서도 주인의 말이 필요하지 강아지의 말은 불필요하다. 그냥 명령과 복종만 있을 뿐이다.

이렇게 자각이 없는 생활은 미래에 대한 기대나 예측이 없고, 당장 위험이 다가오지 않는 한 걱정이나 불안이 없어서 준비가 불필요하다. 준비가 필요없으면 재산의 축적이 불필요하고, 이는 전쟁의 원인을 제거한다. 단순히 눈앞의 생존을 위하여 필요하면 싸우고, 아니면 그냥 시간을 보낸다. 그러다 나이가 들면 퇴출되면 그만이다. 기억이 없으므로 슬플 일도 없고, 괴로운 일도 없다. 이것을 행복한 에덴동산 안의 생활이라고 보자면, 그것도 무방하다. 기억과 불안의 인식이 없으니까. 우리가 기억할 수 없는 과거를 어떻게 기술하든 무방하다. 인간은 일반적으로 이런 상황을 미화하는 습관을 가지고 있다. 무지는 행복하다. 이것은 지금도 사실이다. 한국 속담에 있듯이 '아는 것이 병'이라 하지 않나.

이 평화가 깨지는 것은 오로지 신의 명령 불복종 때문에 발생한다. 메소포타미아 지역의 많은 신화는 창세기처럼 인간문명의 시작을 명령불복종과 낙원에서의 추방과 인간의 자각 능력의 발생과 노동의 시작으로 본다. 구약의 창세기도 그중의 하나이다.

분명히 이 자각의 시작은 인류 역사에서 가장 중요한 변곡점이었을 것이다. 구석기 시대 이전에도 인간이 대규모로 이동한 증거가 많은 것으로 보아, 또 긴 여행을 결정하고 집단이 이동한 것으로 보아, 글로 남긴 기억의 자료는 없어도, 인간적 수준의 자각 능력은 있었을 것으로 보인다. 이 변곡점을 지나는데 얼마나 오랜 시간이 걸렸을지는 모르되, 구석기 시대를 훨씬 앞서서 시작하여 분명 상당한 기간을 거치면서 자기 인식능력을 보유한 인간이 세계 여러 곳에서 태어났을 것이다. 이 변곡점 부근에서 인간의 두뇌는 기억력을 보유할 만큼 발전하여 인간은 과거에 대한 기억을 축적하기 시작하였을 것이다. 기억의 축적은 경험과 지혜 및 지식으로 발전하였을 테고, 글이 없으니 구전으로, 노래로 또는 제사의 낭송용 가사로 전달되었을 것이고, 집단으로 생활하고 사냥하고, 대규모로 동시에 이동하는 과정에서 여러 가지 사회적 금기와 규범이 발생하였을 것이다. 아담은 이러한 대 역사적 사건의 상징적 인물로 보인다. 그러나 실제 걸린 시간은 상당히 긴 기간에 걸쳐 자각 능력 획득과정을 경험한 끝에 얻은 것으로 보이고, 이 과정의 마지막 단계쯤에 아마도 선악과 사건을 물리적이 아닌 상징적 사건으로 기억했을 것으로 보인다. 이는 고고학자도, 인류학자도, 진화생물학자도 아닌 필자의 상식을 모아서 구성하고 추리한 아담의 선악과와 자각 사건의 전모이다.

물론 자각 이전의 인간이 비폭력적이었다는 주장은 아니다. 약 4만 년 전 아프리카에서 발달하고 출발하여 중앙아시아, 중동 및 유럽에서 인간의 현재의 모습으로 정착한 크로마뇽인들은 머리만 좋은 것이 아니라, 잔인성도 커서 인류학자들은 10만 년 전부터 지구 여러 지역에서 서식하던 네안데르탈인[15]의 멸망에 크로마뇽인[16]의 강한 육식성향이 한몫했을 것이라고 보는 이도 많다. 자각 사건 이전의 인간은 필연적으로 대단히 호전적이고 폭력적이었을 것이다. 그때는 그것이 바로 종의 생존과 성공의 필수 조건이었기 때문이다. 이런 짐승 같은 인간이 노동을 하고, 경제활동을 하고, 말을 하고, 협력을 통하여 대형 맹수를 사냥하기까지 4만 년 이전 약 20만 년 전부터, 즉 16만 년은 족히 걸렸을 것으로 보고, 이를 생물학자들은 이 기간을 '대(大) 약진(The Great Leap Forward)기'라고 부른다.

---

15 네안데르탈인은 라인 강변의 네안데르 동굴(Neander Valley, Dusserdorf, Germany)의 채석장에서 발굴한(1856년) 두개골 상부와 다른 유골을 토대로 알게 된 것이다. 이것은 인근 학교의 교사인 훌롯(Fuhlrott)의 손을 거쳐 본 대학의 해부학 교수인 샤프하우젠(Schaffhaugen)에게 전달되었다. 아일랜드의 해부학자인 킹(King 1864)은 이 유골의 주인공을 호모네안델탈렌시스라 명명하였다.

16 프랑스어로 Cro-Magnon은 구석기에 나타난 호모 사피엔스의 가장 주요 형태 중 하나이다. 4만~20만 년 전까지 살았던 것으로 추정되며, 그들의 원주소는 케냐 등 아프리카 동부로서 중동과 유럽 지역에 널리 발견되었다. 최초로 발견된 프랑스 남서쪽에 있는 크로마뇽 동굴에서 지질학자 루이 라테가 1868년 3월 발견했다. 그러나 이들이 극동 지역까지 왔는지는 의문이 크다.

노동, 희소성,
경쟁과 종말

아담이 에덴동산을 나와 불가피하게 체결한 이 메피스토펠레스적[17] 대 교환의 의미는 인류문명 발달의 차원에서 보면 엄청난 이득이고, 본능적·물리적 생존 능력의 차원에서 보면 엄청난 손실이지만, 종교적 입장에서 보면, 아마 돌이킬 수 없는 죄악의 시작이다. 창세기는 이때부터 인간이 노동을 시작하게 되었다고 한다.

이 노동이라는 것은 원시적 초기 경제 활동을 말한다. 인간은

---

17 정확한 기원은 파우스트 전설을 기초로 하며, 일반적인 비열하고 악랄한 고전적인 악마의 원조(原祖)라고 볼 수 있으며, '메피스토펠레스(Mephistopeles)'의 이름을 직역하면 히브리어로 'Mephitz'는 파괴자, 'Tophel'은 거짓말쟁이란 뜻이다(위키백과). 요한 볼프강 괴테의 파우스트는 메피스토펠레스에게 자신의 영혼을 팔고 현세에서의 성공을 받는 교환을 한다.

노동을 통하여 식량이라는 경제재를 생산하기 시작하였다. 재화의 무한한 공급 상태 하에서는 희소성이 존재하지 않는다. 희소성이 없으면 경제적 가치가 존재할 수 없다. 따라서 경제재는 없다. 그런데 아담은 하루 24시간이라는 한정된 시간 동안 죽도록 노동을 하여 가족이 먹을 식량을 재배하였다. 인간 한 사람이 노동으로 일굴 수 있는 토지의 크기는 한정되어 있어서 온 지구상의 모든 토지가 자기 토지라도 도움이 안 된다. 자기 가족이 1년간 먹고 남으면 잉여 양곡이 생기지만, 원시적 농사 기술과 노동 방식으로 잉여 농산물을 만들기는 어려웠을 것이다. 다시 말해 노동 시간의 유한성과 사용 공간의 유한성이라는 두 가지 제약에 부닥치게 되었다. 평생을 노동을 하여야 하고, 자자손손이 노동을 하여야 한다. 한시라도 쉬면 그만큼 식량의 공급이 줄고, 그 대가는 오로지 게으름을 핀 사람의 피해로 돌아온다. 무한한 시간 가운데 자기에게 경제적 도움이 되는 시간은 자기 체력이 허용하는 노동 시간뿐이다. 그리고 아무리 협력을 통하여 더 넓은 토지를 경작하려 하여도, 가용 토지의 크기는 물리적으로 제한되어 있어서 인간은 농사를 짓기 시작부터 희소성의 횡포에서 벗어날 수가 없고, 희소성의 횡포를 벗어나는 유일한 방법은 경쟁뿐이다.

나아가 모든 인간이 다 노동을 하는 것은 아니다. 갓 태어난 아기를 위해 아비는 두 배로 일을 하여야 한다. 산모를 밭에 내몰 수 없으니 아비는 세 배로 일을 하여야 한다. 여기에 식량의 희소성이 또 나타난다. 시간이 흐를수록 아비의 노동력 공급은 점점 줄어들지만, 식량의 수요는 점점 늘어난다.

아기들이 자라 노동을 하면 일단 식량공급은 증가하지만, 이미 여기서 우리는 인류 문화의 종말을 예견할 수 있다. 공간의 제한성 때문이다. 인구의 증가로 식량의 수요가 계속 증가하면, 언젠가는 지구는 경작 가능한 토지를 모두 소진하고 만다. 단순한 산술적 예측이다. 물론 그렇게 간단하지는 않다. 그러나 결론은 같다. 2천 년 전에 현재의 인구 폭발과 농경지 축소를 예견한 사람은 없어도, 공간의 부족 때문에 인간이 참혹한 땅 따먹기 전쟁을 대대적 규모로 키워가는 과정은 그때도 이미 도처에 존재하였다. 예수님은 그 종국적 인류 파멸의 시나리오를 예견한 것이다. 욕망과 복수와 지혜의 동시적 발달은 과학과 기술이 결합하여 전쟁을 대규모화하고, 인류 문명 자체를 말소하는 궤도 위를 질주하는 것을 그는 알 수 있었다.

아담의 선악과 사건과 원죄는 한편으로는 인간 두뇌의 발달을 상징적으로 요약해 주고, 다른 한 편으로는 경제재와 경제생활의 출현을 설명한다. 그러나 이것이 그냥 모든 이에게 왜 원죄가 골고루 적용되는지는 설명하지 않는다. 이를 위하여 우리는 농사로 시작한 소박한 경제 생활이 어떻게 인류의 종말을 가져오는 대(大) 재앙으로 연결되는지를 검토하여야 한다. 이것이 CHAPTER 3의 경쟁에 관한 설명이 필요한 이유이다.

경쟁에 관하여

원시 경제 하의
희소성과 경쟁

인간이 국가를 처음 만든 초기 원시 국가를 상상해 보자. 인류학자들과 고고학자들은 이것을 신석기 시대 말과 청동기 시대 초로, 약 1만 년 전 앞뒤의 사회로 보고 있고, 1만 년 내지 1만5천 년 주기의 소(小) 빙하기가 막 끝난 뒤라고 보고 있다. 국가형태는 원시 부족 국가로서 이들 중에 강자가 나타나고, 이 강자들이 소규모 부락국가들을 통일하여 근대적 왕권국가로 통합해가는 시기라고 보고 있다.

이 이론이 사실과 일치하는지는 1만 년 전으로 돌아가기 전에는 알 수 없다. 어차피 이것은 이론이다. 사실여부는 젊은 지구 창조론자(우주가 6천 년 전 경에 일시에 창조되었다고 믿는 기독교인들)들과 인류학자,

고고학자, 지질학자들 사이의 논쟁에 맡기고, 우리는 여기서 인간이 소집단으로 같은 부락에서 살던 시절의 경제생활을 상상해 보자.

이 시대의 산업은 농업이다. 이제 겨우 수렵에서 정착 농민이 된 것이다. 아담이 사냥했다는 기록은 없으나, 식량을 수집하며 살다가 죄를 짓고 에덴동산에서 추방당하여 농사를 짓게 되는 것은 성경적 서술이다. 이는 식량을 수집하던 원시인이 정착 농민으로 발전하여 경작 농민이라는 인간의 새 존재양식의 탄생을 말하는 이야기와 같고, 의미 깊은 상징성을 가진다. 대장간 같은 공업과 광업은 청동기 시대에 들어 와서야 발생하므로 산업의 99%가 농업이었을 것이다. 물방울 다이아몬드형의 돌도끼를 전문적으로 제조하던 아프리카 호모 사피엔스가 살았던 흔적으로 보아 약간의 농사 이외의 직업이 있었던 것으로 보이나, 농업이 거의 전부였을 것이다.

이 사회에서 지배자가 나타난다. 그는 잉여 농산물을 가진 자이다. 덩치가 커서 완력으로 빼앗았건, 운이 좋아 자기소유 농토가 비옥하여 농업 생산성이 높아서건 무관하게, 잉여 농산물의 소유는 충성하는 자들의 집단(군대)을 만드는 기본 자산이 된다. 젊은 장정들에게 식량을 배급할 능력이 있는 것이다. 작은 조직폭력배처럼 권력을 독점하기 시작한다. 즉 자기 부하를 먹여 살릴 식량이 이 지배자의 군사력 크기를 결정한다. 이 지배자는 다른 폭력배가 자기 주민의 잉여 농산물을 탈취하는 것을 막아야 주민의 농산물을 자신이 탈취할 수 있다. 이것이 소위 세금이다. 그러나 주민의 농산물을 다 빼앗으면 주민이 굶어 죽어 이듬해 농사를 지을 사람이 없으므로 일부만 탈취하고 노동력은 그대로 둔다. 이것을 조직폭력배들은 '보호료(protection money)'라 부른다. 지배자는 세금이라 부르지만. 즉 국가의 본질은 폭력의 독점 현상이다.

이것은 또한 경쟁의 시작이다. 인간의 완력도 균일하고, 각자 소유한 토지의 생산성도 완전히 균일하고, 인간이 노동을 기피하지도 않고, 편하게 살려는 욕망도 없으면 이 경쟁을 피할 수 있을지 모른다. 그러나 현실은 그 반대이다. 어린이가 철이 들기 시작하자마자 욕심을 내기 시작하는 것처럼, 자기의 존재와 가족의 안위의 필요를 자각한 인간은 사회적 동물로 생존하는 한 불가피하고 필연적으로 욕심을 내고, 경쟁을 한다. 내 가족을 기아와 폭력으로부터 보호하기 위해서는 상대가 나의 식량을 탈취하기 전에 내가 먼저 상대의 식량을 탈취하여야 나와 내 가족이 안전하다. 그들 사이에는 평화로운 공존도 없고, 있으면 있는 대로 나누어 먹고, 모자랄 때는 같이 굶어 죽는 도덕적 동지애도 없다. 에덴동산을 떠나 자각 능력이 생긴 인간에게 내려진 최초의 벌은 이 피할 수 없는 경쟁이고, 전쟁은 경쟁이 격화된 형식일 뿐이다. 선악과를 먹어 자각을 얻은 인간이 최초로 노동을 통하여 경제 생활을 시작하는 순간부터 인간이 불가피하게 경쟁과 투쟁을 해야 하는 것을 성경 저자는 잘 모르는 것 같다. 그것이 얼마나 심각한 벌인지를 인간은 몰랐다. 그러나 이때부터 인간은 태어나 죽을 때까지 경제재의 희소성과 싸워야 하고,

끝없는 전쟁과 끝없는 살인의 비극을 반복하여야 한다. 이것은 아담
의 원죄설과도 크로마뇽인의 출현과도 무관하게 진실이다.

경쟁의 잔인성과
심각해지는 희소성

경쟁은 잔인하다. 경쟁은 승패를 낳고, 승패는 희소성을 강화한다. 설혹 부락 전체의 인구가 다 먹고 남을 만큼 식량이 매년 생산되어도 경쟁과 승자에 대한 보상으로 발생하는 식량의 독점으로 인해 패배자는 항상 식량부족에 노출되어야 한다. 한 사람의 호의호식 뒤에는 다른 모든 사람의 희생이 따른다는 것은 공산주의나, 시장경제와 무관하게 적용되는 희소성 현상의 필연적인 결과다. 이는 지배자가 있고 피지배자가 있는 세상에서는 언제나 사실이다. 한 사람의 배부른 승자 뒤에는 100사람의 부족한 패배자가 있기 마련이다. 경쟁의 승자는 일단 만족하겠지만, 모든 패배자는 희소성 법칙에 따라야 한다. 즉 무한대의 식량 공급이 보장되지 않는 한 승자는 지배권을 유지하고 다른 지배자와 격투에서 이기기 위하여 가능한 한 모든 잉여 농산물을 독점할 수밖에 없다. 그런데 문제는 이제 시작이다. 승자도 배가 고픈 것이다. 배가 고프기보다 아픈 것이다. 이것이 전쟁의 시작이다.

진짜 문제는 어떤 지배자든지 자기가 먼저 공격을 아니하면 공격을 당하는 것이다. 그래서 지능적인 지배자는 자기의 적을 공격하지 않고, 제3의 약자를 공격해 자기의 충성집단의 크기를 먼저 키운다. 즉 약한 다른 부락을 점령하는 것이다. 즉 부족국가의 대형화가 일어나고, 중소 부족국가의 통폐합이 일어난다. 상대도 마찬가지로 부락의 흡수·합병을 추진한다. 어디든지 약소 부족국가가 있으면, 상대가 이 부락을 점령하기 전에 내가 먼저 점령하여야 한다. 내가 주저하면 상대가 충성집단의 크기와 전투력을 강화하여 나를 공격하여 잔인하기를 주저하던 나를 그냥 점령한다. 먼저 먹어버리지 않으면 다른 작은 국가를 점령하여 나보다 더 커진 나의 적에게 내가 먹히고 만다. 이것이 제국주의의 탄생이다. 식량의 독점화도 같이 증가한다. 식량의 독점이 바로 나의 적이 군대의 크기를 늘리는 것을 막는 방법이고, 나의 군대의 전력을 강화하는 방법이다. 식량의 독점은 생존의 목적이 되고 방법이 된다. 이리하여 시간이 흐를수록 농산물의 희소성은 자꾸 심각해지고, 일반 피지배자의 생활은 더 궁핍해지기만 한다. 배부른 사람의 수는 자꾸 줄고 배고픈 사람의 수는 계속 늘게 되어 있다. 시간은 식량의 공급을 더 어렵게 만들고,

이는 희소성의 강화와 경쟁의 강화를 의미한다.

칼 마르크스는 자본주의 경제에서는 시간이 흐를수록 생산설비의 투자가 계속되고 자본이 집약화하여, 최신 기계를 사용하면 고용의 필요성이 줄어들어 대량의 실업이 발생하고, 이것이 오래 누적되면, 결국은 폭력적 혁명이 난다고 주장하였고, 시장 경제학자들은 기술의 발달로 충분한 신(新) 산업이 발생하여 새로운 투자는 고용의 증대를 가져온다고 주장했다. 원시 국가시대에도 생산성의 향상으로 일반 국민의 굶주림을 해소하는 기술의 발달이 있었다. 말(馬)이다.

데즈몬드 모리스라는 생물학자이며 인류학자는 왜 인류의 문명이 유라시아 대륙에서 그것도 동시에 여러 곳에서 발생하였고, 왜 아메리카 대륙이나 대양주에서는 발생하지 않았는지에 대하여 연구한 결과, 그 차이를 아시아대륙 도처에 서식하던 야생마에서 답을 찾았다. 인간이 야생마를 길들이는 순간, 인간의 문명은 완전히 새로운 지평을 열게 되었다. 한 사람이 하루에 경작할 수 있는 토지의 면적이 갑자기 말의 도움으로 열 배 이상으로 확대되어 생산성을 대폭 상향시킨 것이다. 운반능력도 수십 배로 늘고, 자신의 이동반경도 수십 배로 늘어난 것이다. 즉 잉여 농산물의 창출 능력을 급격히 증가시킨 것이다.

그렇다고 최하층민이 소비하는 식량이 크게 늘어난 것은 아니다. 농업생산성의 급격한 상승은 지배자와 그의 주변에 서식하는 귀족들의 소비와 그들을 돕는 각종의 상인, 제조업자, 예술가, 건축가,

학자들의 소비만 증가시키고, 상인과 제조업자들의 신분 상승이 일어났고, 인류 문명의 발달이 가속도를 내기 시작했다.

말 조련기술이 인류 문화와 역사에 끼친 영향은 참으로 대단해 보인다. 그러나 총생산은 엄청나게 늘어나도, 국민은 잉여를 축적할 기회가 없고, 오로지 지배자만이 축적을 통하여 통치력을 더 강화하고 군대를 더 키워 나간다. 그러나 이 잉여의 집중현상과 지배자의 통치력 강화 노력은 생산성의 지속적 향상, 잉여의 지속적 증가를 가져오고, 군주의 지배력 강화에 기여하는 상층 조직의 출현, 즉 귀족을 탄생시킨다. 이들의 교육과 정서 함양을 위한 예술의 발달과 과학의 발달, 귀족과 지배자의 권위에 준하는 건축과 미술의 발달, 지도력의 강화와 사회 안정을 위한 법과 철학 및 도덕 이론의 발달 등 사회 전반에 걸쳐 근대화를 위한 행진이 시작된다. 무지한 농민과 군대가 이 말을 활용하기 시작한 때부터 연쇄적으로 일어난 현상이다.

길들여진 말을 이용하는 기술의 발달은 정치적으로 더 큰 변화를 가져왔다. 기마병을 거느린 군대와 보병만 가진 군대 간의 전투를 상상해보라. 이동 속도의 차이로 인해 말을 보유한 군대는 자기가 가장 유리하게 전투할 수 있는 장소를 전쟁터로 선택할 권리를 갖게 된다. 미리 선점이 가능하기 때문이다. 말을 타고 전쟁터에 도착한 군대는 걷거나 뛰어서 도착한 군대보다 훨씬 더 건강하고, 덜 피로할 것이다. 말을 거느린 군대는 엄청난 군량 곡물을 싣고 다니기 때문에 배고픈 군인이 없을 것이다. 기마 군대를 거느린 지배자는 남보다 더 큰 영토를 관리할 수 있는 통치 조직의 운영이 가능하다. 세금도 더 큰 영토에서 더 많이 걷을 수 있다. 즉 근대적 대형 국가의 출현을 가능하게 하고, 나아가 모든 군주들이 말을 이용하는 능력을 터득하면, 서서히 같은 언어를 사용하는 민족을 다 통일하고 관리, 통치하는 민족국가의 출현을 가능하게 한다. 국경이라는 것이 나오기 시작한다.

그러나 경제재의 희소성은 더 커졌다. 최하층민이 먹는 음식의 양은 조금 나아졌을지 모르나, 그들이 가지지 못한 것들, 보석, 궁전, 사치스런 의복, 호사스런 음식, 교육 등 가난이 박탈한 인간의 욕구는 그 크기와 질에서 상상할 수 없이 증가한다. 숫자적으로 이 하층 구조는 날이 갈수록 더 증가하고, 불만은 더 확대·심화되어 전쟁을 하거나 혁명을 일으킬 이유는 점점 더 커지기만 한다. 인간의 경쟁은 하층민은 하층민끼리 투쟁하고, 하층민과 지배자 계층과의 대립과 경쟁의식이 충일해지고, 상층민들은 그들 간의 반목과 경쟁으로 살인을 일삼고, 국가는 인접국가와의 끝없는 전쟁과 경쟁을 하지 않으면 생존이 위협받는 상태로 변했다.

투쟁과 전쟁은 이제 입체적으로 다양하게 여러 곳에서 여러 가지 형태로 일어나 인간 사회의 운영방법(modus operandi)이 되었고, 생존을 위한 끝없는 긴장과 전쟁 준비는 남보다 더 강력한 무기의 개발을 촉진하였고, 순수한 과학적 지식은 새로운 무기개발의 원동력이 되어, 국가는 신무기의 최대의 수요처가 되어주고, 기술 발달의 가장 중요한 동기부여자가 되었다. 국가는 모든 기술 발달에 앞서 최신 무기를 개발하게 하기 위하여 국민이 낸 세금으로 무기 기술 개발 과학자들을 대량으로 고용하거나, 민간 기업의 무기 기술 개발을 각종 지원과 선구입 제도로 보조한다. 농업 노동으로 가족을 먹여 살리라는 하나님의 벌은 이제 인간 사회를 끝없는 전쟁의 온상으로 변질시켰다.

잉여의 본질적
폭력성

현대 사회에 있어서 개인과 국가는 경쟁도 하고, 전쟁도 한다. 우리는 이러한 경쟁과 전쟁의 수행 능력을 국가의 경쟁력 또는 그 나라의 국방력이라 부른다. 이 경쟁력과 국방력의 관리 능력의 차이가 많은 국가의 흥망성쇠를 가른다. 현대에는 이 국가의 경쟁력을 경제력이라고도 부른다. 이는 기술의 발달 정도와 산업 생산 능력의 차이와 생산비 수준 및 인구의 크기 등의 비교로 추정되지만, 원시국가에서는 주로 잉여 농산물의 크기로 국가 간의 능력차이가 결정되었을 것이다. 권력과 동의어가 된 잉여는 태생적으로 특별한 속성을 가지고 있다. 즉 더 큰 잉여는 더 강한 군대, 더 강한 권력과 지배력을 만들어 주기 때문에, '잉여는 힘이다.'라는 잉여의 제1법칙을 낳는다. 이 힘은 수단과 방법을 가리지 않고, 남의 잉여식량과 농지를 탈취하는 권력을 선사하고, 지금보다 더 많은 군대를 먹여 살릴 수 있게 해 준다. 때문에 '더 큰 잉여는 더 큰 힘이다.'라는 잉여의 제2법칙을 낳게 된다. 뿐만 아니라 내 힘으로 내 소유의 잉여를 지키지 못하면 내 권력을 상실하지만, 내 힘으로 내 잉여를 지킬 수 있는 자는 자기 소유 잉여의 보호를 위해 권력을 더 키우고 지킬 수밖에 없고, 이를 위해 남이 소유한 잉여와 잉여의 창출 능력을 탈취할 수밖에 없다. 따라서 '더 큰 잉여와 권력은 더 호전적이고 무자비한 자에게만 주어진다.'는 잉여의 제3법칙이 나온다. 또한 위의 모든 잉여는 잉여의 창출능력에도 해당되어 '더 큰 잉여의 창출능력이나 도구의 소유가 더 권력을 보장한다.'는 말로 수정도 된다.[18]

이 잉여의 창출 능력은 문명의 초기에는 토지의 형태가 대부분이고, 그것을 이용하여 농산물을 생산하는 노동력과 장비를 포함한다고 볼 수 있다. 모든 착한 인간들이 피땀 흘려 노력해 자기 가족이 먹고 남는 식량을 생산할 수 있는 생산성을 달성함과 거의 동시에 인류사회는 이 잔인한 잉여의 법칙이 지배하는 끝없는 투쟁과 전쟁의 시대에 돌입한 것이다. 즉 내가 재산을 가지는 즉시 나는 이

---

[18] 여기서 '잉여'라는 개념은 칼 마르크스의 잉여가치나 경제학의 돈 안내고 거저 얻는 소비자 잉여, 소비자 자신은 더 돈을 내고 싶어도 공급자가 거저 주는 잉여와는 전혀 다른 잉여라는 어휘의 본래의 뜻 즉 먹고 남은 것, 쓰고 남은 것을 의미한다.

재산을 보호하여야 하는 모순 아닌 모순에 들어섰다. 잉여는 더 큰 잉여의 어머니이고, 잉여의 탈취는 더 큰 권력의 확보를 위한 전쟁의 아버지가 되었다. 잉여와 잉여 창출능력의 확대와 이의 방어를 위한 투쟁은 선량한 원시 인간부락을 침략의 제물이나 침략의 주체로 바꾸어 버렸다.

　농업이 대부분이었던 원시 사회에서 잉여의 극대화 노력은 토지의 독점화로 변하여 끝없는 영토전쟁을 시작시켰다. 고대와 현대 사이에 달라진 것은 무력에 의한 침략 대신 국가 간, 또는 기업 간의 시장경쟁으로 변한 것뿐이고, 인류는 아직도 각종 '흑자'와 '잉여'의 창출을 위하여 연구하고, 설득하고, 투자하고, 시장쟁탈을 하고 있다. 이 투쟁을 더 자유롭게 하자는 것이 자유 시장경쟁을 주장하는 신고전주의이고, 너무 자유롭게 놓아두었더니 승자들이 패자들에 대한 비인간적 처사가 너무 심해 정부가 좀 개입해 패자 구제를 책임져야 한다는 것이 사회주의, 복지주의, 수정주의이다. 더 나아가 그런 부분적 수정으로는 잉여의 태생적 폭력 유발성을 잠재울 수가 없으니, 아예 사유재산을 금지하고 잉여를 국가가 독점하자는, 말로는 그럴듯한 주장이 마르크스-레닌의 공산주의이다. 그러나 이들도 현실에서는 국가라는 이름을 도용한(중국 공산당은 공산당이 즉 국가라고 부른다) 공산당과 간부집단이 가진 인간 본연의 잉여 독점 성향을 막지 못해 스스로 붕괴하고 말았다. 즉 개인이나 집단의 잉여 독과점 욕구는 어떤 이념도 이를 억제하지 못하고, 인간사회의 잉여를 위한 수만 년의 투쟁은 이념을 초월한 경제의 본질적 성장동력이 되었고, 권력의 보장 장치가 되었으며, 인간성의 파괴와 평화 붕괴의 원인이 되었다.

만리장성과
잉여의 잔인성

이러한 잉여 독점의 욕구와 권력 독점 욕구의 상관관계를 잘 보여주는 재미있는 이론이 있다. 중국 진 나라의 시황제가 한 나라, 조 나라, 위 나라, 연 나라, 초 나라를 차례로 멸망시킨 후, 만리장성을 쌓기 위해 헤아릴 수 없는 많은 인력을 강제노역에 차출하여, 수십만 명이 만리 타향에서 목숨을 잃었던 사실은 잘 알려져 있다. 그 만리장성 구축의 명분이 "북방 오랑캐의 침략을 막기 위해서"라고 했다. 그러나 이것은 어디까지 권력 지배집단이 내세운 선전용이고, 그 실제 목적은 다른 곳에 있었다고 보는 역사학자가 많다.

첫째로 북방의 부족이나 그 부족 연합군이 남침을 하다가 산 위나

골짜기에 길게 뻗은 만리장성을 보고, "어라, 이게 웬 담이야. 안되겠다. 그냥 돌아가자."라며 회군하는 침략군이 세상 어디에 있겠는가. 유능한 장군이라면 침략군이 북쪽에서 월담을 하기 위해 월담의 위치선정을 잘 할 것이다. 남쪽의 진 나라 군대가 방어용 군사력을 충분히 집중시키기 전에 수만 명이 고속으로 만리장성을 넘게 하여야 하고, 침략군이 자체적으로 방어가 가능한 최소한의 자기 충족적 군사력이 되는 시간을 벌 수 있어야 한다. 월담 후 이렇게 급속히 정비된 군대는 단시간 내에 최소한의 자체 방어력을 갖춘 군대를 만들 것이다. 만리가 넘는 장성에서 적당한 곳 몇 군데 찾는 것은 문제도 아니고, 시황제도 이 장성이 북방 부족의 침입을 억제하는 데 거의 무용지물이라는 것을 잘 알고 있었을 것이다. 침략 연합군이 몇 군데서 동시다발로, 그것도 몰래 넘어오면 진의 군대는 방어불능 사태에 들어간다. 물론 진 나라는 단 20년밖에 못 살았으니, 설혹 만리장성이 군사적 방어용일지라도 그 덕을 못 보았을 것이다.

둘째로 이렇듯 방어가 만리장성 구축의 목적이 아니라면, 진시황은 왜 이런 무모하고 반인륜적인 대량 살인 프로젝트를 추진하게 되었을까. 답은 바로 그거다. 대량 살인이 그 목적이다. 진 나라는 한, 조, 위, 연, 초를 차례로 무너뜨렸지만, 이 무너진 나라의 인구 총합은 진 나라 인구의 여러 배에 달했고, 망한 나라들의 군대는 다 합치면 진 나라 군대의 두세 배에 달했다. 이 망국의 군인과 국민들은 한에 맺힌 패전자들이다. 이 수백만이 넘는 패전국 장정들은 시황제에게는 시한폭탄과 같은 존재였다. 이들을 다 감옥에 넣을 수도 없고, 농사에 종사하게 하여 잉여창출에 쓰고 싶지만, 이는 위험하기 짝이 없다. 이 패전국 장정들의 대부분은 진 나라 수도에서 말을 타고 달리면 빠르면 반나절, 길어도 2~3일 이내에 진의 수도에 도달할 수 있는 거리에 살고 있다.

패전국들이 진 나라와 통일 전쟁을 할 때는 당장 싸울 나라와 뒤에 싸울 나라를 정하여 후자들과는 거짓 평화조약을 맺어 하나씩 격파할 수 있지만, 일단 이들이 모두 통일의 제물이 된 뒤에는 이들 모두가 공통으로 망국의 한을 가진 자들로 패전국 장군들이 힘을 합쳐 언제 진을 멸망시키고 시황제를 제거할지 불안하기 짝이 없는 상태다. 그래서 만리장성 구축을 핑계로, 이 수백만 장정들을 만리 타향으로 보낸 것이다. 만리장성 건축에 투입된 노동력은 집단으로 감독, 감시를 하니까, 역모를 할 수가 없다. 식량은 가능한 한 작게 배급하여 노동자들이 빨리 죽어 주면 패전국 병사들의 씨를 말리는 결과가 되고 이것이 시황제가 노리는 목적이었다고 역사가들은 해석한다.

진시황의 잔인성은 아래의 잔인한 통치술로 요약된다. 첫째, 누구보다 먼저 더 많은 잉여곡식을 확보하여 더 큰 군대를 일시에 동원할 수 있는 체제를 갖추어라. 둘째, 그 잉여와 대형의 군대로 경쟁 상대를 제압하되, 잉여의 소비를 최소화하기 위하여 패전한 적국의 포로들과 민간 장정들의 수를 최소화시켜라(현장 즉시 처형). 셋째, 남은 인력을 추가 잉여의 창출에 최대한 동원하고 그 수확을 수탈하여 자국민과 자국군대를 살찌게 하라. 한마디로, 잉여의 비인간성은 멀쩡한 사람들을 악마로 만들 수 있는 내재적 모순을 가졌다. 이것이 인간이 시작한 경쟁이라는 질서의 본질이다. 인간의 역사는 경쟁의 역사이고, 경쟁의 역사는 전쟁과 전쟁 준비의 역사이고, 이 전쟁의 중심에는 잉여라는 괴물이 있어서 우리를 잔인한 악마의 심부름꾼으로 만들었다. 이 정도면 이 경쟁이라는 숙명을 인간이 자자손손, 두고 두고 받아야 하는 벌, 즉 원죄라고 불러도 무방하다. 인간이 경쟁 없이 생존할 수 있으면, 이 원죄에서 탈출할 수 있다. 그러나 경쟁 없이 생존이 불가능하면 우리는 모두 원죄에서 벗어나지 못한다.

문명의 발달이 가져오는
더 높은 욕구와 새로운 희소성

문명이 발달할수록 저층민의 유혹만 커지는 것이 아니다. 지배층의 욕구는 그 증가 속도가 훨씬 더 빠르다. 인근 국가의 지배자들이 누리는 모든 사치와 영화가 다 탈취의 목적물이고, 이를 탈취하지 않으면 자기가 현재 누리는 부귀와 영화가 위험해진다. 상대도 똑같은 꿈을 꾸고 있을 것이기 때문이다. 그 찬란하던 르네상스 시대의 북이탈리아의 도시국가들이 왜 2백 년을 못 넘기고 쇠퇴하여 프랑스, 오스트리아, 스페인의 식민지로 추락하였는지 아는가? 르네상스 도시국가들은 서로 끊임없는 전쟁을 하였는데, 이때 시민들은 전쟁에 동원되지 않고, 주로 스위스나 미개한 프랑스 농촌 출신의 용병들을 이용하여 전쟁을 하였다. 이 용병들에게 지불할 돈은 피렌체의 은행부자 메디치가[19]의 대출이나 시민들에게 국채를 발행하여 조달하였는데, 이 채권자들은 자신은 피를 흘리지 않아 좋고, 국가(도시)가 꼬박꼬박 이자를 지불하니 좋고, 전쟁에 기여하니 자랑스럽고, 전쟁에 이기면 많은 재화를 가져오니 좋아서 전쟁을 지원하다가, 모든 도시가 똑같은 사정이니 결국 전부 공멸하는 결과를 겪은 것이다. 문명이 발달할수록 인간은 희소성을 더 창출하지만, 아무리 기술이 발달하여도 고속도로 위를 질주하듯 증가하는 인간의 욕구 불충족을 다 채워주는 방법은 없다. 오히려 인간은 더 불행해지기만 한다.

기술과 문명이 발달하여 20세기에 들어서서 인간은 이 희소성의 본질적이고 극단적인 경험에 노출된다. 19세기까지는 더 많은 토지를 점령하고 더 많은 인구를 지배하여 더 많은 재화를 획득하는 지구적 규모의 제국주의를 완성해 갔다. 여기서 희소성은 자연이라는 거대한 무한 공급원을 전제로 그 자연의 일부를 남보다 먼저 더 많이 차지하려는 투쟁이었다. 이러한 제국주의 전쟁에서는 더 많은 인구와 군대가 전쟁의 기본적 자원이므로 인구 증가에 별로 신경을 쓰지 않았다. 오히려 인구 증가를 더 촉진하였다.

경제가 발전할수록 소비는 더 증가하고, 사치스러워지며, 이 높은

---

19 메디치家(이탈리아어: Medici) − 13세기부터 17세기까지 피렌체에서 강력한 영향력이 있었던 가문. 그 당시 금지되던 이자를 받아내는 방법으로 현대적 은행을 발명 당시 세 명의 교황(레오 10세, 클레멘스 7세, 레오 11세)과 피렌체의 통치자를 배출하였고, 정략결혼을 통해 프랑스와 영국 왕실의 일원까지 되었다. 밀라노의 비스콘티와 스포르차, 페라라의 에스테, 만토바의 곤차가 등 더 큰 귀족 가문과 함께 르네상스의 탄생과 발전을 이끌어내는 큰 역할을 수행한 명문가이다.

소비를 누리는 인구의 수는 끝없이 증가하여 급기야 경쟁은 인류 문화에서 생활수준 향상의 가장 효험 있고 가장 존경받는 원칙으로 자리매김을 했다. 학교에서부터 시작하여 평생 인간은 이 경쟁이라는 악마의 지배를 받는다. 이 잔인한 신(神)은 경쟁의 기피를 허락하지 않고 충성심이 약한 자들을 무자비하게 도태시킨다. 그러나 이 신(神)은 대단히 영리하여 경쟁에 이긴 충성심 있는 백성들에게는 다른 이를 지배하는 권리를 부여하고, 타에 비해 여러 배의 소비를 허락하는 대단히 효과적인 동기 부여 장치를 사용한다. 이 경쟁의 묘약에 취한 인간은 잠자는 시간을 빼고는 쉬지 않고 '경쟁의 신'을 예배한다. 남보다 한 시간 더 열심히 경쟁하면 몇 배의 보상을 받고, 오랜 세월을 반복하면 이 세상에 머무는 동안 군주나 다름없는 영광과 권위를 누리다 가도록 제도를 완성하였다.

인간은 이것을 신(新)고전학파라고 부르며,[20] 간섭 없는 경쟁 (unfettered competition)을 지고의 가치판단 기준으로 삼는다. 여기서 말하는 가치판단은 경제학의 가치, 즉 물자의 시장 가격에 근거한 교환가치를 말하는 것이 아니고, 옳고 그름을 판단하는 도덕적 가치판단을 말한다. 신(新)고전학파는 시장에서 정부의 간섭 없이

---

20 아담 스미스부터 알프레드 마셜까지를 고전학자로 보고, 제본스, 왈라스, 멩거 등의 한계이론으로 시작되어 지금까지 경제학의 양대 주류의 하나로 미시경제학에 근거를 둔 자유주의사상, 국가 간섭 최소화의 경제이론과 사상을 신고전주의로 지칭한다. 지금은 시카고학파로 불리기도 하는 이 장기 균형이론은 인간의 행태분석을 기초로 물리학적 도구를 사용하여 간섭 없는 자유로운 시장이 최대 국민의 최대 행복을 가져온다는 가설을 증명한다고 믿으며, 기업의 도산 직전의 최저 시장 가격이 사회적으로 최적의 가격이라 믿는다. 가장 자유로운 기업 활동을 주장하면서, 기업의 장기 발전에 치명적인 일종의 사팔뜨기 이론이다.

형성된 가격은 '옳은' 가격, 즉 도덕적으로 정당한 가격이라고 주장한다. 경제학이 윤리학을 대체하고, 시장(market)이 하나님을 대체하여야 한다는 주장이다. 아담 스미스[21]가 원래 윤리학을 가르치다가 효율적이고 공정한 가격은 도덕을 무용지물로 만든다는 논리적 비약을 한 것이다. 이 이론에 근거하여 공정거래 위원회는 경쟁에 의하여 결정된 가격 이외의 가격으로 정부에 납품하면 검찰에 고발하여야 한다. 이 무자비한 경쟁은 이제 현대 마이크로(미시) 경제 정책의 도덕적 기준으로 신분상승을 하였다. 잔인하기 그지없는 이 악마가 도덕적 기준으로까지 출세를 한 것은 인간이 하나님으로부터 얼마나 멀리 떨어져 나왔는지를 잘 말해 준다. 경쟁은 살인도 도덕적으로 보이게 하는 악마적 재주를 가졌다.

---

[21] 스코틀랜드 출신의 정치경제학자, 철학자. 세계 경제 여러 분야에 걸쳐 영향을 미친 《국부론(An Inquiry into the Nature and Causes of the Wealth of Nations)》의 저자. 고전경제학의 대표적인 이론가. 경제학의 어머니로 불린다. 자본주의와 자유무역에 대한 이론적 심화를 기여한 공로가 있다.

인류의 경제 발전과
대량 번영이 원죄인가?

20세기에 들어와서는 기술의 혁신적 발달과 생활수준의 향상으로 질병 퇴치와 생명보호 기술이 발달하여 급기야 인구의 대대적 폭발을 가져와 무절제한 소비의 확대, 무차별적인 환경의 학대로 인하여 이제는 하나밖에 없는 지구가 희소성의 대표적인 예가 되고 말았다. 인간이 생명을 유지하는 데 필수 불가결한 깨끗한 공기, 마실 수 있는 깨끗한 물, 태양이 끊임없이 방출하는 강력한 방사성 물질로부터 생명체를 보호하는 오존층 등 모두가 희소한 자원이 되어버렸고, 자연 그 자체가 공급부족 상태에 들어갔다. 놀라운 것은 인간의 남보다 더 잘 살려는 욕구는 하나도 변치 않는 것이다. 대자연이 스스로 원래 상태를 복원하는 회복에는 오랜 시간이 절대로 필요하다. 그러려면 인간은 현재의 소비 수준을 현저하게 낮추어야 한다. 그러나 인간은 현재의 대량 소비와 환경 파괴 행위의 자제를 거절하는 것은 말할 것도 없고, 중국과 미국은 국가적 차원에서 이 파괴적 소비행태의 자제를 거절하고 있다.

경쟁의 격화로 일어난 지구의 파괴는 이제 인간의 경쟁 성향이 얼마나 자멸적 특성을 가지고 있는지 잘 보여주고 있다. 에덴동산의 동쪽에서 시작한 이 경쟁이라는 마귀는 인류의 문명이라는 자동 증폭기를 사용하여 인류를 욕망과 경쟁의 노예로 만들고 자멸의 길로 채찍질하고 있다. 이것이 하나님을 그토록 분노하게 만든 불복종의 결과이다. 작은 시작이었지만 자각과 지혜를 획득한 인간이 어디를 향하여 달려나갈지는 자명해졌다. 창세기 저자들은 몰랐지만, 예수님은 2천 년 전에 이미 인류의 이 자멸적 미래를 예견하고, 자신의 피를 흘려서라도 하나님이 만든 이 사랑스러운 인간이라는 동물의 미래를 구원하려 하였던 것이다.

그렇다고 필자가 인간에게 대규모 번영을 가져와 역사상 처음으로 수십억 명의 인구가 굶지 않고 얼어 죽지 않고, 쾌적하게 사는 것을 죄라고 주장하는 것은 아니다. 스토아 학자[22]들에게는 그

---

22 기원전 3세기 제논에서 시작되어 기원후 2세기까지 이어진 그리스 로마 철학의 한 학파이다. 아리스토텔레스 이후 그리스 로마 철학을 대표하는 주요 학파이다. 헬레니즘 문화에서 탄생해 절충적인 모습을 보이며, 유물론과 범신론적 관점에서 금욕과 평정을 행하는 현자를 최고의 선으로 보았다. 스토아학파[Stoicism, – 學派](두산백과)

랬을지 몰라도, 적어도 필자는 내 몸에 좋고, 나를 즐겁게 해주고, 행복하게 해주는 것은 모두 죄일 수 있다는 편견은 가지고 있지 않다. 인간의 정당한 행복은 하나님도 좋아하실 것으로 믿는다. 내가 아비가 되어 보니까 그 정도는 이해할 수 있다. 영국의 경제학자 존 스튜어트 밀[23]도 같은 생각이다. 그렇다고 환경을 파괴하는 것만이 경쟁을 죄로 보아야 하는 이유인가. 그것도 보통 큰 죄가 아니다. 하나님이 창조한 이 아름다운 지구를 인간의 탐욕과 무절제로 인하여 동물과 식물을 대량으로 학살하고, 종국적으로는 인간이 서식할 수 없는 환경을 만들어 논다면, 이는 누구도 용납할 수 없는 죄다. 신의 창조물을 유린하는 것이다. 그러나 경쟁은 이러한 경쟁의 결과만으로 죄가 되는 것은 아니다. 환경 파괴의 죄는 결과적으로 죄가 되는 것이고, 하나님이 태초에 인간에게 잘 이용하라고 주신 자연을 인간의 창의력과 자유의지로 좀 지나치게 활용한 것이지, 활용 자체를 금지시킨 것은 아니었다. 열매를 따먹으라고 했더니 너무 열심히 따먹어서 나무를 반쯤 죽여 놓은 것과 같이 도가 좀 지나치긴 했지만, 경쟁과 그 결과로 나타난 인류의 경제 발전과 대량 번영을 원죄라고까지 부르기엔 무언가 미흡한 점이 있다.

---

23 존 스튜어트 밀(John Stuart Mill, 1806~1873)은 영국의 사회학, 철학, 정치경제학자로서 논리학, 윤리학, 정치학, 사회평론 등에 걸쳐 경험주의 인식론과 공리주의 윤리학, 그리고 자유주의적 정치경제 사상을 바탕으로 생시몽주의와 낭만주의를 가미해 나름의 체계로 발전시켰다.

우리는 왜
존재 자체가 죄인가

그러면 경쟁은 왜 원죄이고 왜 악마의 법칙인가. 앞의 죄에 대한 우리의 공리적 정의를 생각해 보자. 죄는 공동체 안의 나 아닌 다른 상대에게 피해를 주는 적극적 행위로 규정했었다. 모든 경쟁은 타인이 존재하는 공동체 안에서 일어난다. 모든 경쟁은 경쟁의 승자가 승리로 인해 얻은 만큼 때로는 그보다 더 큰 피해를 누군가에게 준다. 패자는 승자의 눈앞에 있을 수도 있고, 보이지 않는 곳에서 승자도 모르게 피해를 받고 있을 수도 있다. 따라서 누구에게 피해를 주지 않고 승리하는 법은 없다. 이 말은 대단히 중요한 정리에 해당한다. 인간의 문명은 승리를 바탕으로 세워진 문명이다. 국가 형성과 발전 과정도, 외국 세력의 침략으로부터 국토와 국민을 지키는 일도, 평화를 지키는 일도, 남보다 더 품질이 좋은 상품을 더 저렴하게 공급하여 외국 시장으로 우리 제품을 대량 수출하는 데 성공하는 일도, 국제 콩쿠르에 나가 일등상을 타는 영예도, 시험을 잘 봐서 좋은 대학교에 들어가는 1도, 국회의원에 당선되어 나라를 위하여 좋은 법률을 제안하고 반대당의 반대에도 불구하고 극적으로 통과하는 일도, 어느 하나 경쟁의 승리 없이 일어나는 것이 없다.

'나는 누구에게 승리해본 적도 없고, 피해를 준 적도 없고, 평생 착하게 살았는데 무슨 경쟁이고 승리가 나에게 해당되겠는가'라고 생각하는 분들은 어머니가 나를 잉태하실 때를 상상해 보라. 내 아버지의 정충 수억 마리가 치열한 싸움을 벌이며, 어머니의 자궁을 향하여 돌진하다가 대부분이 중간에서 에너지가 쇠진하여 죽고, 정충보다 약 천 배나 큰 난자의 벽 앞에 도착한 힘센 정충들은 난자의 벽을 뚫다가 힘이 다하여 죽고, 일단 그 어려운 벽을 뚫고 난자 속으로 들어간 정충들은 난자가 뿜는 화학물질에 의하여 죽고, 결국 수억 개의 정충 중에서 딱 한 개의 정충이, 어쩌다가 두세 개의 정충이 살아남아 내가 되고, 나의 쌍둥이 형제가 되기도 한다. 내가 탄생하기 위하여 희생된 수억 개의 정충들은 모두 패자들이고, 나는 자랑스러운 승리자이다. 즉 나는 나 아닌 자의 수 없는 희생이 없으면 존재가 불가능한 경쟁의 승자이고, 동시에 엄청난 피해를 주고 나온 죄인이다.

나는 누구인가? 내가 생존한다는 것은, 내가 대학을 졸업하고, 번듯한 직장에 다닌다는 것은, 내가 한국에 태어나 행복하게 산다는 것은, 내가 사랑하는 아내와 연애하고 결혼했다는 것은, 모두 내가 인생의 각 단계마다 필요한 경쟁에 승리했다는 증거다. 그 자체가 죄라 할 수는 없다. 그러나 돌이켜 보면, 내가 시험에 합격했다는 것은, 내가 좋은 대학을 졸업했다는 것은, 내가 아름다운 여자의 마음을 얻었다는 것은, 내가 1인당 국민 총생산이 3만 달러에 다가가는 한국이라는 나라에 태어났다는 것은, 내 부모가 나를 건강하게 태어나게 했다는 것은 수많은 사람들이 나만큼 성공하지 못한 이들이 다 나의 본의 아닌 직·간접적인 피해자들이다. 이것이 원죄는 존재하는가에 대한 필자의 대답이다. 우리의 생존방법 자체가 죄이기 때문에 원죄는 필연적이고, 불가피하다.

즉 우리는 경쟁의 악마가 수천 년 동안 잘 짜놓은 경쟁과 선택과 도태의 시스템 속에서 살고 있는 것이다. 우리는 경쟁의 악마의 졸개들 역할을 충실히 이행하고 있다. 우리 안에는 월드컵 축구팀이 다른 나라와 시합할 때에 보여주는 배타적 민족주의의 영혼이 살고 있다. 이 경쟁성향이 강한 영혼은 내가 경쟁의 악마의 노예라는 도장이다. 악마가 나를 소유한다는 등기부등본이다. 아무 해될 것이 없는 평범한 삶의 현장에서 우리는 누가 나를 통제하는지를 확인하곤 한다. 억울한 노릇이지만, 우리는 현재 이 원죄의 굴레에서 못 벗어나고 있다. 숨을 쉬면 나는 누구를 도태시키고 있다.

하나님이 잘 설계하고, 수백만 년을 들여 두뇌발달을 위한 골격과 기초공사를 준비하시고, 십만 년이 넘는 시간을 들여 정성스레 탑재해 주신 뇌세포와 신피질, 그리고 그 안에 1만 년 가까운 시간을 들여 잘 정리하여 탑재해 주신 소프트웨어, 그래서 선악과와 자각 사건으로 상징되는 인간의 인간다운 생활을 시작하는 현대적 인간이 출현하게 해주신 결과, 우리는 선택의 여지도 없이 경쟁의 악마에게 납치되어 경제생활을 시작하고, 있는 지혜를 다 동원하여 남을 누르고, 내가 이기지 않으면 내가 도태되고 내 가족이 멸종하는 비극적 경쟁의 시대를 살고 있다.

그러나 인간의 관념을 통하여 우주의 물질을 움직이시는 하나님은 이 악마적 경쟁을 끝없이 연장해갈 때, 그 궁극적 결과는 인류의 자멸밖에 없다는 사실을 알고 그 대책을 예수의 피 흘림으로 마련하셨다.

『총, 균, 쇠』라는 베스트셀러를 출판하여 세상을 놀라게 한 재레드 다이아몬드[24] 교수는 왜 인류의 역사는 서쪽으로는 서유럽, 동쪽으로는 한국, 중국, 일본으로 끝나는 유라시아 대륙의 사람들이 인류문명의 발달을 선도하고 타 대륙의 사람들을 지배하였는가라는 흥미로운 질문을 정면으로 도전하여 나름대로 답을 제시하였다. 필자는 위에서 같은 질문에 대한 답으로 유라시아 대륙 전반에

---

24 『Guns, Germs, And Steel – The Fates of Human Societies』, Jared Diamond, W.W.Norton, 1997

걸쳐 서식하던 야생마에서 그 답의 일부를 설명한 이론을 소개한 바 있다. 다이아몬드는 유라시아 대륙에 서식하는 각종 농산물의 질 높은 영양가와 다양한 가축의 길들이기 가능성(domestication capability)과 고기의 품질과 영양가에서 그 해답의 시초를 찾는다. 유라시아 대륙의 농산물과 축산물의 효능이 다른 대륙의 산물들과 비교해서 월등히 좋다는 사실을 그는 각종 데이터를 사용하여 증명한다. 그래서 유라시아에서는 인구가 타 대륙에 보다 월등히 많이 증가하였다는 주장이다. 생리학과 병리학을 가르치는 학자다운 논리이다. 물론 인구증가에 관한 이론은 이것보다 훨씬 더 설득력 있는 이론이 많이 있다.

그런데 이렇게 달성한 인구팽창은 새로운 문제를 제시한다. 첫째가 전쟁이다. 이 전쟁은 인류문화가 존재했던 1만 년 이상의 기간에 걸쳐 끊임없이 지속되었으며 인간의 전쟁 수행 능력을 고도로 발전시켜서 전쟁이 비교적 덜 치열했던 다른 지역에 비하여 월등한 무력을 보유하게 만들었다고 본다. 그래서 유라시아인들은 타 대륙을 점령하고 지배하게 되었다고 보고 있다. 이것이 그의 '총(guns)'의 역할이다.

다음은 '병균(germ)'이다. 잘 알려진 바와 같이 인구가 팽창하여 주거지가 도시에 집중되면 인간은 열악한 위생 상태에 노출되고 주기적으로 페스트나 말라리아 같은 격심한 유행병에 시달리게 된다. 이는 한편으로는 인구의 격감을 초래하기도 하지만, 또한 편으로는 생존자들의 면역력 강화를 가져와 인간의 생존 능력을 강화해주기도 한다. 이것은 유라시아인들이 타 대륙을 침략할 때 전쟁에 이기는데 크나큰 도움을 주었다. 유라시아인들이 가져온 새 질병에 면역력이 없는 원주민들은 대량으로 몰살당하고, 손쉽게 정복당하고 말았다. 이것이 병균의 역할이다.

끝으로 '쇠(Steel, 철)'는 기계 문명을 뜻한다. 석기시대에서 출발하여 청동기를 거쳐 철기시대에 먼저 도착한 유라시아인들은 이 신소재의 이용에 있어 특별한 변화 없이 약 5천 년을 낭비하였다. 그러나 18세기 산업혁명 이후에는 과학이론의 이용방법을 터득하기 시작하고(엔지니어링, 즉 기술), 쇠(철)라는 도처에 산재한 소재를 이용하여 기계문명을 도입하게 되었고, 이 새 문명은 막강한 경제력과 국민 다수의 번영을 가져올 뿐 아니라 전쟁 수행능력을 엄청 증가시켜 타 대륙을 도륙하는 데 결정적 역할을 하였다. 이것이 쇠(철)의 역할이다.

이렇게 요약을 하고 나니까 일반 상식과 별로 차이가 없는 것 같아 김이 좀 빠지는 듯하다. 그런데 이 스타 저술가 재레드 다이아몬드는 왜 전쟁에 이기는 이론만 설명하고 그보다 더 중요한 질문, 즉 왜 인간은 전쟁을 해야 했는지, 또는 유라시아인들은 타 대륙 사람들에 비하여 왜 더 자주, 더 격렬하게 싸워야 했는지를 물어보지 않았다. 전쟁의 원인은 인간 본성에서 나오는 것이므로 과학자들의 영역 밖이라고 생각해서 피한 것일까. 아마도 이것이 과학의 한계인 것 같다. '누가 누구보다 왜 더 잘 싸우냐'하는 명제처럼 하찮고 지엽적인 문제에는 방대한 자료와 시간을 써서 저술을 하는데, 왜 더 본질적이고 중요한 "왜 인간은 싸워야만 하는가" 같은 질문에는 관심이 없거나 감히 답을 찾을 생각을 못한다.

필자는 이 질문의 대답으로 에덴동산 퇴출의 드라마로 압축된 인간의 자각사건과 그 이후 벌어진 제한된 토지에서 제한적 시간 안에 노동을 하여 제한된 식량을 공급하여 생계를 유지하되, 미래의 가족과 자신의 안위를 위하여 축적을 하거나 다른 농민의 잉여를 탈취하게 되는 과정을 그려, 여기서 전쟁의 씨앗을 설명한 바 있다. 그리고 이 사건으로 원죄의 필연성을 설명하였다. 유라시아 대륙의 사람들이 더 잘 싸우는 것은 그만큼 인구가 많고, 생활이 더 위험하고 각박했기 때문이고, 지금도 이것은 사실이다. 즉 인간의 원죄는 공급의 희소성에 기인한 끝없는 경쟁 때문이고, 이 경쟁이 심화되면 곧 전쟁이 된 것이다.

경쟁의 종료와
복수의 종식

집단안보와
힘의 균형

과연 인간은 예수님이 인정한 것처럼 희망이 있는 동물인가. 예수 이전에도 그랬고, 이후에도 그랬듯이 인간문명은 앞에 설명한 '경쟁'이라는 원죄적 기본 질서에 의하여 잉여를 창출하고, 국력을 축적하고, 예술·학문·과학·철학·무력을 축적하고, 최대잉여가 최대 국력을 가져오는, 그래서 생존을 위하여 상대를 멸살하여야 하는 생존방법을 완성하였다. 이 경쟁이라는 사회운영 개념은 때로는 전쟁이라는 잔인한 형태를 갖기도 하고, 경제 성장이라는 번영의 도구 역할도 하고, 예술과 과학이라는 문화의 꽃을 피우는 데도 결정적 역할을 하여, 인간은 경쟁의 긍정적 측면에 매료되어 이 경쟁의 범죄성을 잊기 쉽다. 그러나 모든 생물은 생존을 위하여 경쟁을 해야 하고, 경쟁은 승자와 패자를 낳아 패자가 된 많은 생물의 비참한 도태를 참고 받아들여야 하며, 이 적자생존(適者生存)의 과정을 거쳐서 모든 생물체의 생존 능력도 강화되고, 인간의 평균 생활 수준도 향상한다.

인류 역사상 지구상에 전쟁이 없는 날이 하루도 없었을 정도로 인간은 경쟁을 하되, 잔인하게 경쟁하였고, 지금도 도처에서 잔인한 도륙이 진행되고 있다. 인간의 두뇌가 400cc 정도로 커지고 뇌의 신피질이 발달하여 뛰어난 추리력과 분석력, 의사 결정력으로 자기보호의 능력이 모든 생물을 능가하는 영장의 자리에 섰을 때, 어린아이가 욕심을 내기 시작하는 것과 같은 자각의 순간을 경험하였고, 그 이후 인류는 단 하루도 전쟁을 안 해본 날이 없다. 그런데 갑자기 이 지구 몇 곳에서 이제는 상당 기간 동안 전쟁이 사라진 경우가 있다. 북미 대륙이 그렇고, 잔인한 인종 청소를 하던 발칸 반도와 러시아가 탐내는 동부 우크라이나를 제외한 대부분의 유럽이 그렇고, 베트남 전쟁 이후의 아시아 대륙이 그렇고, 호주가 그렇고, 마약과 전쟁을 하는 중남미 몇 국가를 제외한 대부분의 남미 국가가 그렇다. 그러면 이것은 아프리카를 제외한 대부분의 지역을 포함한다. 전쟁이 사라졌거나 사라지고 있는 것일까? 중요한 질문이다.

전쟁만 사라지는 것이 아니다. 폭정도 사라지고 있다. 현대적 국가의 존재 목적은 국민에게 세 가지의 기본 조건을 충족시켜야 한다. 하나는 평화, 즉 전쟁으로부터 국민을 보호하는 것이고, 하나는 자유, 즉 폭정으로부터 국민을 보호하는 것이고 또 하나는 번영, 즉 빈곤으로부터 국민을 보호하는 것이다. 폭정은 부족국가가 형성되어 지배자가 피지배자의 잉여 식량을 독점하기 시작한 원시 시절부터 인간의 공동생활의 준칙처럼 되어 있었다. 1만 년의 역사 가운데 이 폭정을 제거하고 국민이 진정한 자유를 누리게 된 것은 지구상의 극히 일부에서 지난 250여 년 전부터 이고, 지금도 지구 도처에서 크고 작은 폭군과 조직 폭력배들이 국민을 수탈하고 억압하고 있다. 우리는 폭정을 제거한 상태를 민주주의라 부르고, 대부분의 국민의 기본권적 자유를 실현시켜 주는 이상을 달성하는 데 가장 적절한 제도적 도구로 생각하여 이 정치제도를 채택하고 있다.

전쟁과 폭정만 사라져 가고 있는 것이 아니라, 빈곤도 사라져 가고 있다. 단군 이래 가장 잘 살고 있다는 대한민국뿐 아니라 동아시아의 모든 국가들이 기본적인 자유시장 질서 하에서 자유로운 무역거래와 자본의 국가간 이동을 통하여 빈곤으로부터 탈출하고 있고, 번영의 행군에 참여하고 있다. 생산 비용이 저렴한 빈곤 국가들을 향한 산업의 대대적 탈출과 생산 비용이 높은 산업 국가들의 자발적 산업 구조조정은 필연적으로 산업의 대이동을 초래하였고, 이러한 자본재의 대량 이동은 역사상 처음 있는 일로서, 이를 통해 후발 국가에서 대대적인 산업화 현상이 일어나고 있다.

필자는 1980년대부터 이를 '번영의 확산 현상'이라고 부르며, 국·내외에서 기회 있을 때 마다 논문과, 강연과 세미나로 역설하였다.

일반적으로 경제학자들은 이 산업의 대(大) 이동 현상을 '기러기 항행 모델(Geese Flying Model)'이라 불렀지만, 이 무책임한 이름은 왜 동아시아 경제가 같은 시기에 고속도로 동시성장을 하는지에 대하여는 설명을 못했다. 산업의 대량 이동이 그 원인이고, 이 산업이동의 원인과 미래를 예측하는 것이 번영의 확산 이론이었다. 쉽게 말하면, 산업의 이동 형태는 [1] 선진국에서 이미 대량생산과 대량소비를 경험하고 있는 성숙된 제조업 제품의 생산과정을 [2] 기술 집약적 과정, 자본집약적 과정, 노동 집약적 과정 등으로 나누어 [3] 생산 활동을 지구 여러 곳에 분산 배치하여 [4] 운송비까지 포함한 가장 저렴한 총생산비를 달성하는 시스템의 발전을 말하며, [5] 이 새로운 국제적 생산 시스템이 세계 모든 신흥국에게 빈곤 탈출의 기회를 제공한다는 이론이다.

물론 아직 갈 길은 멀다. 이제 겨우 동아시아에서 시작한 이 현상은 남아시아를 거쳐 아프리카까지 퍼져 나가려면 상당한 시간이 걸릴 것이지만, 중요한 것은 제국주의가 지배하던 지난 일만 년 동안의 부의 독점과 번영의 집중현상이 이제는 한국과 일본을 기점으로 시작하여 역방향으로 그것도 산업 선발국들의 필요에 의해서 전개되기 시작하였다는 점이다. 인류는 이제 겨우 '다 같이 잘 살 수 있는' 이상적 세상을 향한 첫 걸음을 내디뎠다.

이러한 낙관적 역사관에 대해서는 추후에 다시 논할 것이나, 여기서 위의 논지를 요약하자면, 인간이 국가라는 폭력의 독점 체제를 만들어놓고, 애국심까지 발휘하며 이를 유지하려 노력하는 이유는 개인이 혼자서는 얻기가 힘들어도 국가로부터는 얻을 수 있는 세 가지가 있기 때문이다. 이것은 [1] 전쟁으로부터 국민을 보호하는 의무, 즉 평화의 유지, [2] 폭력으로부터 국민을 보호할 의무, 즉 자유와 민주주의 제도, 그리고 [3] 빈곤으로부터 국민을 구제할 의무, 즉 경제발전과 번영의 달성 등이다. 이런 국가 존재의 목적을 달성하는 데 실패한 북한 같은 국가를 실패한 국가(Failed State)라 부르고, 존재하지 말아야 할 국가를 뜻한다. 이 세 가지 국가 목표도 사실은 많은 논쟁의 소지를 가지고 있으나, 이 글의 목적과는 거리가 있어 여기서 끊는다. 그러나 전쟁의 방지와 평화에 관해서는 종교적 함의가 크고 기독교의 출발과 밀접한 관계를 가지기 때문에 좀 더 논의하기로 한다.

전쟁의
포기

다시 전쟁은 사라져가고 있는가라는 질문에 돌아가 보자. 어쩌면 집단과 집단 간의 싸움은 집단생활이 시작한 시점부터 시작했을 것이다. 인간이 지구를 다 사냥터로 사용할 수 없기 때문에 자기 주변의 좋은 사냥터는 당연히 투쟁의 대상이었을 것이다. 농토고, 사냥터고, 무한대로 공급되지 않는 희소성이 있는 생존의 도구는 모두 전쟁의 이유이고, 인간이 사용하는 환경과 도구는 모두가 그 공급이 제한되어 있는 영합(Zero-sum·零合)의 자산이었다. 내가 소유하면($+x$), 남이 소유할 수 없고, 남이 소유하거나 사용하면($-x$) 내가 소유하거나 사용할 수 없는 배타적 소유의 법칙, 즉 $(+x) + (-x) = 0$이 적용되는 영합이 된다. 이것이 사유

재산이다. 하나님은 우리가 활용할 수 있는 지구를 한 개만 주시고, 인간에게는 제한된 이동 능력만 주셔서, 이 희소성은 모든 유용한 물건에 적용된다. 상대를 희생시키지 않으면 내가 희생되는 경쟁이라는 생존의 질서를 우리에게 강요한 것이다. 이 경쟁의 에너지나 인간의 욕망에 인구의 수를 곱하면 아마 필자가 즐겨 사용하는 경쟁의 악마의 능력 비슷한 것이 될 것이다. 인간 각 개인에 비하면 무한대로 커 보이는 힘이지만, 절대자의 입장에서 보면 그냥 힘없는 인간을 괴롭히는 악마 중 좀 쎈 놈 정도의 유한한 존재로 보일 것이다. 에덴동산을 떠난 이후 인간에게 생존은 희소성과 싸우는 투쟁이고, 집단적 투쟁, 즉 전쟁 그 자체였다.

그런데 이 전쟁이 사라져가고 있다. 중세 유럽의 신성로마제국[25]은 로마 교황이 지명한 독일인 황제가 동쪽으로는 폴란드로부터 서쪽으로는 프랑스 접경 지역까지의 중부유럽을 통치하는 제국이었고, 이 제국은 수십 개의 크고 작은 공국들로 나뉘어 수백 년을 두고 서로 경쟁하며 생존하느라 하루도 쉴 날이 없이 전쟁을 하거나 전쟁 준비를 하여야 했다. 때로는 생존을 위하여 불가피하게 투쟁할 때도 있고, 때로는 자기와 동맹을 맺은 공국의 생존을 위하여 같이 싸울

---

25 중세에서 근대 초까지 이어진 기독교 성향이 강한 유럽 국가들의 정치적 연방체. 프랑크 왕국이 베르됭 조약(843년)으로 나뉜 동쪽에서 독일 왕이 마자르족을 격퇴한 후 신성 로마 제국 건국을 선포. 신성 로마 제국의 마지막 왕가는 합스부르크 왕가이며, 1918년까지 지속. 1006년간 지속된 장수 국가로 유명. 조선왕조 5백 년의 2배 이상의 수명을 달성한 유일한 국가. 황제는 소속 영주 중에서 제일 강한 7명의 투표권자(Elector)를 두어 공석이 생길 때마다 추천을 받아 선출하였는데, 대개 선출자 중의 한 명이 황제가 되었고, 로마 교황의 재가를 받았다.

때도 있지만, 몇 개의 공국들이 자기 보호를 위하여 서로 동맹을 맺지 않으면, 언제 강력한 주변 공국에 의하여 침략당할지 알 수 없는 상황이었다. 여기에 임마뉴엘 칸트가 머리를 써서, 그러면 아예 전체가 한 묶음으로 집단 안보 조약을 맺고 그 중에 누구든지 이웃을 침략한다든지, 조약을 어기면 전체가 달려들어 이 범법자를 응징하면 평화가 유지될 것 아니냐는 제안을 하였다. 이것이 소위 집단 안전보장(collective security 또는 joint security) 체제의 시작이다.

이 기막힌 아이디어는 중세 독일에서는 큰 빛을 못 봤고, 유럽국가의 대부분이 참여한 제1차 대전 말이 되어서야 파리강화조약[26]의 기본정신으로 채택되기에 이르렀다. 그러나 그 기본정신은 좋았으나 이 정신을 조약 참가국들이 지켜야 그 정신이 살아나는데, 파리강화조약은 패전국 독일에 너무나 큰 전쟁 배상금을 물려서 일을 그르치고 말았다. 1920년대의 독일의 바이마르 공화국 정부[27]는 배상금 내느라 정신없이 통화를 찍어내 물가상승률이 수만 퍼센트로 올라가는 초하이퍼 인플레이션 상태를 초래하였다. 점심식사하러 가는 넥타이 맨 신사들이 달구지에 돈을 싣고 가는 사진을 본 독자들도 있을 것이다. 물가상승 속도에 맞추어 고액권 통화를 발행하지

---

[26] 세계 제1차 대전의 종결을 위한 여러 평화 조약을 통틀어 이르는 말로 독일에 대한 베르사유 조약, 오스트리아에 대한 생제르맹 조약 등을 말한다.

[27] 제1차 세계 대전 말기에 시작된 독일 11월 혁명에 의하여 빌헬름 2세가 폐위된 이후에 사회 중심세력으로 부상한 사회민주당에 의하여 수립. 1919년부터 1933년까지 존속한 독일 역사상 최초의 연방 공화국. 바이마르에서 소집된 국민의회가 계기가 되어 바이마르 공화국이라고 호칭하였다.

못한 데서 온 현상이다. 정부는 만성 적자에 시달리고, 기업가들은 미래를 예측할 수 없으니 산업투자를 할 수가 없고, 고용률은 땅에 떨어지고, 전 국민은 빈곤과 도탄에 빠져, 외국인을 향한 분노가 하늘을 찌르게 되었다. 이렇게 무기력해진 독일 국민들은 대외 전쟁 배상금 지불을 거절하고 독일을 과거의 영광스러운 나라로 만들겠다는 아돌프 히틀러의 선동에 속아 그에게 행정·입법·사법 3권을 독점하는 총통자리를 만들어 주어 전 세계를 다시 대전쟁으로 몰아넣었다.

그러나 세계 제2차대전 말에는 상황이 크게 달라졌다. 인간을 수천만 명씩 두 번이나 멸살시킨 대전쟁을 이제는 다시 못 일어나도록 어떤 수라도 써야한다는 염원을 주요국 지도자들이 다 공감하게 된 것이다. 스탈린은 계속 전쟁준비를 한 것으로 보아 공감하는 척만 했던 것 같으나, 전 세계 모든 국가의 분위기는 전쟁 재발 방지에 초점이 모아졌다. 그 전쟁 방지 방법이 바로 집단 안전보장 체제로서, 안전보장이사회(Joint Security Council)를 중심 기능으로 된 유엔을 창설하여 모든 독립 국가들이 회원으로 참여하였다. 더하여 국제통화기금(IMF)과 세계은행(IBRD)을 만들어 선진국의 통화가치의 안정을 도모하고(예: 무책임한 통화증발의 방지), 후진국의 경제 발전을 지원하며, 관세와 무역에 관한 일반협정(여기서 일반이라는 뜻은 전반, 즉 모든 국가의 가입을 뜻함), 즉 GATT(General Agreement of Tariff and Trade)를 체결하여 남의 나라를 침공하지 않고도 제품을 자유로 수출, 수입하여 경제적 이득을 자유롭게 누릴 수 있도록 하였다.

이렇게 주도면밀하게 설계된 전후 세계는 [1] 전쟁 방지를 통한 평화 유지, [2] 독재자의 제거와 식민지 해방을 통한 자유민주주의 달성, [3] 자유무역과 투자를 통한 공동번영의 달성 등 세 가지를 모두 달성할 수 있게 되었다는 희망과 이상주의가 넘치고 있었다. 이 시스템이 유지된 것은 전 유럽 선진국의 경제력을 다 합친 것보다 더 큰 경제력을 지닌 미국이 이 전후 평화체제를 책임지겠다는 자세를 취하였기 때문이었고, 전 세계 모든 약소국들은 이제 힘이 없어도 평화, 자유, 번영을 누릴 수 있다는 이상적 희망에 차 있었다. 그 단적인 예가 스탈린과 김일성이 한반도에서 남침을 감행하자마자, 유엔은 즉시 안전보장이사회를 열어 유엔군의 창설과 한국 파병을 결정하였는데, 그 결과 코리아라는 단어가 국가의 이름인지 초콜릿 이름인지도 모르는 세계 여러 나라에서(우리는 당시 유엔에 가입도 허락되지 않은 상태였다) 이 전후 집단안보체제를 지키기 위하여 군대와 각종 물자 원조를 해왔는데, 16개 국이 직접 파병하고, 64개 국가에서 병원선, 의료진을 포함한 인적 물적 원조를 해왔다. 그 당시 전 세계 독립국가의 수가 110개 국가에 불과했던 것을 생각하면, 이는 전 세계가 다 달려들어 이 역사상 초유의 집단 안보체제를 수호하겠던 집념을 읽게 해준다. 물론 그래서 한국이 아직도 건재하고 국민은 번영을 즐기고 주변국에서는 근로자들이 한국에 돈 벌려고 몰려오는 이 엄청난 변화가 이 전후 세계의 희망적이고 낭만적인 이상주의로부터 시작되었다는 사실을 우리 젊은 세대가 아는지 모르겠다.

마지막 종말의
카드

　　그러나 전쟁이 그리 쉽게 없어지지는 않는다. 그 뒤로 크고 작은 국지적 전쟁은 지구 곳곳에서 수시로 일어나고 있다. 그러나 한꺼번에 수천만 명을 죽이는 세계적 규모의 전쟁은 아직 발생하지 않고 있다. 뒤에 설명할 인도와 파키스탄 간의 물의 확보를 위한 전쟁은 언제나 전 세계를 핵전쟁으로 몰아넣을 가능성을 다분히 품고 있고, 특히 파키스탄은 국민의 반 이상의 목마름을 막지 못하면 언제든지 핵무기로 선제공격을 할 수 있는 위치에 있고, 파키스탄의 수상이 공개적으로 밝힌 것과 같이 핵무기 선제공격이 정당한 행위라고 믿는 지도자들이 대부분이다. 그러나 아직 선제공격은 하지 않았다.

핵무기 공격으로 전 세계를 지옥으로 변화시킬 위험한 행동은 미국이 먼저 시작하였다. 제2차 대전을 조기에 종결시킬 목적으로 미국은 상대성 원리로 유명한 알버트 아인슈타인 박사를 포함한 그 당시 세계 최고의 물리학자들을 모아 맨해튼 프로젝트[28]라는 비밀 연구팀을 조직하여 핵무기를 개발하였다. 그 결과는 히로시마와 나가사키의 원자폭탄 투하로 나타났고, 일본 천황의 무조건 항복을 이끌어내었다. 이 무조건 항복은 "일본인 한 사람도 남지 않을 때까지 일본 본토를 사수하겠다."던 일본군부의 투쟁의지를 꺾어 수백만 명의 무고한 생명을 보호할 수 있었다. 물론 요즈음 일본 젊은이들은 수 만 명의 원폭 희생자만 기억하고, 이로 인해 구출된 수백, 수천만 명의 목숨은 기억을 아니한다. 그러나 1949년에는 소련(당시 러시아와 주변국의 연방 이름: 소비에트 사회주의 러시아 연방의 약자)이 원자탄 개발에 성공하였고, 이어서 1957년에는 중공(그 당시 중국의 이름)이 미국과 스파이 교환 조건으로 풀려난 첸 쉬에 썬 박사의 지도 하에 핵무기를 개발하였고, 영국, 프랑스, 인도, 파키스탄, 이스라엘, 북한 등 이제는 전 세계 9개 국이 핵무기를 보유하게 되었다.

---

28 제2차 세계 대전 중에 미국이 주도하고 영국과 캐나다가 공동으로 참여한 핵폭탄 개발 프로그램. 맨해튼 계획은 레슬리 그로브스 소장이 지휘하는 미국 육군 공병대의 관할로 1942년부터 1946년까지 진행되었다. 전체 프로젝트를 총괄하는 공식 이름은 대체 자원 개발(Development of Substitute Materials)이다. 맨해튼은 공식명을 대신하는 미국측 암호이다.

전 세계 핵폭탄 보유 현황

나라	가용 탄두 전체	최초 실험 연도
핵 보유 선언국		
미국	2,468 / 9,600	1945
러시아(1991년 이전에는 소련)	4,650 / 12,000	1949
영국	160 / 225	1952
프랑스	300 / 300	1960
중화인민공화국	180 / 240	1964
인도	n. a. / 60~80	1974
파키스탄	n. a. / 70~90	1998
조선민주주의인민공화국	n. a. / ⟨10	2006
보유 선언을 하지 않은 핵 보유국		
이스라엘	n. a. / 80	안 알려짐 (1979년 추정)

[표 1] 핵무기 보유국과 비축량 추정치(위키백과, 2010년)

특히 미국과 러시아는 1990년대 초 소련 붕괴 이후에 소유하고 있던 핵무기를 대량으로 감축하여 원래 보유하던 수의 6분의 1로 줄였어도 아직도 각기 1,000기 수준의 핵무기를 보유하여 전 세계를 수차례 초토화 시킬 수 있는 화력을 보유하고 있다. 한 쪽이 선제공격을 하여도 상대측은 자동으로 발사하는 체제로, 일단 공격을 시작하면 누구도 이 지옥에서 헤어날 수가 없다. 인류의 공멸이다. 이제 인간은 자신의 종말을 확정지을 마지막 카드를 들고 있다. 그렇게 된 것이 1960년대 초부터다. 놀라운 일이다. 그 뒤 반세기가 넘도록 이 마지막 종말의 카드를 손에 든 인간은 카드를 뒤집지 않는다. 그 카드 밑에 쓰인 글자가 종말이라는 것을 알기 때문에 이를 뒤집지 못한다. 서로 네가 뒤집으면 나도 뒤집는다고 으르렁거리기만 하지, 실제로는 못 뒤집는다. 그래서 핵전쟁을 억제한 것이다.

이제 용어를 바로잡을 때가 되었다. 위에서 이상적 국가의 목표가 평화라고 하였다. 그러나 핵무기까지 개발한 영리한 인간은 평화를 누릴 자격을 상실했다. 그것은 하나님 나라에나 있는 것이고, 인간이 누릴 수 있는 복이 아니고 기껏 비전쟁 상태뿐이다. 아담의 자각사건 이후 하나님께 영원한 벌을 받는 대가로 인간은 영리함을 받았으나, 동시에 인간은 진정한 용서와 사랑과 공존에 의한 평화를 지킬 능력을 빼앗겼다. 이는 이겨야만 생존하고 지면 도태되는 경쟁 체제의 필연적 결과이다. 성장과 번영이라는 인류 공통의 이상과 가치가 하나님이 주신 모든 자연자원뿐 아니라, 인위적 생산 활동의 결과로 공급받는 모든 경제재의 희소성을 시간이 갈수록 더욱더 심화시키는 것을 보라. 경제발전은 생활의 풍요로움이요, 이는 바로 희소성의 증강이다. 인간은 잘 살면 잘 살수록 흔히 얻을 수 있는 것은 원치 않고, 억지로라도 얻기 어려운 것을 더 만들어 희소성을 만들어내고 즐기고 있다. 물론 승자만이 그런 즐거움을 누린다. 갈수록 숫자가 더 늘어나는 패자들은 실생활에 아무 도움도 안 되는 희소한 물건과 경험을 얻으려 더 노력하여야 하고 더 고통을 받고 있다. 이길 수 없는 다람쥐 쳇바퀴를 탄 것이다.

경쟁은 인간이 받은
최악의 선물

경쟁은 인간이 받은 최악의 선물이다. 그것도 속도가 가속되는 악질의 쳇바퀴를 탄 것이다. 가파른 경사면에서 큰 바위를 계속 위로 밀어 올려야 하는 시지프스의 사정보다 더 딱한 비극적이면서도 희극적인 신세가 되었다.[29] 우리가 더 똑똑하면 할수록 우리는 상대를 더 크게 이겨야 인생의 목적을 달성할 수 있는 '번영과 경쟁이라는 모순'에 걸리고 말았다. 더 경쟁

---

29 시지프 신화는 알베르 까뮈의 철학적 에세이이다. 『시지프 신화 – 부조리에 관한 시론(원제: Le mythe de Sisyphe, 영문 제목: The Myth of Sisyphus)』이라는 제목으로 1942년 그의 대표작 『이방인』과 같은 해에 발표되었다. 시지프스는 그리스 신화에 나오는 인물로 거대한 바위를 산 위쪽으로 밀어 올려야 하고, 바위는 계속 제자리로 돌아오는 무의미한 노동이라는 벌에 처해진 자다. 까뮈가 이 신화를 인간이 추구하는 모든 행동의 우스꽝스러움과 무의미성(Absurdity, 한국어로는 '부조리'라고 번역했지만)의 상징으로 사용한 것이다.

하면 더 번영하고, 더 번영하면 더 경쟁을 하여야 하는, 더 빨리 달릴수록, 더 빨리 돌아가는 러닝머신(treadmill)[30]을 탄 것이다. 이기면 이길수록 상대는 더 강해지기 마련이다. 그래서 경쟁은 인간이 받은 최악의 선물이요, 악마적 속성을 가진 인류의 적이며, 동시에 최대 다수의 번영을 가져온 신의 선물이다. 고약한 선물이다.

그러나 평화는 못 얻어도, 전쟁을 회피할 수는 있다. 전쟁이 없는 상태를 평화(peace) 대신 비(非)전쟁 상태(state of non-war)라고 부른, 헨리 키신저[31]는 이를 대 공산주의 포용 정책(라쁘로쉬망)의 기본 출발점으로 하고, 인류생존을 위한 지고의 목표로 하였다. 평화는 못 얻어도 전쟁은 하지 말자는 것이다. 이것이 1970년대 세계질서를 지배했던 '미친놈(MAD) 이론'이다. 이 상호 완전 궤멸이 보장된 상태(Mutually Assured Destruction) 이론은 상호 균형된 파괴력에 근거한 공포의 균형을 말한다. 서로 상대를 완전히 궤멸할 능력의 균형을 유지하여 전쟁을 강제로 억제하는 것이다. 살고 싶으면 도발을 하지 말아야 한다. 현재 남한과 북한의 대치 상태도 이 공포의 균형으로 인하여 전쟁으로 치닫지 못하고 있다(김정은이라는 정신적 어린이가 이

---

30 우리가 사용하는 언어인 러닝머신은 트레드밀의 한국화 된 영어이고 콩글리시이다. 러닝머신이 아니고 정확한 영어사용권 국가의 용어는 트레드밀이며, 트레드밀은 너비가 넓은 벨트로 된 바닥을 모터로 회전시키고, 그 위를 회전 방향과 반대 방향으로 걷거나 뛰는 운동기구를 말한다.

31 미국 닉슨 대통령 안보보좌관으로 중국 저우언라이 총리와 비밀리에 회담을 하여 1972년 2월 21일 리처드 닉슨 대통령과 마오쩌둥 간의 미·중 정상회담을 성공시켜 미국 − 중국이 수교하게 되었고, 그로부터 중국과 소련의 사이에 쐐기를 박기 시작하였다. 1973년에 미국, 북베트남, 남베트남, 베트콩 사이에 평화 조약을 중재하고 그 공로로 노벨 평화상을 수상하였다.

진리를 모를까봐 걱정이긴 하지만). **외국인들의 눈에는 한반도가 대단히 위험하게 보일지 몰라도, 한국 사람들이 밤에 다리를 펴고 잘 수 있는 것은 바로 공포의 균형 때문이다.** 휴전선 양쪽의 무력과 화력, 그리고 그 화력 사용의 의사표시가 충분히 상대에게 전달되어 있으면 전쟁은 안 일어난다. 그래서 우리 군의 수뇌부들이 가끔 북의 모든 도발에는 그 공격의 원천 지점을 격파하겠다는 의사를 천명해 두는 것이다. 그래서 북한도 우리가 군사훈련을 할 때마다 욕설을 퍼부으며 위협을 하고 있다. 어쩌면 한반도에서는 북한의 욕설이 커질수록 전쟁에서 멀어지고 있을 듯하다. 진짜 공격을 하려면 천안함 공격처럼 우리가 한눈팔 때 예고 없이 공격해야 한다.

1970년대 미국과 소련은 방어용 미사일의 추가 개발을 포함한 일체의 국방 기술개발도 금지하여 이 공포의 균형을 인위적으로 지속시키는 상호조약을 관계의 중심에 두었다. 즉 한번 달성된 공포의 균형을 어느 한쪽이던지 위반하여 상대에게 균형의 붕괴를 의심하게 하는 위험 신호를 보내지 못하도록, 즉 위험 가능한 행위를 사전에 차단하여, 오해로 인한 선제공격도 막자는 약속이었다. 이것이 ABM 조약(Anti-Ballistic Missile Treaty)으로 상대의 공격용 미사일을 요격하는 방어용 미사일도 개발을 금지시키는 조약이었다. 대단한 약속이다. 공격용 무기건 방어용 무기건 상관없다. 무조건 기술 개발을 정지하자고 약속했다.

2014년 9월 5일은 아마도 우크라이나 국민들이 두고두고 기억할 날이 될 것 같다. 우크라이나 동부 지역에서 반란을 일으켰던 친러시아 반군과 우크라이나 정부군 사이에 휴전 협정이 발효된 날이었다. 대부분 사람들은 이 휴전이 오래가지 못할 것이라고 예측 하였고, 지금까지의 양측의 행동으로 보아 이 예측은 맞을 것으로 보였다. 그런데 이 예측이 보기 좋게 빗나갔다. 두 해가 다 지나갔어도 전쟁은 다시 일어나지 않고 있다. OPEC 이사회에서 사우디아라비아가 배럴당 생산비가 50달러가 넘는 미국 내 셰일가스와 셰일오일의 생산이 중단될 때까지 국제 유가를 계속 내리겠다고 선언하며 생산량 축소를 거부하고 있기 때문이다. 이 저유가 정책은 러시아에 불똥이 튀어 국가 수출의 80%와 정부 재정의 반 이상을 차지하는 석유관련 소득을 반 이하로 줄어들게 만들었다. 푸틴 대통령을 지지하여 그의 대통령 당선에 결정적 역할을 했던 신흥 재벌들의 재산이 대부분 서방 은행에 예치되어 있어 이를 동결하겠다는 서방의 정책 때문에 크게 고통을 당하게 되었다. 이대로 가다가는 다음번 선거에서 푸틴이 재선되리라는 보장이 사라지고 있다. 푸틴은 할 수 없이 서방의 압박을 완화시키기 위해 우크라이나 동부의 내전에 적극 개입을 중지하고, 그동안 중지했던 대(對)우크라이나 가스 공급을 재개하기 시작했다. 그래서 휴전이 계속되고 있는 것이다.

이러한 어정쩡한 상태, 당사자들에게는 몹시 불쾌하고 거북한 상태, 깨끗하게 이기지도 못하고, 그렇다고 화나는 대로 쳐들어가

도륙을 내지도 못하는 상태, 이것은 인류가 인간끼리 발명한 얼어붙은 전쟁이요, 불편한 공존이다. 이러한 불편한 공존은 조지아, 몰도바, 알메니아, 코소보, 이스라엘, 중앙아프리카 대부분의 국가들, 그리고 우리 한반도의 생존 방법이다. 이것은 대단히 불편한 현실이요, 불안정한 평화의 모습을 하고 있지만, 그 표피 아래에는 엄청난 적개심과 파괴적 복수의 본능이 자리하고 있다. 무력의 균등화로 인한 공포의 균형이나 국제정치적 영향력과 경제력의 균형을 통한 국지 도발의 억제이거나, 어떤 방법에 의존하더라도 인간은 전쟁을 금지당하고 있고, 한반도에서는 이 전쟁금지가 이제 60년을 넘어 실질적 이국시대(二國時代)를 고착시키고 있다.

중요한 것은 인간의 지혜와 생존의 본능은 원수를 사랑하지는 못해도, 원수와 공존하는 수준까지는 발달하였다. 미워도 참고, 다른 뺨은 못 내주어도, 뺨치는 사람의 뺨을 받아치는 수준은 이제 넘었나 보다. 앞으로 갈 길은 멀고도 멀지만, 그래도 형식적으로는 이제 딱 한 단계만 남았다. 원수 사랑 말이다. 이미 어떤 사람은 원수를 미워하지 않기 위하여 원수를 위해 기도하는 사람도 있다. 원수를 사랑까지 한다면 이것은 인간의 완성이라 해야 하지 않을까. 인류 역사상 인간의 완성된 모습을 보여주었던 몇몇의 도덕적 영웅, 신앙의 영웅들처럼 말이다.

공포의 균형을 깨는
불균형

두 나라가 수천 킬로미터의 국경을 접하고 있으며, 반세기 이상 국경 분쟁을 겪으며 크고 작은 충돌을 해 왔어도, 양국이 각기 1백여 기 정도의 핵무기를 보유하고 있어도, 공포의 균형 이론대로 누구도 선제공격을 하지 못하고, 따라서 전면 전쟁도 일어나지 못하는 곳이 있다. 그런데 그중 한 나라에게 서서히 상대국의 산업 기반의 절반을 핵무기 사용도 없이 파괴해버릴 수 있는 힘이 생겼다면, 양국관계는 대단히 위험한 상태로 들어간다. 공포의 균형이 무너지는 것이다.

A국이 그 추가의 파괴력을 행사하여 B국의 산업을 붕괴시키기 전에 B국은 A국을 핵으로 선제공격하여야 자신이 생존할 수 있는

대단히 안타깝고 위험한 상태가 된 것이다. 이는 실제로 발생한, 그리고 지금도 진전되고 있는 현실로서, 공포의 균형 이론의 진위를 시험할 수 있는 명백한 시험 사례가 되었다. 인도와 파키스탄은 한반도 길이의 두 배 정도로 긴 국경을 접하고 있으며, 인도의 북서부 파키스탄의 동부에 위치한 카슈미르 지역을 놓고 이 지역이 서로 자기 영토라고 서로 주장하며, 반세기 이상 국경 분쟁을 하고 있다.

그리고 양국은 핵무기를 약 1백기씩 보유하고 있으나, 아직 공포의 균형 상태를 유지하며 핵전쟁을 피하고 있다. 그것이 전부라면 세상은 이 문제를 양국의 지역적 갈등일 뿐이라고 생각하며, 공포의 균형이론에게 감사를 하고 잊어버려도 되었을 것이다. 문제는 이 균형이 깨져버린 것이다. 인도와 파키스탄 영토에는 인더스 강이라는 세계 5대 강 중의 하나인 긴 강이 처음에는 인도 영토에서 시작하여 나중에는 파키스탄 영토를 지나 인도양으로 흘러들어가고 있다. 이 강의 수자원을 어떻게 사용하는가는 양국의 예민한 정치·경제적 문제이므로 양국은 1960년에 조약을 체결하여,[32] 인더스 강 물의 사용에 있어서 양국의 공정한 배분을 약속하는 합의를 한 것이다. 이 조약은 그동안 양국이 심한 무력충돌을 하면서도 깨지지 않고 잘 지켜져서 세계가 놀라워했는데, 실은 겉과 달리 속으로는 썩고

---

32 인더스 수자원 조약(Indus Water Treaty): 1960년 파키스탄과 인도는 인더스 수자원조약에 서명했다. 조약에 따르면 파키스탄은 인더스 강과 서쪽의 주요 지류인 젤룸 강 체나브 강의 물에 대해 독점권을 갖는다. 인도는 역시 인더스 강의 지류로 상대적으로 동쪽에 위치하는 라비 강, 베아스 강, 틀레지 강을 할당받았다.

있었다. 우선 히말라야 산맥 위의 만년설이 녹아서 생긴 이 강은 지난 반세기 동안 그 해빙 속도가 줄어서 물 공급량이 평균 8% 정도 감소하였다. 게다가 인도는 같은 기간에 인구가 약 두 배로 성장하고 산업도 같이 성장하여 먹을 물, 산업용수, 그리고 전기의 수요량이 급증하여 인더스 강에 저수 댐을 쌓고 대형 수력 발전소 건설을 하지 않을 수 없는 상황에 도달하였다.

반면에 파키스탄은 전체 인구의 반이 농업에 종사하고 있고, 국민총생산의 25%를 농업에 의존하고 있어서, 물의 원활한 공급은 국가의 생명줄이 되어 있다. 원래 이 나라 국토는 강우량이 적어 항상 물 부족 상태로 살아왔는데, 인더스 강의 유수량(water flow)이 줄어들면서 1947년에는 인당 저수량이 5,000 입방미터였던 것이, 지금은 1,000 입방미터로 줄어들어, 에티오피아처럼 대형 기갈 상태에 돌입할 수 있다고 한다. 잘 아는 대로 사람이 식량이 없으면 약한 사람도 1주일 정도는 버티지만, 물이 없으면 건강한 사람도 하루 이틀을 못 버틴다. 파키스탄의 물 비축량은 전 국민이 30일 동안 사용할 양에 불과하고, 인도는 전 국민이 120일 사용할 물을 비축을 하고 있다고 한다. 양국 공히 물 비축량이 빠른 속도로 하락하고 있고, 파키스탄 국민의 3분의 1이 이미 불결한 물을 마시고 있다고 한다.

그러한 현실을 반영하여 물 테러리즘이 발생하고 있는데, 그 대표적인 예가 2008년에 발생한 뭄바이 테러사건으로 173명이 죽고 기타 많은 피해자를 낳았다. 인도측은 이 테러가 파키스탄의 물 공급과 관련된 테러라고 주장하고, 전 세계가 다 그렇게 믿고 있다. 한편 파키스탄 정부는 2010년에 헤이그에 소재한 국제중재재판소(Permanent Court of Arbitration)에 인도 정부가 인더스 강 초입에 건설 중이던 키샹강가(Kishanganga) 수력 발전 댐 건설 프로젝트의 건설 중지 가처분 신청을 내어 2011년 8월에는 급기야 인더스 강 유수량의 영구적 감소를 초래할 일체의 건설은 중지하도록 판결을 내려 공사를 중지시키는 데 성공하였다. 그러나 인도는 자체 전력난으로 주민 폭동까지 일어나는 상황이어서 다른 수력발전 댐 공사를 여러 곳에서 동시에 진행 중이다. 양국의 충돌은 불가피해 보이는데, 문제는 이 충돌이 핵무기 선제공격까지 초래할 것인지가 전 세계의 관심사이다.

미 육군 아프가니스탄 주재 중부 총사령관이었던 데이비드 패트레이어스 장군이 탈레반 테러리스트들을 전국 각지에서 제압하고, 아프가니스탄 동부 산악 지대에 몰아넣은 뒤, 이 마지막 잔당을 소탕하기 위하여 아프가니스탄과 파키스탄 양쪽에서 협공을 하려고 파키스탄에 군사작전 협조를 요청하였다. 그러나 파키스탄 군은 이 요청을 요런 조런 핑계를 대고 협조하지 않았다. 미국은 이러한 사태를 미리 대비하기 위하여 CIA 예산에서 파키스탄 정부와 군 주요 인사들에게 상당한 금액의 원조(실제로 뇌물)를 하고 있었는데, 이 금액은 미국의 대 이스라엘 원조보다 더 크다고 한다. 그러나 파키스탄

군의 장성들은 이 원조를 받는 이유가 미국이 탈레반을 공격하는 데 자신들이 필요할 뿐 아니라, 탈레반이 몰살하면 미국이 더 원조를 할 이유가 없어진다는 사실을 잘 알기 때문에 파키스탄 군은 역으로 탈레반을 지원해주고 있었고, 오사마 빈 라덴까지 숨겨주었다. 이 와중에 미 정부의 CIA는 파키스탄 수도 근처에 오사마 빈 라덴이 숨어 있는 것을 알아차렸는데, 빈 라덴 주변 인물과 자동차 기사들이 스마트폰으로 수다떠는 것을 녹취 분석하여 찾아내었고, 결국 빈 라덴을 찾아 사살한 것이다.

이러한 과정에서 이제는 파키스탄 군 내부에 상당수의 탈레반 요인들이 자리를 잡게 되었고, 그중 우리 국정원 원장에 해당되는 사람까지 탈레반 인사인 것이 공공연한 정보가 되었다. 이 사람은 인도가 인더스 강의 발전소 건설을 중지하지 않으면, 파키스탄은 핵무기로 인도를 선제공격하여야 한다고 주장하고 있으며, 이 공격에 대하여 서방의 강대국들이 견제하는 것에 대비하여 이슬람 여러 지파의 협조로 인도를 향한 선제공격을 준비하고, 이를 지하드(jihād) 즉, 이슬람 성전이라고 정의내렸다. 이슬람 국가 간의 지하드 인정은 일종의 공동 전쟁 수행 조약으로, 인도나 기타 국가가 파키스탄을 공격하면 이스라엘과 모든 적대국가에 핵무기를 발사하겠다고 선포한 것과 같다. 놀라운 것은 파키스탄의 수상도 선제 핵 공격을 자국의 생존을 위한 불가피한 선택이라고 주장하고 있다.

여기까지만 보면 인도-파키스탄 간의 전쟁은 피할 수 없는 재앙으로 보이고 까딱하면 이 분쟁은 전 인류를 파멸로까지 끌고 갈 수 있는 심각한 인류사적 과제로 보인다.

다만 인류가 파키스탄의 물 기근을 여하히 해결해줄 수 있는가에 따라 이 전쟁을 방지할 수는 있다. 그런데 공포의 균형과 전쟁 억지의 이론 측면에서 보면 인도-파키스탄의 충돌은 좀 특이한 데가 있다. 인도는 실제로 파키스탄을 파멸시킬 수 있는 무기, 즉 인더스 강의 물을 고갈시킬 수 있는 능력을 보유하고 있다. 이것은 인도에게 공포의 힘의 균형을 파괴할 능력을 주었다. 그러나 인도는 파키스탄의 파괴보다 공존을 선택하였다. 인도인들은 전쟁에서의 승리보다 1960년 체결한 수자원 조약을 지키는 쪽으로 몰아가고 있다. 뭄바이의 폭발[33]이 있었어 범인 색출에 양측이 공조하고 있다. 공포의 균형이 너무 크고 압도적이어서 감히 싸울 엄두도 못 내는 점도 있으나, 인간이 이제는 전쟁의 승리보다 더 큰 가치, 즉 공존을 선택한 것이다. 이기는 것이 승리가 아니고, 같이 사는 것이 더 큰 승리라는 점을 제대로 인식한 것 같다. 이제 사람이 좀 사람다워 가기 시작한 셈이다.

---

33 2011년 7월 13일 인도의 금융 중심지인 뭄바이에서 3차례에 걸친 연쇄 폭탄 폭발로 적어도 17명이 사망하고 133명이 부상한 사건이다.

악마의 명령도
거부하는 인간

인간이 서로 안 싸우겠단다. 이것은 인류의 역사적 사건이 아니라, 인류적 사건이다. 인류라는 동물의 발달사상 가장 큰 사건이다. 아담이 자신의 존재를 자각하고, 에덴동산에서 쫓겨났다는 상징적 사건 이래 인류는 땅과 싸우고, 자연과 싸우고, 기계와 싸우고, 자본과 싸우고, 인간끼리 싸우며, 하루도 쉴 날 없이 경쟁하고 투쟁하였다. 워낙 영리하여 과학을 알고, 기계를 만들고, 무기를 만들고, 시간이 흐를수록 더 잔인하게 싸우고, 광범위하게 싸웠다. 경쟁의 악마의 입장에서 보면 이처럼 기특할 수가 없다. 전쟁을 하여도 과학 기술을 사용하여 스스로 자멸의 길을 향하여 매진한 것이다. 그런데 이제 다 이긴 줄 알았던 악마의 게임이 자칫 정지할 자세다. 인간의 총체적 파멸은 이 악마의 역사적 목표이고, 하나님을 향한 악마의 승리다. 헌데, 요 개미 같은 영리한 인간들이 이젠 그만 싸우겠단다.

하나님이 주신 자유의지를 이용하여 경쟁의 악마는 인간을 잘 유린해 왔다. "인간들이 스스로 자유 의지를 이용해 싸움도 하고, 경쟁도 하고, 잔인해지기도 하는데, 낸들 어찌 하겠습니까?"라고 하나님께 핑계를 대던 경쟁의 악마는 이제 할 말을 잃었다. 인간이 자유의지로 싸우지 않기로 결정했단다. 그동안 인간은 모든 인간을 잠재적인 적으로 간주하며 모든 사람의 모든 사람을 향한 적개심(Hostility to all by all, 토머스 홉스[34]의 책 『리바이어던(Leviathan)』에 나오는 유명한 구절)을 가지고 자신과 다른 모든 이질적 인간들을 공격했다. 경제적 가치가 있는 모든 것의 희소성만 유지해주면, 인간은 주저 없이 경쟁하고, 여의치 않으면 무기를 들고 전쟁하고, 이질적 인간집단을 하나씩 제거하였다.

소위 '우리끼리'라는 집단 이기주의적·원시적 가치를 지고(至高)의 생존 철학처럼 떠받들고, 이 배타적 본능이 얼마나 유치하고, 이기적이며, 잔인하고, 원시적인지도 모르고, 이런 쓰레기를 민족번영의 이념적 도구로 사용하려 하는 우리 사회 안의 북한 추종 지식인

---

34 Thomas Hobbes(1588~1679)는 잉글랜드 왕국의 정치철학자이자 최초의 민주적 사회계약론자. 서구 근대정치철학의 토대를 마련한 책 『리바이어던(Leviathan)』(1651)의 저자. 홉스는 자연을 만인의 만인에 대한 투쟁 상태로 상정하고, 그로부터 자연권 확보를 위하여 사회계약에 의해 리바이어던과 같은 강력한 지도자와 국가권력이 발생하게 되었고, 리바이어던의 통치체제는 바로 그의 사회 구성원에 대한 제압 능력에 의해 유지된다고 주장하였다.

들은 바로 4만 년 전의 우리 원시적 조상들의 보편적 모습이었다. 그것도 대한민국에서 대낮에 진보라는 가치와 높은 학력을 명분으로(예: 강남좌파) 이 원시적 종족보호 본능을 이상적 가치라고 떠들고 있다. 이 나라의 지적 수준이 이 정도밖에 안 된단 말인가! 경쟁의 신이 참말로 즐거워할 만하다.

과거에는 승리와 생존은 동의어였다. 마찬가지로 패배는 도태와 동의어였다. 자연의 진화론은 그대로 인간사회의 진화론적 선택론으로 둔갑하였다. 인류사회의 영구적 발전을 위하여 경제적 적자(성공한 자)들이 부적자(가난한 자)를 도태시키는 것은 당연하다는 주장이었다. 그러나 이제는 패배가 두렵지 않게 되었다. 전쟁이 없으니 승자도 없고, 패자도 없다. 그러니 도태하지 않아도 된다. 패배와 도태는 분리(decoupling)되었고, 패배해도 죽지 않고, 자자손손이 잘 살 수 있게 되었다. 인간들 자신도 경제적 패배자에 대한 자세도 많이 변했다. 패배자에 대한 인간의 태도 변화는 결과적으로 예수님의 요구를 실천한 것과 동일하게 되었다. 국가 간 전쟁의 억제는 사실 그리스도 정신보다는 겁이 나서 그리된 것이다. 거기에는 별다른 사랑이나 인간애의 발전이 있는 것이 아니었다. 그냥 싸우고 싶어도 더 못 싸운 것이다. 그러나 경제적 경쟁에서의 패자에 대한 태도 변화는 인간이 과거의 영리함에서 한 걸음 더 나아가 지혜로워진 것을 보여준다.

경제적 패배자에 대한 무관심은 결과적으로 사회분열과 양분화를 가져와, 폭력적 투쟁으로 이어져 경제적 승자들 자신의 안위마저 위협받게 되었다는 미래에 대한 예측이 실제로 현실화되는 사회가 되었기 때문이다. 지난 150년 동안 세계 도처에서 발생한 공산주의 혁명이 바로 그 증거다. 무슨 특별한 자비나 그리스도적 정신의 발로가 아니라, 여전히 이기적인 동기에다가 미래를 예견하는 지혜가 더해진 것일 뿐이지, 경쟁을 포기하려는 또는 자신의 행복과 안녕을 가져오는 승리를 포기하겠다는 이타적 동기가 있어서 그런 것은 아니다. 그러나 결과적으로는 예수님의 가르침과 같은 일이 벌어지고 있다. 경쟁의 악마가 복통을 하게 되었다. 이 개미 같은 인간들이 욕심은 하나 안 버리고도 경쟁의 룰을 저버리고 있다. 너무 영리해서 이제는 경쟁의 궁극적 해악마저 터득하기 시작한 것이다.

이러한 인간의 행동에는 용서와 사랑이 없고, 적극적인 선(善)의 행태가 없다. 아직 그냥 소극적인 선 또는 소극적인 악의 범주인 90%의 이쪽도 아니고 저쪽도 아닌 보통 사람들의 행위가 경쟁거부로 나타나기 시작한 것이다. 전쟁에서는 전쟁 거부로 갔지만, 일상생활에서는 아직도 경쟁이 기본적 원칙으로 살아 있다. 오히려 번영이 깊어지고, 넓어질수록 경쟁의 가치는 더욱더 높아가고, 역으로 경쟁하지 않는 공산주의나 전체주의 국가에서 경쟁의 결여가 빈곤의 원인으로 나타나고 있다. 예수님의 기도인 "뜻이 땅에서 이루어지려"면 아직 갈 길이 멀다. 그러나 좋은 시작이다. 경쟁의 노예인 인간도 적어도 범세계적 대(大) 전쟁은 피할 수 있고 국지적으로도 무력으로 끊임없이 싸우는 것보다 무기를 내려놓고 경제적으로 경쟁하는 것이 자신들에게 더 유리하다는 기본적 상식이 생활화되기 시작한 것이다. 아담 이후 경쟁의 신의 절대적 노예였던 인간이 이제 명령 불복종을 감행하고, "그리하면 우리가 다 공멸하는 것 아닙니까?"라고 반항도 할 수 있게 되었다. 거, 참! 하나님의 명령 불복종으로 에덴동산에서 쫓겨나더니, 이제는 경쟁의 악마의 명령에도 복종을 거부한다. 명령 불복종은 인간의 본질적 특성인가? 반항할 자유가 인간의 자유의지의 본질인가?

인간 속의
하나님

　　경쟁과 전쟁의 악마가 아무리 인간을 하나님으로부터 격리시켜 인간 자신이 만든 문명이라는 올가미에 목이 걸려 질식사하게 하려 하여도, 악마도 어쩔 수 없는 인간의 본질적 형질인, 즉 본성이라는 걸림돌이 있다. 제1차 세계대전이 막 시작되던 1914년 12월 24일 크리스마스 이브 저녁, 전투가 잠시 소강상태에 들어간 벨기에의 어느 시골, 이프레(Ypres)라는 마을 최전방, 동쪽 참호 속에는 독일군, 그리고 약 200m 서쪽 참호 속에는 영국군이 서로 대치하고 있었다. 낮의 콩 볶는 총소리와 대포 소리도 잦아들고, 어색한 정적이 어두움과 함께 사방을 짓누르고 있었다. 질식할 것 같은 무거운 공기를 뚫고, 독일쪽 참호에서 어느 군인이 〈고요한 밤, 거룩한 밤(Stille Nacht, Heilige Nacht)〉 캐롤을 조용히 부르기 시작하였다. 이 노래는 금세 전 독일 군 참호와 영국군 참호로 번져나가 사방에서 셀 수 없이 많은 군인들이 〈Silent Night, Holy Night〉를 부르게 되었고, 노래는 계속 반복되며 옆으로 퍼져 나가, 전방 40km 전역에 순식간에 퍼져 나갔다고 한다. 그러자 놀라운 일이 벌어지기 시작하였다. 무기를 들지 않은 군인들이 양쪽 참호에서 기어 나와 서로 악수를 나누고, 음식물과 담배, 음료를 교환하고 선물을 주고받기 시작하였다. 가진 것이 없어 모자와 심지어 군복 단추도 교환하였다. 그때 받은 독일군 군복단추를 아직도 간직하고 있는 영국군 병사의 자손들도 있다. 서로 약속이나 한 듯 주변의 시체들을 수거하여 묻어 주고, 고인을 위한 공동 장례예배(joint services)도 같이하였다. 언론 보도에 따르면, 이 행사는 자연스럽게 전 서부전선으로 퍼져 나가 북해 벨기에 연안에서 프랑스 전선까지 약 10만 명의 영국군과 프랑스군, 독일군이 참여하였다고 한다. 양측 사령부에서는 확성기로 군인들에게 제자리로 빨리 돌아가라고 독촉하여도 막무가내였다.

어떤 곳에서는 독일군과 영국군이 축구시합을 하기도 하였는데, 이를 기념하기 위하여 최근에는 이프레(Ypres) 마을에 유럽 축구연맹(UEFA) 회장 미셸 플라티니(Michel Platini) 씨가 참석한 가운데 기념비를 헌정하였으며, 이 행사에는 벨기에, 프랑스, 독일, 이탈리아, 아일랜드 및 영국의 국가 수반들이 참석하여 전쟁 중에 피어난 인류애를 상징하는 공통의 언어, 사랑과 축구를 기념하였다고 한다.

1914년 벨기에 전선에서 일어난 자생적 크리스마스 휴전과 축구시합 장면(위키피디아)

지배자나, 군사령관이나, 악마가 아무리 없애려 해도 없어지지 않는 것이 있다. 인간 속 안에 들어와 계시는 사랑의 하나님, 인간의 생물학적 구조를 뛰어넘는 본능적 선함, 생존이나 승리를 위하여는 절대로 합리적이라고 볼 수 없는 이타적 본능, 불쌍한 사람이나, 동물을 보면 참지 못하는 자비, 현실이 고달프고 고독할 때 내 마음을 달래주는, 목적도 동기도 없이 보내주는 남들의 관심, 이 모든 것은 요한복음 14장 20절의 "내가 아버지 안에, 너희가 내 안에, 내가 너희 안에 있는 것을 너희가 알리라"는 증언을 믿지 않을 수 없게 만든다. 하나님은 우리를 구원할 가치가 있는 동물로 만드신 것이 분명하다.

이타주의(利他主義)가
모순인 도킨스

여기서 생물학자 리처드 도킨스의 이야기를 좀 아니할 수 없다. 사람들은 그를 진화론의 롯트바일러(Rottweiler·불독보다 더 사나운 독일 사냥개 종자)라고 부르는데, 이 사람한테 걸리면 종교인들은 갈기갈기 찢어진다는 표현이다. 얼마나 지독한 무신론자인지 런던에서 버스를 빌려 그 옆에다 종교를 비방하는 광고를 달고 도시를 누비며 종교인을 어릴 적부터 세뇌를 받아 독립적 사고방식을 못 가진 멍청이들이라 모욕하는 말을 공개적으로 하고 다니는 사람이다. 이 사람이 유명해진 이유는 그 자신이 대단한 지식인이며, 『이기적 유전자(The Selfish Gene)』, 『만들어진 신(The God Delusion)』 등 베스트셀러를 써서 무신론적 신(新) 다윈주

의의 기수가 되었기 때문이다.[35]

위의 제1차 세계대전 때의 아름다운 크리스마스 이브의 휴전을 두고 그는 이러한 이타적 행동도 진화론으로 충분히 설명이 가능하다고 본다. 원래 진화론은 각 개체가 자신의 종자가 다른 종자에 비하여 더 많이 더 넓게 퍼져 나가 자기 종자의 지배를 도모하기 위하여 끝없이 투쟁을 한다고 본다. 이러한 투쟁을 효과적으로 수행하기 위하여 개체의 유전자는 자기가 사용할 수 있는 자원과 기회를 최대한 효율적이고 전략적으로 활용하여 다른 종자의 지배력 확장을 막아야 하고, 이는 처절한 자연의 생존경쟁을 낳게 한다는 이론이다. 이것을 '종의 제국주의(Genetic Imperialism)'라고 부르고, 그의 책 『이기적 유전자』는 이를 잘 설명하고 있다. 그런데, 이 이론의 제일 큰 약점은 인간이 위의 자발적 휴전에서 보여주듯이 자기의 승리와 무관하게 또는 역으로 행동하는 경우가 있기 때문이다. 신앙인은 이러한 이타적 행위가 인간의 본질적 특성의 발로라고 보는 데 반해, 도킨스 같은 진화론 광신자는 이것을 진화의 전개 과정상의 하나의 모순(Evolutionary Paradox)이라고 부른다. 그러나 필자가 보기에는 이는 진화론 자체의 모순, 즉 'Paradox of Evolutionism'에 불과하다. 생물학적 진화 과정으로 모든 인간의 정신활동과 종교 현상도

---

35 도킨스는 철저한 인본주의자, 회의주의자, 과학적 합리주의자임은 물론, 브라이트 운동 지지자이다. 2006년에 발표한 그의 책 『만들어진 신』에서 도킨스는 초자연적 창조자가 거의 확실히 존재하지 않으며, 종교적 신앙은 굳어진 착각에 불과하다고 주장했다.

설명할 수 있다는 어린아이 같은 자만심의 한계를 보여주는 것이다.

그러나 도킨스는 이 모순을 멋지게 해결하였는데 그것이 소위 친족 선택(Kin Selection)이론이다. 하나의 진(Gene·유전자)은 각자 독립적 정보 전달자(Genotype)이지만, 옆에 있는 진은 다른 진(Gene)에게는 환경적 특성을 설정(Phenotype)해준다. 이 상호 환경적인 진들은 공동으로 생존하여야 선택에 이길 수 있다는 자연의 명령에 복종하여 그룹 전체의 생존과 번영을 위하여 개체 자신에게 주어진 능력과 자원과 기회를 낭비하기도 한다. 즉, 자아 희생이고, 이것이 이타적 행위의 설명이란다.

이 집단 선택을 설명하기 위하여 도킨스는 독일 생물학자 리카르트 세몬(Richard Semon)의 용어인 '므네메(Meme)'를 빌려다가 '밈(Meme)'이라는 신 용어를 만들고 이를 생물학의 진(Gene)과 대등한 용어로 문화적 유전의 전달자로 사용하였다. 즉 '진(Gene)'처럼 '밈(Meme)'은 모든 문화의 정보와 행태적 특징을 후대에게 행동모방(Copying)이라는 매체를 통하여 유산으로 전달하는데, 나쁜 선택을 전달하면 문화가 후퇴하고, 좋은 정보와 행태를 전달하면, 즉 효율적 선택을 반복하면 누적됨으로써 문화가 발전한다고 보는 것이다. 쉽게 말해 인간은 유전적으로 가까운 집단의 안위를 통하여 개체의 안위를 도모한다는, 이기적인 동기로 이타적으로 보이는 행위를 한다고 보는 것이다. 멋진 설명이다.

도킨스는 생명체는 진에 의하여 건설되고 통제되는 아주 섬세한 기계처럼 진화한다고 한다. 가장 성공적인 생존 기계를 만들어내는 유전자 변화의 명령서를 여러 가지 변화 유도 요인들(Competing Phenotypes) 가운데서 선택하여 더 강력한 생존 기계를 만들어 나간다는 주장이다. 그러나 이 유전자 도박(Genetic Lottery)은 아주 긴 시간에 걸쳐 세포의 내·외부로부터 끝없는 자극을 받은 유전자들의 엄청난 양의 무작위적 변이(Random Mutation)를 전제로 한다. 하나의 가장 적절한 생명력을 가진 생물체를 만들기 위하여 자연은 엄청난 양의 변화와 선택, 즉 에너지와 시간의 낭비를 겪어야 한다. 도킨스 자신도, 이타주의 설명인 친족 선택 이론을 주장하고 난 뒤에, 이 진화의 장기적 대형 도박에 비하면 친족이라는 개념은 너무 작고, 구체적이며, 단기적이라고 그 유용성을 폄하한다.

도킨스의 진화론도
하나의 종교

여기서 도킨스는 '진'과 '밈'이 마치 스스로 생명체인 양 행동한다는, 즉 선택의 대상이 아니라, 선택의 주체라고 주장하고 있다. 그러나 진은 무생물이고 의사결정 능력이 없고, 할 줄 아는 것이라고는 세포핵 속에 잘 숨어 있다가 세포가 분열할 때마다 똑같은 정보를 전달하여 똑같은 세포의 카피가 생산되도록 하고, 이것도 진의 포장재 역할을 하는 크로모좀의 끝에 붙어 있는 텔로미어가 건강하여 카피가 원본과 동일한 복사본을 60번 정도(cytokinesis) 생산할 때까지만 작동한다. 세포의 복사를 위한 정보만 저장하고 있는 DNA가 무슨 선택을 한단 말인가. 툭하면 자연의 선택이라고 하는데, 진의 능동적 선택이 아니라면 자연이라는 별도의 생물체를 발명한 것처럼 들린다. 죽어도 하나님이나, 초자연적 존재라는 말은 피하려고 안간힘을 쓴다. 그래서 도킨스의 자연은 위의 유전자 대 도박, 즉 어떤 선제적 의도가 없이 생존경쟁 단 한가지의 규범만 가지고 결과적으로 우리가 보는 대우주와 생명체와 인간 문화를 향한 유전자적 진화가 성공했다는 주장이다. 우연치고는 참으로 대단한 우연의 연속이다. 물론 이 기적적 우연의 축적이 현재의 모든 생명체에 꼭 한 번 도달할 수는 있다. 이런 긴 우연의 축적으로 현재의 모습에 도달하는 기적이 서로 다른 곳에서 동시에 달성되었다면 그때는 이미 우연은 아니고 사전 계획에 의한 필연이다. 이 점은 위에 설명하였다.

그리고 밈은 억지다. 물리적으로 진은 현미경으로 볼 수 있지만, 밈은 관념적 발명품으로 그 실체가 없다. 문화의 발전을 설명하기 위하여 밈 같은 억지를 차용하지 않아도 이스라엘 백성들이 어떻게 문화적으로 역사적으로 생존하고 발전하였는가를 잘 설명한 구약성경도 있고, 각 문명의 발전과 멸망을 도덕적 가치의 융성과 패퇴로 설명하는 아놀드 토인비도 있다. 뭐 밈까지 발명하지 않아도, 또 생물학자의 생물학적 도구로 문화사를 설명해 주지 않아도 인류문화의 발전을 설명하는 방법은 많다. 진화론으로 설명이 되든 안되든 무관하게 인류와 그 문화와 도덕성은 계속 발전하고 있다. 모순될 게 하나도 없다. 그 모순은 진화론 만능주의자가 스스로 만든 작은 방에 스스로를 가두어 놓고, 그 안에서는 도저히 설명이 안 되는,

방 밖의 정신적 현상들이 자신의 도구로는 설명이 안 되자, 이를 모순이라고 부르짖는 것처럼 참으로 불쌍한 주장이다. 생물학 만능주의에서 조금만 눈을 위로 쳐들어보면 생물의 이타주의적 행태는 하나도 모순일 것이 없다.

그다음, 진화론의 모순인 인간행태의 비효율적 자기희생, 즉 이타주의를 꼭 친족 간 선택으로 설명을 해야겠다면 누가 막겠는가. 그러나 친족집단의 동시 생존과 공동 번영은 꼭 생물학적 설명을 하지 않아도, 영적 설명으로 가능하다. 같이 공동으로 생활하지 않는 전혀 다른 집단의 사람과 심지어 평생 본 일도 없고, 다시 볼일도 없는 사람, 뿐만 아니라 동물과 식물에게까지도 인간은 자비의 마음을 가지고 있다. 이타주의는 친족집단의 전략적 선택이라는 생물학적 선택론이 없어도 충분히 설명이 된다. 이타적 성향은 동물적 선택을 훨씬 초월하는 선험적으로 존재하는 본질적 인간성에서 나오는 것이다.

바로 2천 년 전까지 마커스 오렐리우스[36]의 로마 군대를 숲 속에서 게릴라 전법으로 괴롭혔던 중부 유럽의 거주지도 없던 수렵인들은 투쟁과 경쟁을 기본적 생존방법으로 삼고 살아왔으니, 그 후예인 유럽 사람들에게는 이러한 인간의 본질적 선함을 이해하기 힘들 것이다. 그러나 수만 년 전부터 공동체 사회를 만들고, 농사를 지어온

---

36 고대 로마의 황제(121~180). 오현제의 마지막 황제로 제국 동쪽과 도나우 강 양쪽의 변경 방어에 힘썼으며, 스토아 철학으로 기울어 전장의 참호 속에서 『명상록』을 저술하였다.

아시아인들은 '이기적 친족집단 내의 선택적 이타주의'라는 설명이 없어도 들의 풀꽃 하나라도 아끼는 마음, 가을에 까마귀 먹으라고 감을 몇 개 나무 위에 남겨두는 마음을 충분히 이해할 수 있다.

인간이 아닌 생물의 행태와 구조만 연구하는 생물학자에게는 이타주의적 행위는 모순으로 보일지 모르지만, 인간은 경쟁적 호전성과 본질적 선함을 가지고 있다. 인간의 영성을 친족집단적 선택이라는 선택과정의 산물로만 설명하여야 한다는 것은 서울서 광주와 여수를 거쳐 부산에 도착한 사람이 부산에 가는 길은 그 길뿐이며, 대전과 대구를 거쳐 가는 길은 없다고 우기는 것과 같다.

도킨스의 가장 치명적인 오류는 생명체의 매크로적 행태와 상태, 그것도 단기적 행태와 상태의 변화를 마이크로적 무생물체인 진의 수억 년에 걸친 초장기적 변화로 설명하려는 데 있다. 과연 진이라는 무생물체가 어떤 방법으로, 어떤 과정을 거쳐서, 얼마나 오랜 시간을 사용하여 선택되고, 반복되어 개구리 같은 물뭍 동물과 나 같은 인간이 되는지 설명할 수가 없다. 인간의 몸속에는 수백조 개의 세포가 있고, 각 세포 속에는 세포핵이 있고, 그 핵 마다 속에 수십만 개의 사다리를 가진 염기 서열이 들어 있고, 이 사다리마다 정보가 들어 있어서 이 정보가 세포 분열할 때 똑같은 정보를 다른 무생물체인 mDNA를 통하여 전달하면 새로운 매크로적 생명체인 세포를 만들고 이 세포들이 모여 인간의 육체라는 슈퍼 매크로적 생명현상을 만드는 것이다. 이 수백조 개의 세포들과 수백조 개의 우리 몸속의 미생물, 즉 박테리아들이 활동하는 것이 바로 우리가 먹고, 자고, 일하고, 숨 쉬고, 심장이 뛰는 현상인 것이다. 그런데 이 새로운 세포의 모양을 결정하는 정보인 DNA라는 무생물이 무슨 수로, 어떤 과정을 통하여, 새로운 변이를 유도하고, 변화된 새 세포 가운데서 버릴 것은 버리고 살릴 것은 살리는 의사 결정을 하되, 이를 수백만 년 동안 수백조 번에 걸쳐 끊임없이 반복하여 오늘의 내가 되게 하였는지 설명을 못한다. 그냥 기적적 우연의 연속의 결과라는 사후적 추측일 뿐이다. 이런 추측은 반복적 실험도 불가능하고, 검사결과 긍정이나 부정의 판정을 받을 수 있는 가설도 이론도 아니다. 이것은 과학이 아니다.

도킨스 자신이 표현한 대로 인간을 포함한 모든 동물의 육체는 거창한 바이오 로보트이다. 이 생명체는 자신의 유전자를 선택하거나 조정하거나 바꾸어 나가는 능력이 없는 복잡한 유전공학의 결과물이다. 그러나 이 생명체는 의사결정 능력이라는 것을 가지고 있어서 자기는 못 바꾸어도, 다른 물체와 현상, 그리고 많은 생명체에게 변화를 강제할 수 있다. 심지어 유전자 변이를 통하여 신 종자도 만들 수도 있다. 그 반대로 진은 무생물체다. 정보의 저장장치에 불과하다. 따라서 의사결정 능력이 없고, 진화과정에서 선택권을 행사할 수도 없다. 다만 선택을 당할 뿐이다. 진이 능동적으로 할 수 있는 단 한 가지는 자기와 똑같은 진을 신 세포 생산 작업을 통하여 계속 복사하고, 같은 방법으로 퍼뜨리는 작업을 하는 것이다. 이 복사 기능에다, 무차별 변이현상을 보태고, 긴 시간을 통한 진의 매체, 즉 생명체들의 도태와 생존을 반복하는 현상을 합치면 '이기적 진'이라는 논리적 비약이 된 것이다.

도킨스의 이론에는 비유만 있고 내용이 없다. 매크로 수준에서의 그럴듯한 비유들 말고, 마이크로 수준에서 실제로 수없이 많이 존재하였고, 도태되었어야 할 패배한 진의 변화와 선택을 증명할 데이터가 없다. 누가, 언제, 어디서 등 육하원칙에 의한 변화의 과정을 설명할 증거는 고사하고 이론도 없다. 완전히 빈 상자다. 앨런 그라펜(Alan Grafen)[37]은 무슨 이론이든지 검증을 할 통계적 숫자가 하나도 없으면 이론으로 성립하기가 어렵다고 에둘러 비판한다. 결국, 이 이기적 진의 이론은 하나의 매크로 현상을 놓고 선택력도 없는 진들이 오랜 동안 이렇게 행동하고, 선택되어 여기까지 왔다고 주장하는 하나의 상상의 나열에 불과하다. 그런 검증이 가능한 마이크로 생물학적 이론과 이를 증명할 증거들이 나와 검증을 통과할 때까지 이 이론은 과학이라고 할 수 없다. 시간이 너무 길어서 증거물이 다 소멸되었다는 알리바이는 이 이론을 믿는 사람들끼리나 통하는 이야기이고, 그 외에는 설 자리가 없다. 그러니까 도킨스의 이론은 하나의 종교다. 1백만 권이 팔리고, 센세이션을 일으켜도, 열광적 신자가

---

37 『Modern Statistics for the Life Sciences』, Alen Grafen, Rosie Hails 공저, 옥스포드 대학교 출판부, 2002

아무리 많아도 과학은 아니다. 닉 헤이스(Nick Hayes)의 말대로 일종의 사회생물학과 사회심리학의 비빔밥이다.

장기적으로 과학과 종교는
같은 길을 간다

끝으로 도킨스와 필자의 공통적 관심사인 과학의 역할에 대해서 정리를 하고 간다. 도킨스는 과학의 발전으로 인하여 종교가 무용지물이 되었다고 주장하며, 과학은 선이고 종교는 악이라고 주장한다. 과학과 종교는 서로 적대시하여야 하는 입장이며, 과학은 사실이며, 종교는 환상이라고 주장한다. 고생물학자 스티븐 제이 굴드(Stephen Jay Gould)[38]는 노마(NOMA-Non

---

38 Stephen Jay Gould(1941~2002)는 미국인 고생물학자, 진화생물학자, 과학사가. 당대에 가장 널리 알려지고 많이 읽힌 교양과학 작가. 오랫동안 하버드대학교의 교수로 재직하였으며 말년에는 미국 자연사 박물관에서 일하며 자택이 있는 뉴욕시 소호 지역 인근의 뉴욕대학교에서 생물학과 진화 이론을 강의. 굴드의 가장 큰 과학적 업적은 1972년 닐스 엘드레지와 함께 발표한 단속평형설이다. 단속평형설은 생물이 상당 기간 안정적으로 종을 유지하다 특정한 시기에 종분화가 집중된다는 이론이므로 기존에 널리 받아들여지고 있던 계통점진이론에 반하는 이론이다.

Overlapping Magisteria)를 주장하며 도킨스의 공격을 피해갔다. 과학과 종교는 서로 지배하는 영역이 다를 뿐 아니라, 전혀 겹치는 부분이 없어서 생물학적 발견으로 종교를 공격할 수도 없고, 종교적 교리로 과학적 사실을 부인할 필요도 없다는 주장이다. 생물학적으로 모두 다 설명하는 것처럼 보여도, 인간이 가장 중요하게 보는 가치, 즉 자비, 사랑, 나를 넘는 가치를 지키기 위한 인내, 인격(Decency), 도덕적·지성적 수련(Struggle)을 생물학적으로 설명해서는 안 된다는 주장이다. 과학을 잘 아는 굴드 같은 사람에게는 과학적 발견의 가치와 힘이 압도적이어서 종교가 휴전을 선언할 수밖에 없었나 보다.

그러나 도킨스는 고삐를 절대 늦추지 않는다. 종교와 과학 간의 영역분리를 주장하려면, 우선 창조론 같은 과학적 주장을 철회하고, 더 나아가 기적·이사 같은 주장을 삼가야 한다고 주장한다. 여기서 굴드와 도킨스는 접점을 찾지 못한다. 둘은 원래 친하고 서로 책의 추천문을 써줄 정도로 가깝지만, 종교와 과학같이 둘은 공동의 해법을 포기한 상태다. 그런데 실제 도킨스의 상대는 굴드가 아니고, 소위 '젊은 지구 창조론자'들이라고 부르는, 지구의 나이가 구약의 창조론대로 6천 년밖에 되지 않았다고 주장을 하는 초강경파 근본주의적 문자주의 기독교인들이다. 도킨스의 말대로 이들은 과학적 명제를 과학적 검증 없이 마구 주장하고 있기 때문이다. 방사능 연대 측정법(Radio-active Dating)을 인정하지 않고, 과학의 정확성 부족만을 꼬집으며, 과학적 연구결과를 부정하는 사람들이다. 아마도 서로 잘 맞는 적수들로 보이고, 억지와 비합리에는 호적수로 보인다. 이 싸움은 서로 공격적인 두 집단에게 맡겨 두고, 우리는 우리 갈 길을 가야겠다.

젊은 지구 창조론을 빼고도 도킨스는 중요한 도전을 한다. 종교에 수없이 나오는 기적과 이사들은 과학적 명제가 아닌가. NOMA를 주장하려면 먼저 기적·이사들을 거짓말이라고 인정하라고 대든다. 본고의 끝부분에서 필자가 설명한 대로 기적과 이사는 그것이 발생한 것이 확인되었다면, 예를 들어 오병이어(떡 다섯 개와 생선 두 마리가 5천 명을 먹이고 남은 것이 열두 광주리였다)의 기적을 5천 명이 보았고, 12명의 제자들이 증인이 되었고, 그중 4명이 이 사건을 글로 남겼다면, 이것은 역사적 사건이라고 보아야 한다. 그러면 이러한 사건을 현대 과학이 설명하지 못한다면 이는 과학의 설명력이 아직 충분치 못하다는 증거다. 프리드리히 슐라이어마흐 같은 근대 조직 신학자는 역사와 성경적 신화를 아주 세련되게 구분하고, 과학적으로 거증이 안 되는 성경 신화는 버린다. 그러나 에드워드 카(Edward H. Carr)[39]는 역사는 사실의 바다와 같고, 글로 쓰여진 역사는 역사 기술자의 낚시에 걸려 올라온 고기와 같다고 한다. 역사적 사실을 과학적으로

---

39 에드워드 핼릿 카(Edward Hallett Carr, CBE, 1892년 6월 28일~1982년 11월 3일) – 영국의 정치학자·역사가. 케임브리지 대학을 졸업하였으며, 저서로는 『20년의 위기』, 『역사란 무엇인가』, 『평화의 조건』, 『러시아 혁명사』 등. 역사란 현재와 과거 간의 끊임없는 대화라고 역설하였다. 그의 저서 『20년간의 위기』는 양차대전 사이의 1919~1939년 사이 전쟁의 원인을 분석한 글로 가진 자들의 기득권을 위한 허상에 불과한 이상주의의 근거 없는 낙관주의가 실제로 정치를 더 혼란스럽게 함으로써 전쟁의 원인이 되었다고 피력하였다. 그는 이론은 현실주의의 기본 전제를 인정하는 입장을 보이므로 현실주의자라 불린다.

검증하기에는 우리의 과학은 아직 너무 어리다. 어떤 사건이 실제 사실이었는지는 과학적 검증의 대상이지만, 검증이 불가능할 때는 가능해질 때까지 기다리는 수밖에 없다. 체외 임신이 가능한 현재에는 처녀잉태는 하나도 기적이 아니다. 그사이에 다투는 것은 종교적 논쟁과 같다. 신앙의 차이뿐이라는 뜻이다.

실제로 우리가 과학이라고 부르는 연구 방법과 실적은 그 연구의 방법과 도구를 제대로 잡았고, 인류의 노력 가운데 가장 중요한 활동으로 자리 잡았다. 그러나 과학이 제대로 발전 궤도에 오른 지는 이제 겨우 2백 년 정도밖에 안 되는 젊은 학문이다. 초자연 현상은 그만두고 자연적 현상이라고 보는 부분도 극히 일부분만 설명을 할 수 있고, 대부분은 아직 어떻게 접근을 하여야 할지조차도 모르고 있다. 만일 어떤 가설이 사실과 **예외** 없이 일치한다면 그 가설에 근거한 미래 예측은 100% 정확하여야 한다. 그러나 우리 과학이 내놓는 각종 예측은 정확한 예측이 **되려면** 아직 멀고도 멀다. 즉 과학적 예측과 상식에 어긋나는 현상이 발생하면 현재의 과학적 지식으로는 눈에 보이는 현상이 환상이라고 주장할 만한 권위가 아직 없다. 따라서 과거의 기적적 사건을 설명 못하는 것은 과학의 부족 때문이지, 그 기적적 사건의 책임이 아니다. 더 나아가 그러한 사건을 기술한 저자들을 사기꾼으로 몰아가는 것은 어느 나라 어느 과학적 방법론에도 맞지 아니한다. 과학이 참 진리를 추구하는 학문이라면 아직 모르는 것에 대한 교만한 부정보다, 더 연구하여 그 사건을 설명하겠다는 겸허한 의무감에 차 있어야 진정한 과학자라고 볼 수 있다. 우리는 그러한 과학의 끊임없는 발전을 바란다. 교황청은 진정한 진실은 다른 진정한 진실과 충돌할 수 없다고 주장한다. 과학이 완전하지 않는 한, 종교적 주장과 반대되는 과학적 명제들은 항상 나타날 수 있다. 언젠가 과학적 진실이 하나님의 진실과 일치할 때는 우리의 과학이 그 부분에 관하여 알아야 할 것을 대부분 다 알았을 때일 것이고, 그때에는 과학과 종교의 일치성이 자연스레 나타날 것이다. 그때까지, 즉 그 과정에서는 과학은 계속 종교와 무관하게 발달하여야 하고, '자기가 모르는 것'을 비판하느라 정신을 빼앗길 여유가 없다.

반면에 종교는 하나님이 만드신 생물의 발전 방법인 진화과정을 부인하지 말고, 그 방법을 통하여 하나님이 무엇을 추구하고 계시는지 겸허하게 연구하여야 한다. 자기 작품을 완성하려는 예술가의 피와 땀에서 우리는 하나님이 피조물을 어떻게 완성하시려는지를 찾아야 한다. 하나님은 심심해 이 우주를 창조하신 것은 아닐 것이다. 끝으로 굴드는 성경에서처럼 하나님이 인간 속에 영혼을 투입하셨다고 주장하고, 도킨스는 물론 이것을 부정한다. 그러나 우리는 친절한 정성과 따뜻한 몇 마디 말에 식물이 건강해지고, 사랑을 조금 받는 강아지가 많이 받은 강아지에 비하여 병도 많고, 겁도 많은 것을 본다. 하나님은 모든 생물들에게 생물학적 구성요소 이외에 인간이 영혼이라고 부르는 초자연적 의식능력을 처음부터 주셨다.

그럼에도 불구하고, 강아지나 꽃은 자기가 영혼을 가지고 있다는 사실을 모르고, 인간은 안다. 우리는 5백만 년 전부터 아담의 자각 사건 이전에는 강아지와 다를 것이 없었지만, 먹지 말라는 것을 먹어 하나님께 불복종의 죄를 지었다는 시간의 분기점에 우리의 의식이 깨어났고, 그때 우리는 우리 안에 하나님이 영혼을 넣어 두신 것을 알았다. 즉 굴드와 달리 우리의 영혼은 태초부터 거기 있었고, 우리는 자각 사건으로 인해 이를 알게 되었고, 미물들은 아직도 모르고 있을 뿐이다.

구원의 완성과
예수님의 요구

주기도문
해석

그러면 전쟁을 포기한 인간은 어디로 가야 하나. 주기도문은 제자들이 우리가 어떻게 기도하여야 하는가를 예수에게 물었더니, 예수님이 직접 알려 주신 기도 방법이다. 그만큼 그 내용이 중요하다. 주기도문을 읽어 보면 거기에는 딱 5가지의 단락이 있다. 물론 "국민의, 국민을 위한, 국민에 의한 정부"를 외친 에이브러햄 링컨 대통령의 그 유명한 게티스버그 연설처럼 예수님의 기도문은 아주 짧다. 실제로 예수님은 "너희들은 야만인(pagan)들처럼 오래 떠벌리지(keep on babbling) 말라."고 주의까지 주셨다.

첫째 단락은 "하늘에 계신 우리 아버지 이름을 거룩하게 하옵시고”라 하는 부분인데, 이는 일종의 호명이다. 신을 그냥 부른 것이 아니라, “이름도 거룩한 하나님이시여”라고 부르는 것과 같이 성스러운 신에 대한 초혼의 말이고, “거룩한 하나님, 제 말 좀 들어 주세요.”라고 하는 것과 같은 표현이다. 그리고 다섯 번째 단락은 “나라와 권세와 영광이 영원히 당신 것이옵니다.”라는 부분은 성경에는 없고 제자들과 초대 교회 교인들이 나중에 첨가한 부분이다. 이는 주를 찬양하는 말들로서 기도 끝에 말하기 적절한 어휘들이다. 그러나 이는 어디까지나 예수 아닌 다른 사람들이 첨가한 것으로 무엇을 하나님께 간구하는 것이 아니라, 그냥 찬양하는 노래와 같은 것들이다.

그러면 예수님은 우리에게 무엇을 기도하라고 하셨나. 국어사전에 의하면 기도는 무엇을 비는 것이다. 초월적 존재에게 무언가를 이루어 달라고 겸손히 요구하는 것이다. 그것이 비는 것이다. 따라서 요구하지 않으면, 기도가 아니다. 그런데 예수님이 가르쳐 준 기도에는 딱 세 가지의 요구만 들어 있다. 첫째는 “뜻이 하늘에서 이루어진 것같이 땅에서도 이루어지게 하옵소서.”이고, 둘째는 “오늘날 우리에게 일용할 양식을 주옵시고” 마지막으로 “우리가 우리에게 죄지은 자를 용서하여 준 것같이 우리의 죄를 용서하여 주옵시고, 다만 악에서 구원하옵소서.”라는 딱 세 가지 주문이다.

먼저 두 번째 주문인 일용할 양식에 관한 주문은 “내가 이 세상을 떠나는 날에는 당신께서 알아서 처분하시겠지만, 여기 살아있는 동안에는 제 육체가 제대로 가동하도록 필요한 에너지를 공급해 주십시오"라고 하는 것이다. 이것은 비단 양식뿐이겠는가. "우리가 일상생활을 하는 데 필요한 모든 주문들, 병들지 않게 해 주십시오, 사고 나지 않게 해 주십시오, 학교에 입학하게 해 주십시오" 등 우리가 일상으로 비는 모든 것을 상징적으로 묶어서 일용할 양식으로 보아도 될 것 같다. 중요한 것은 예수께서도 한편으로는 "하늘에 나는 새도 갈 곳이 있는데 나 하나 누울 곳이 없겠는가"라고 하시면서도, 우리 보고는 "일용할 양식을 위해 기원하는 것을 부끄러워 말라"고 하신 것이다. 인간인 것을 부끄러워 말라고 하는 것이다. 일상적으로 필요한 것을 신께 요구하는 것은 내가 재벌이 되게 해 달라는 것과는 다르다는 것을 확실히 한 것이다. 꼭 필요한 것을 요구하는 것은 하나님의 자녀들로서 가지는 특권이고, 신은 이 요구에 항상 응하셨다는 뜻이기도 하다. 주지도 않을 것을 하나님께 요구하라고 예수님이 우리를 가르쳤겠는가. 이 기도를 천거하신 것은 모든 생물체의 조화롭고 건강한 생존, 그리고 그에 따른 모든 자연의 구성원들의 건전한 공존과 질서 있는 관계의 유지에 대한 예수님의 긍정적 태도를 의미하기도 한다. 나중에 밝혀지겠지만, 이것은 인간이 멸망하지 않는 한 언젠가는 도달할, 도달하여야 할 전 우주적 조화의 상태, 완성의 상태에 대한 본인 자신의 갈구를 은연중에 표현한 것이라고 본다. 즉, "각자 자기 역할을 제대로 하게 해주십시오."라고 읽어도 된다.

세 번째 주문은 좀 문제가 있다. 우선 "우리가 우리에게 죄지은 자를 용서하여 준 것처럼"이라는 구절인데, 과연 우리가 우리에게 죄지은 자를 용서하였는지 문제다. 지금까지 발견된 최초, 최고의 성경이 알렉산더 대왕 시절에 지중해 연안 지역 사람들이 사용했다는 '코이네 그리스어'로 기술되었다는데, 이를 보지도 못했고, 읽지도 못한 필자가 '다른 이에 대한 나의 용서'라는 용서의 조건이 어떤 오역에 의하여 여기까지 오게 되었는지를 알 수가 없다. 오역이 아니라면, 몇 가지 해석 방법은 있다. '우리'를 '당신'이라고 읽으면 아주 부드럽다. "당신이 나에게 죄지은 자를 용서하여 주신 것처럼 나도 용서해 주십시오." 하면 참 좋다. 더 좋은 방법은 내가 실제로 나에게 죄지은 자를 용서하면 된다. 그러면 이 구절에 아무 문제가 없다. 다만 좀 건방지긴 하다. 이건 하나님 보고 "당신도 나를 따르시오." 라고 하는 것처럼 들린다. 마지막으로 "내가 남을 용서할 터이니 그것을 조건으로 나도 용서해 주십시오."라고 해석하면, 예수님이 즐기시는 대로 내가 좀 더 자발적으로 용서할 줄 아는 인간이 되겠노라는 다짐되어 좋다. 다만 기도가 그만 조건부 요구가 되어, 하나님과 내가 흥정을 하는 꼴이 되어 껄끄럽다. 그러나 이 세 번째 주문의 요점은 우리 죄를 용서하여 주시고 악에서 "구원해 주십시오."하는 '용서와 구원의 기도'다. 이것이 마지막 소원이고, 가장 중요한 기도다. 기독교의 존재 목적이 인간의 용서와 구원이고, 예수님의 고난의 목적이 바로 나의 구원이기에 이 기도는 주기도문의 핵심이다. 그러나 이 문제는 여기서 너무 관여하지 말고, 다음으로 넘어가자. 필자가 생각하는 중요한 것은 다른 곳에 있기 때문이다.

그러면 나머지 첫 번째 주문은 무슨 뜻인가. 필자는 이 부분 때문에 주기도문 해석에 나섰다. "뜻이 하늘에서 이루어진 것처럼 땅에서도 이루어지이다"라는 기도다. 이 기도는 하늘에서 이미 이루어진 하나님의 뜻이 이제 땅에서도 이루어지게 해달라는 기도다. 하늘나라의 질서가 세상의 질서가 되게 해 달라는 주문이다. 이것이 첫 번째 주문이다. 왜 그랬을까. 하나님 나라의 질서가 현재 바로 이 땅에서 성립되도록 해달라는 것이다. '뜻'은 창조의 뜻, 영어로 intention, 하고자 하는 의도, 즉 하나님의 창조의 의도가 우리 눈에는 보이지 않는 저 하늘나라에서뿐만 아니라, 우리가 볼 수 있는 이 땅에서도 실현되게 하자는 의미다. 하늘나라에서는 뜻이 처음부터 완성된 상태였고, 거기서 더 발전할 것이 없다. 그러나 우리 세상에서는 하나님의 뜻이 미완성이다. 한참 더 가야 한다. 그래서 이를 완성의 상태로 변환하기 위하여 하나님은 그 아들의 피를 흘리게까지 한 것이다. 그만큼 중요한 과제다. 뜻은 완성으로 향한 하나님의 집념이고, 그 대상은 이미 완성된 하나님의 나라가 아니고, 미완성이고 흉측스러운 우리의 세상이다.

이 완성을 향한 가장 강력한 엔진은 자기희생을 수반한 사랑과 용서다. 이 엔진이 얼마나 강력한 엔진인가를 설명하는 것이 이 글을 쓰게 된 동기이고, 예수님이 목숨을 바쳐 보여준, 사랑과 용서의 힘이 얼마나 크고, 혁명적인가를 증명한 십자가 위의 대 역사적 사건, 이 사건에 설명을 보태보자는 것이 이 글을 쓰는 목적이다.

실제로 예수님의 역사적 역할과 종교적 사명은 십자가에서 돌아가신 날 완성되었다. 그는 희생하러 오신 것이고, 승리하러 오신 것이 아니다. 창조주의 절대성을 이해하지 못하는 자에게는 육신의 부활이 더 중요할지 모르지만, 창조주의 절대성은 이미 절대적이기 때문에 예수님의 육체적 부활은 그 자체로서 중요할 뿐이지, 하나님의 능력을 증명하는 데에는 불필요하다. 예수님의 부활은 무지한 학생들에게 보여주기 위해 필요한 눈에 보이는 증거이지, 예수님의 원래 목적과는 관련이 별로 없다. 완전히 교육용일 뿐이다. 예수님의 목적은 자발적인 희생과 나를 죽이는 자마저 용서하는 무한 용서의 메시지와 원수마저 사랑하라는 사랑의 힘이 얼마나 강한 것인지, 관용과 공존 및 평화의 에너지가 얼마나 큰 것인지를 제대로 전달하여 이 불완전한 현재 세계가 어떻게 변하여야 하나님의 질서가 지배하는 나라로 변하는가를 확실히 보여주신 것이고, 이 교육은 예수님의 육체적 희생으로 이미 완성된 것이고, 그것이 예수님 식의 승리인 것이다.

얼마 전 신문에 황우석 교수가 중국자본과 합작으로 세계 최대의 동물복제 공장을 중국에 세운다는 기사가 나왔다. 그동안 수암생명공학연구소를 열어 동물복제연구를 계속했는데, 약 500마리의 동물복제에 성공했다고 보도되었다. 궁금해서 수암연구소에 전화를 걸어 강아지 복제 비용이 얼마인가 물었더니 약 1억 원이 든다고 했다. 시간이 얼마나 걸리나 물었더니 살아있는 강아지는 2주일이면 되고, 죽은 강아지는 약 4주 간이면 복제가 된다고 한다. 놀라운 일이다.

'죽은' 강아지를 복제해 주겠단다. 이것은 일종의 부활이다. 예수님의 부활과는 거리가 멀지만 그래도 죽은 생명체의 생환이다. 하나님이 예수가 죽은 지 사흘도 안 된 세포로 복제를 하거나, 세포를 통째로 살려 낸다면, 하나도 이상할 것이 없다. 부활이 비과학적이라고 주장할 근거는 이제 사라졌다. 오늘의 과학이 모르는 것을 모두 비과학적이라고 주장하는 행태는 중세 로마 교황청과 다를 것이 없다.

또 하나 중요한 숨은 뜻이 있다. 이 땅에서 주의 뜻이 이루어진다는 것은 '희망과 가능성의 고백'이다. 이는 하나님의 아들의 고백이다. 단순히 하나님이 이 세상을 그토록 사랑해 나온 실현 불가능한 허망이 아니라, 실제로 실현 가능한, 그리고 이를 위해서는 하나님의 외아들을 희생시킬 만큼 중요하고도 가능성이 충분한 하나님과 예수님이 공동으로 합작해 추진하는 우주를 창조한 이의 대(大) 프로젝트다. 하나님은 창세기 6장에서 분명히 인간을 만든 것을 후회하셨다.[40] 그 뒤로도 이스라엘 사람들이 멍청이처럼 굴 때마다 슬퍼하시고, 후회하시고, 노여워하셨다. 그런데도 결국은 이들을 용서하시고, 다시 기회를 주셨다. 즉 인간에 대한 희망을 잃지 않으셨다는 뜻이다. 희망을 잃지 않는다는 것은 경쟁이라는 에덴동산 밖을 지배하는 악마의 노예가 된 인간을 이처럼 사랑하실 뿐 아니라,

---

40 (창 6:5) 여호와께서 사람의 죄악이 세상에 가득함과 그의 마음으로 생각하는 모든 계획이 항상 악할 뿐임을 보시고(창 6:6) 땅 위에 사람 지으셨음을 한탄하사 마음에 근심하시고(창 6:7) 이르시되 내가 창조한 사람을 내가 지면에서 쓸어버리되 사람으로부터 가축과 기는 것과 공중의 새까지 그리하리니 이는 내가 그것들을 지었음을 한탄함이니라 하시니라.

그 경쟁의 도가니 속에서도 방향을 잃지 않고 전쟁을 거부할 수 있
는 지혜를 가진 기특한 인간에게서 하나님은 완성을 향한 인간의
지혜로운 본질을 본 것이다.

　십자가에 못 박혀 죽으신 날, 하나님과 예수님께서는 어마어마한
고백을 하셨다. 하나님이 예수님에게 "이 나쁜 놈들, 내 이놈들을 단
숨에 없애 버리려 해도, 이 괘씸한 놈들을 그냥 잊어버리고 지구 위
에서 쓸어버리려 해도, 너 때문에 못 하겠구나."라고 하신 것이고, 예
수님은 "정말 제가 보증하지요. 이놈들 아무리 못 되어 먹어도, 그래
도 일말의 희망이 있습니다. 이제 제가 제 육체를 바치어 인류가 평
화 속에 공존하는 방법을 가르쳤으니, 좀 시간을 주십시다. 오래된 자
기 파괴적 공멸의 생활 습관이 하루아침에 바뀌겠습니까? 시간을 좀
주십시다. 분명 후회 안 하실 결과가 나올 줄 믿습니다." 이런 가상의
대화가 연상되는 인류 역사상 가장 중요한 지고의 고백, 신들의 거래,
희망의 존속과 인류의 생존의 순간이 2천 년 전에 발생한 것이다. 주
기도문은 이 점을 미리 예고한 것이고, 이 땅에 예수님이 오신 것과
고난 받으신 것으로 이 사라져 가는 인류 문명의 부활을 주문한 것
이다. "내가 이제 큰일을 하나 일으킬 터이니 너희들은 내가 세우는
새로운 질서의 세계가 정착되도록 하나님께 계속 빌어라."라는 것이
주기도문의 제 일차적 주문 내용이다. 하나님이 만족하실 인간 문화
의 완성을 향한 신들의 희망 고백이다. 인간개조의 대장정이 시작되
는 새로운 약속의 시대가 열린 것이다. 신약의 시대이다.

예수의
애원과 야망

유월절은 유대인들이 이집트를 탈출하기 전, 천사가 이집트 각 가정의 첫째 아들을 다 죽일 때 유대인 가정을 지나쳐 갔다는(pass over) 날로 이날을 기념하기 위하여 유대인들은 모두 예루살렘에 모여 기도하고 감사하는 날이다. 예수님도 풍습에 따라 이 무리들과 같이 예루살렘에 갔다. 성(城)에 들어온 이후 예수의 가르침은 그 성격과 색채가 확 달라진다. 우선 요한복음 10장 17절도 다른 여러 곳에서처럼 예수님은 자신의 죽음을 예언한다.[41] 그리고 그 자신의 죽음의 의미를 밀알이 땅에 떨어져

---

41 (요한복음 10:17) 내가 내 목숨을 버리는 것은 그것을 내가 다시 얻기 위함이니 이로 말미암아 아버지께서 나를 사랑하시느니라.

죽지 않으면 그냥 씨로 남지만, 죽으면 많은 수확을 걷을 수 있다고 설명한다. 이어서 이 세상에서 목숨을 사랑하면 잃을 것이요, 싫어하면('포기하면'이란 뜻으로 보임) 지킬 것(얻을 것)이라고 한다. 그를 따르던 제자들에게는 절망적인 소식이었을 것이다.

마태복음 20장 17절부터는 "우리가 예루살렘에 가면 인자는 제사장과 율법사들에게 인도될 것이고, 이들은 그를(인자) 사형에 처분하고, 이방인들에게 넘겨 모욕과 채찍질을 당한 뒤 십자가에 못 박힐 것이고, 장사한 지 사흘 만에 다시 살아날 것이라."고 했다. 예수님은 여기서 자신을 그 사람(him)이라고 표현하면서 자신의 죽음을 마치 남 얘기하듯 선포한다. 물론 제자들이 체포되기도 하고, 고통을 받을 수 있다는 예측과, 조심하고 믿음을 지키라고 부탁한다. 듣는 이들이 참 황당했을 것이다.

그리고 난 뒤 예수님은 마치 당황하는 제자들을 달래듯이 전과 다른 두 가지의 중요한 비유를 말한다. 하나는 항상 긴장해 있고, 도둑같이 올 나의 재림의 날을 위해 준비하고 기다리라고 하며, 신부들의 비유와 우물가의 아낙네들의 비유를 말한다. 예수님이 제자들을 달래는 모습은 요한복음 13장 14절부터 너무나 애절하게 설명되어 있다.

14절에 "너무 가슴 아파하지 말아라. 너희는 하나님을 믿고 또 나를 믿는다. 내 아버지의 집에는 방이 많고, … 내가 거기 가면 너희를 위해 자리를 마련해 둘게. 너희들을 데리러 내가 다시 올게." 등 너무나 가슴 저린

위로의 말들이다.

요한복음 14장 12절에서는 "누구든지 나를 믿으면 '내가 하던 일'을 계속할 것이며 이것보다 '더 큰 일'들을 할 것이다. … 내 이름으로 너희가 나에게 요구하는 것은 무엇이든지 내가 할(응할) 것이오, 이는 내 아버지가 아들을 통해 영광을 받으시기 때문이다. 내 이름으로 무엇이든지 구하라, 그러면 내가 그것을 행할 것이다." 라고 예수님은 제자들에게 백지 수표를 써주셨다. 뿐만 아니라, 그는 제자들에게 자신이 한 일들보다 더 큰 일을 할 것이라는 예측도 하였다. 도대체 예수님이 생전에 하신 것보다 더 큰 일이 무엇이란 말인가? 놀라운 약속이요, 예측이다. 이 부분은 마지막 부분에서 다시 다루지만, 예수의 하신 일 보다 더 큰 일, 예수 자신이 완성하기에는 시간이 모자라 다 못한 일, 자기 생전에는 할 수 없지만, 누군가는 꼭 하여야 할 그 위대한 일, 그 일을 하는데 시간이 너무 많이 걸려서, 한 인간의 수명으로는 다 할 수 없는 길고 긴 일, 두고두고 자자손손이 계속하여야 할 일 등 예수님 자신이 한 일들보다 더 큰 일이 무엇이겠는가. 당연히 예수님의 피로 얻은 구원의 기회를 유대인이나 요한계시록에 쓴 것 같은 몇몇의 선택된 이방인만이 아니라, 전 세계, 전 인류에게 적용하는 것 이외에 다른 무엇이 또 있겠는가.

이 예수의 자기 자신의 죽음에 대한 예측과 제자들에 대한 애절한 위로와 함께 예수님은 정신이 번쩍 드는 찬물 끼얹는 듯한 대단한 요구를 비유로 설명하였다. 바로 황금주머니의 비유 또는 달란

트의 비유다(parable of bags of gold). 마태복음 25장 14절 이하에는 먼 길 떠나는 주인이(예수님이) 금 다섯 주머니(값비싼 믿음의 약속)와 두 주머니와 한 주머니를 세 명의 하인에게 각기 맡기고 떠났다가 돌아오니 5주머니 받은 하인과, 2주머니 받은 하인은 이 재산을 잘 운영해 금 10주머니와 4주머니로 각기 불려 주인에게 칭찬을 듣는 데(믿음의 전파), 1주머니 받은 하인은 그대로 잘 묻어 두었다가 주인에게 돌려주니, 주인이 이를 게으르고 악한 하인이라고 질타하는 장면이다.

이 비유를 가지고, 예수님이 자본주의자라느니, 수전노라느니, 별소리를 하는 이들이 있고, 필자도 예수님의 투자전략이라는 이름의 투자유치 회사의 마케팅도 본 바 있다. 금주머니를 안전하게 보관했다 돌려주는 것이 왜 그리 악한 일인가. 그러나 이 비유의 본뜻은 예수님이 제자들에게 마지막으로 '나의 못 다 마친 사업(unfinished job)'을 완수하라는 부탁을 한 것이다. 죽음을 앞둔 예수님이 낙담해하는 제자들을 한편으로는 위로하면서, 또 한편으로는 이제 믿을 사람은 너희들밖에 없다. 내가 하려던 일, 내가 목숨을 바쳐 하나님으로부터 얻어낼 무한 구원의 선물을 최대한으로 살려라. 더 많은 사람들이 이 혜택을 받고 구원을 누리게 하라는 명령, 이를 위해서는 너희들만 믿음을 가져 이다음 하나님 앞에 설 때 금 주머니 한 개 달랑 들고 오지 말고 많은 사람을 네 이름으로 구원해 오라는 명령이다. 너희를 사람을 낚는 어부로 만들겠다던 갈릴리 호수의 약속을 다시 들고나온 것이다. 내가 이 세상에 온 이유는 믿음과 구원의 소식을 전파하기 위한 것이다. 이제부터는 너희들이 고난과 핍박이 있더라도 참고 더 많은 사람들에게 나의 복음을 전파하여라. 즉 기독교의 존재목적은 복음의 전파라는 뜻이다.

교회의 존재 목적은 더 많은 사람들에게 이 기쁜 소식을 전하고 누리게 하란 뜻이다. 교회 예산의 대부분을 이 세상 끝까지 가서 이 소식을 전하는 데 사용하라는 것이지, 엄청난 자본을 들여 화려한 건물을 지으라는 것이 아니다. 예수의 못다 마친 사업 가운데 큰 건물 건설하라는 명령은 눈을 씻고 찾아보아도 성경 어디에도 없다. 마지막 집세(월세)를 봉투에 담아 놓고, 자살할 수밖에 없던 모녀의 애절한 사연이 이 땅에 반복되는 한 우리나라에 교회는 없는 것과 같다. 건물은 있어도 예수님의 몸인 교회는 없다. 교회에서 같이 모여 신앙을 지켜야 한다고 울부짖던 바울의 호소도 화려한 건물 앞에선 개미 소리밖에 안 된다.

원수까지
사랑하라고?

그런데 원수까지도 사랑하라는 부탁은 아귀가 좀 잘 안 맞는다. 원수도 믿음을 갖게 하여 구원을 받도록 하라는 소극적 의미의 해석이 가능하기는 하나, 무언가 좀 거북하다. 좀 갑작스럽다. 지구상의 최대 숫자의 인구에게 복음을 전하여 최대 숫자의 인간이 구원을 얻게 하여 예수의 희생의 대가로 얻은 혜택을 최대한 향유하게 하자. 맞는 말이다. 그러나 원수를 굳이 사랑하지 않아도 어차피 예수를 믿어서 구원될 사람이 구원되어 천당 가는 것이지, 모두가 다 구원되는 것은 아니지 않은가. 꼭 선택적 구원설을 안 믿더라도, 100% 구원을 추구해야 하는 것일까. 그런데 원수까지 사랑해야 최대다수의 구원이 성립되는 것일까. 원수 사랑까지 안 해도 복음전파에 지장이 있는 것은 아니지 않은가. 원수 사랑 요구는 왜 나온 것일까.

예수님은 십자가 위에서도 자기를 해치는 사람들의 용서를 빌었다. 다른 상황에서 용서를 비는 것과는 다르다. 십자가 위에서 행해진 피의 행사는 예수의 몸을 제물로 한, 인간의 죄를 대속하는 인류 역사상 최대의 제사였다. 여기서 바로 이때에 예수님은 하나님에게 원수들의 구원도 같이 요구하였다. 즉 사람 가리지 말고 다 풀어달라는 요구였다. 그것은 나와 나의 제자들과 앞으로 그들이 인도해 올 제자들의 제자들과 그 후손들이 회개하고 하나님을 믿게 할 것이니 일단 구원의 후보군에 다 넣어 달라는 뜻이다. 대단한 야망이다. 예수님은 인류 전체를 구원하는 것을 목표로 한 것이다. 그래서 그는 우리에게 원수를 사랑할 뿐 아니라, 완전한 인간이 되라고 했다. 그는 인간 개조의 철학에 근거한 무보복의 사회 건설을 목표로 한 것이다. 즉 무보복의 사회는 완성된 사회이고, 이를 위하여 인간은 자신의 인간 완성을 지향해야 한다는 뜻이다. 원수까지 사랑할 수 있는 사회, 원수 사랑이 자연스런 사회, 그래서 원수가 없는 사회, 이것이 예수가 바라는 완성된 사회다.

보복의 당위성과
공평 보복

함무라비 법전(Code of Hammurabi)은
지금까지 남아 있는 세계에서 가장 오래된 법전중 하나로 유명하다.
BC 1754년에 반포된 것으로 알려진 이 법전은 바빌로니아 제국의
제6대 왕 함무라비에 의하여 반포된 것으로 총 282항에 달한다. 사
람 키와 비슷한 높이의 돌 비석에 새겨져 있어서 잘 보전되었는데,
그 외에 진흙으로 구운 판 위에 새겨진 것이 파편으로 남아 있다.
내용은 각종 계약과 계약 조건에 관한 조항, 노동임금에 관한 조항,
손해가 발생했을 때 보상에 관한 조항, 상속, 이혼, 부모의 역할, 성
행위 등 다양한 생활에서 발생할 분쟁에 대한 법들을 나열한 것이
다. 특히 군복무와 잘못된 판결을 내린 재판관에 대한 권한 박탈 등

공무에 관한 규정들도 있다.

이 함무라비 법전이 유명하게 된 것은 그 안에 소위 '눈에는 눈'이라고 알려진 보복에 관한 법조항이 있기 때문이다. 이 조항은 라틴어로 'lex talionis(영어의 retaliation, 보복의 어원)'인데, 말 그대로 공평 보복을 규정하고 있다. 물론 이 공평성은 사람의 계급에 따라 달라지는데, 노예가 귀족의 손을 잘랐다면 아마 노예의 손 둘에다 다리 하나쯤 더 자르라고 하듯이 공평성은 그 시대의 인간의 가치 평가 기준에 의하여 결정되었을 것이다. 양형의 구체적 결정은 재판관이 정했을지라도, 적어도 이 조항은 보복의 공평성이 아니면 공정성이라도 보장하겠다는 뜻이 들어 있고, 무엇보다 개인 간의 보복을 금하고, 정부가 이를 대행하여 주는 제도를 수립하여 무질서한 보복의 확산을 방지하려는 뜻이 들어 있다.

구약에서는 출애굽기(21:26)와 레위기(24:20)에서 이와 동일한 구절을 볼 수 있는데,[42] 레위기에서는 '눈에는 눈'에서 한 걸음 더 나아가, '골절에는 골절로', '이빨에는 이빨로'라고 더 확실히 해 놓았다. 그러면 함무라비 대왕의 법전 반포와 구약 성경의 저술과는 어느 것이 더 먼저였을까? 함무라비 법전의 반포는 BC 1754이라고 분명히 새겨 놓았지만, 구약성경은 좀 분명치가 않다.

---

42 (출 21:23) 그러나 다른 해가 있으면 갚되 생명은 생명으로, (출 21:24) 눈은 눈으로, 이는 이로, 손은 손으로, 발은 발로, (레 24:20, 마 5:38, 출 21:25) 덴 것은 덴 것으로, 상하게 한 것은 상함으로, 때린 것은 때림으로 갚을지니라. (출 21:26) 사람이 그 남종의 한 눈이나 여종의 한 눈을 쳐서 상하게 하면 그 눈에 대한 보상으로 그를 놓아 줄 것이며 (출 21:27) 등

구약 가운데 가장 앞에 있는 5개 책은 모두 모세가 직접 저술한 것으로 알려져 있다. 맨 앞의 5개의 두루마리 족자를 '펜타튜크(Pentateuch)' 또는 '오경(伍經)'이라고 부르기도 하고, 유대인들은 '토라(Torah)'라고 부른다. 모세 저술론은 그 반대론자들도 있는데, 반대하는 사람들은 이 5개 책이 모세의 후세 사람들이 저술하였다고 주장하는 것이다. 모세가 직접 저술하였다고 보면, 구약 중에서는 가장 옛날로 올라가는 것이 된다. 그런데 모세는 일반적으로 BC 1500년대와 1300년대 사이에 살았다고 알려져 있으니까, 함무라비 대왕 보다는 현저히 뒤에 저술한 것이 된다.

물론 모세가 저술하였다 하더라도, 히브리인들이 원래 이 공평 보복의 율법을 지키며 생활하였다고 주장할 수도 있고, 모세가 기술하기까지는 구술이나 노래와 시 등으로 구전해 내려왔다고 주장할 수도 있다. 더 나아가 모세는 그가 애굽에서 태어나 애굽의 왕궁에서 공주의 양아들로 자라났으니, 그러면 모세는 이 5권의 책을 애굽의 글자인 상형문자(hieroglyphics)로 쓴 것인지, 아니면 히브리 글로 쓴 것인지, 그 당시 히브리인들은 자기의 독립적 문자를 가지고 있었는지 알 수가 없다. 시내산 위에 올라 모세가 보는 앞에서 하나님의 손가락이 돌판에 직접 십계명을 쓰셨다고 하니(출애굽기 31:18), 히브리어로 쓴 것으로 보아야 할 것이고, 그러면 당연히 히브리 문자가 그 당시에 존재하였다는 뜻인데, 불행하게도 아직까지 고대 히브리 글자는 나타나지 않고 있다. 언어학자들은 아브라함이 처음 출발한 우르(Ur) 지역에서는 돌에 새겨진 우르어로 된 유품이 나온다고 하지만 이는 모세가 사용하던 언어가 아니고, 그 당시 사용되던 이집트의 상형문자도 십계명 정도의 추상적 단어가 많이 들어 있는 세련된 언어를 글로 기술할 만큼 발달하지 못하였다고 한다.

이것은 히브리인들과 바빌로니아인들 중에서 누가 더 먼저 현대적 질서를 달성하였는지에 관한 논쟁이므로 우리는 여기서 이 문제에게 작별을 하고, 렉스 탈리오니스(lex talionis)의 역할에 관한 본론으로 돌아가자.

그러면 함무라비 대왕은 왜 이런 법칙을 반포하였을까. 왜 공평 보복이 필요했을까. 우리는 여기서 쉽게 공평 보복의 법률이 필요했던 시대를 상상할 수 있다. 원시 시대에는 공평한 보복이 불가능했을 것이다. 내 아들을 죽인 상대의 아들을 하나 죽이는 것으로는 성에 차지 않고, 그 분노를 식히려면 상대의 아들 네댓 명쯤 죽여야 성이 풀렸을 것이다. 실제로 인간은 무한 보복 시대를 살고 있었다. 그뿐이 아니다. "원수의 씨가 마를 때까지"라는 말은 그리 듣기 어려운 말이 아니다. 지금도 영화를 보면 보복을 성스러운 행위로 미화하고 있고, 우리 관객들은 억울하게 가족을 잃은 주인공의 분노에 공감하여 그가 보복전투에서 승리하기를 손에 땀을 쥐고 기다린다. 불과 40년 전만 해도 한국의 어린이들은 "원수의 하나까지 쳐서 무찔러"라는 6·25의 노래를 불렀다. 북한에서는 아직도 그런 노래들만 주로 가르친다. 찬송가에도 "원수를 이김으로" 등 원수 소리가

심심치 않게 나온다.[43]

　보복은 인류의 기술과 경제의 발전 역사에 있어서 중요한 동력을 제공하였다. 내가 이웃 부락을 공격하여 장정들을 대부분 죽이고, 모세가 지시한 대로 아이들과 아녀자들과 재산을 취하였다면, 나는 항상 그 부락의 원 지배자의 보복을 각오하여야 하고, 이에 대비하여 나는 더 강한 무기를 만들고, 더 큰 군대를 만들기 위하여 농업 생산성을 더 높여야 한다. 이는 생존을 위한 최소한의 준비이고, 보복은 나의 부락과 국가의 국력, 경쟁력, 기술력을 향상시키는 중요한 원인이 된다. 보복은 인류와 함께 태어났고, 성장하였다.

　그러나 이러한 보복이 무질서하게 발생하는 것을 방치하면, 즉 무한 보복이 지배하는 세상을 그냥 두면 인간은 원시시대에서 비교적 빠른 속도로 탈출은 했겠지만, 아마도 고대 문명이 발원한 5천 년 전쯤에는 지구상에 인구가 얼마 남지 않았을 것이고, 현재에 오면, 인구의 씨가 말랐을 것이다. 하나의 보복은 더 큰 보복으로 확대하는 속성을 가지고 있고, 이 보복 확대 과정은 더 크게, 더 빨리 퍼져 나갔을 것이다. 그것을 막으려는 것이 함무라비 대왕의 공정, 공평 보복의 법칙이다. 이렇게 너무나 뻔한 정의가 법으로 반포되어야 하는 것은 인간이 그만큼 자제력이 없는 동물적 존재였다는 것을 증명하는 것이다. 부끄럽지만 다른 설명이 안 된다. 우리가 오죽이나

---

43 (새찬송가 171: 1) 무덤에 머물러 예수 내 구주 새벽 기다렸네. 예수 내주 원수를 이김으로 무덤에서 살아 나셨네. 어둔 데서 이기는 이 나와서 성도 함께 길이 다스리시네. 사셨네. 사셨네. 예수 다시 사셨네.

못났으면 하나님의 명령으로 이스라엘 사람들을 이끌던 모세까지 가나안 복지로 진출하기 전에 여러 저항하는 부락의 군대를 멸살하고, 재산을 탈취하고, 어린이와 여인들을 죽이거나 탈취하고 재산을 빼앗으라고 했겠나. 그 당시는 보복이 도덕이었고, 안정된 사회의 질서는 이 무한 보복의 통제 없이는 세울 수가 없었다.

그러니까 인류의 역사는 그 도덕적 수준과 성향에 의하여 두 시대로 나누어지는데, 하나는 원시적 무한 보복의 시대요, 또 하나는 보복의 수준을 공평 또는 공정한 수준에 맞추어 국민이 보복을 자제하기를 국가가 강요하는, 즉 자제와 절제가 보복과 공존하는 신시대 이 두 가지 시대뿐이다. 물론 불행하게도 인류는 아직도 상당 지역에서 이 무한 보복의 폭력에 노출되어 있고, 21세기 전쟁문화가 수만 년 전 원시 시대와 다를 바가 없을 때가 흔히 존재한다. 그러나 자의든 강제든 자제와 절제가 공정한 보복만큼 중요한 덕목이 된 것은 인간의 지혜가 그만큼 발달하였다는 증거이고, 우리는 함무라비 대왕에게 감사해야 할 것이다.

# 공평 보복이 초래하는 인류의 멸망

그러나 신학자들이 상호 보복(reciprocal retaliation)이라 부르는 이 공정 공평 보복의 사회가 달성되더라도, 인류의 멸망은 불가피하다. 여러 가지의 이유가 있지만, 크게 두 가지 이유만 충족되면 인류는 끝나고 만다.

첫째는 자기관리 즉, 자제력의 한계가 문제다. 과연 인간은 질서 있게 공정 보복을 국가에게 위임할 수 있을까. 멀쩡한 사람이 하루 아침에 가족이 다 몰살당하고, 재산을 다 빼앗기고 나면, 그에게 국가가 응당의 처벌을 가해자에게 내릴 터이니 그때까지 자제하라고 요구할 수 있을까. 강제가 아니면 힘들 것이다. 그것이 현대 사회이다. 국가가 개별 보복을 금지하고 이를 강력히 지키면 할 수 없이 따라 올지는 몰라도, 자발적으로는 힘들 것이다. 이것이 인간이다. 그런데 국가의 강제력이 적용될 수 없을 때는 어찌하나. 아프가니스탄의 탈레반이나, 이라크의 이슬람 반군(Islam State)이 지배하는 지역에서는 이런 공정 보복의 질서는 하나의 사치일 뿐이다.

둘째는 기술의 발달로 인류는 핵무기라는 자멸의 도구를 갖추고 반세기 이상을 어렵사리 그 생명을 유지하였다. 이 유지하기가 극히 어려운 전쟁억지 상태와 공포의 균형은 이미 핵무기를 보유한 9개 나라가 언제든지 붕괴시킬 수 있는데, 그중에는 북한 같은 예측이 불가능한 조직 폭력배 집단이 있는가 하면, 파키스탄같이 국민과 국가의 생존을 위하여 경우에 따라서는 핵무기를 사용하는 선제공격을 할 수밖에 없는, 즉 핵 선제공격의 도덕적 정당성을 가진 나라도 있다. 따라서 여기에 첫째 조건인 자제력 상실만 더하면 인류는 순식간에 종말을 맞는다.

정리하면, 인류는 요한계시록의 대재앙뿐 아니라, 인간 스스로 만들어 놓은 인류공멸의 대 재앙을 잘 준비해 놓았고, 지금 그 도래를 막느라 온 힘을 다하여 노력 중이지만, 그 막는 방법이 영원한 평화와 화해 또는 무장해제 같은 적극적 생존 방법이 아니라, 공포의 균형 같은 불안하기 그지없는 방법으로 억지로 반세기를 살아온 것이다. 미운 것을 생각하면 적을 몰살하고 싶지만, 그럴 수가 없어서 참고 있는 것이다. 보복 때문이다. 공포의 균형은 어느 한쪽의 공격은 반드시 보복을 초래한다는 철칙이 보장되기 때문에 자타 공멸이 성립되고,

그래서 공포가 선제공격을 방지하는 것이다. 함무라비 대왕이 아무리 영리하고, 인류가 아무리 원시적 무한 보복 상태에서 탈출하여도, 국가가 보장하는 정당한 폭력, 때로는 도덕적이라고 보이기까지하는 이놈의 보복을 근본적으로 없애지 아니하고서는 인류는 공멸의 저주에서 벗어날 수가 없다. 게다가 국가가 보장하는 공평 보복은 국가 간에는 보장이 안 된다. 억울해도 참고, 참기 힘들어도 다같이 죽는 것보다 나으니, 참으려고 노력하고 또 노력해야 하는 것이 우리 현대인의 숙명이 된 것이다. 이런 끔찍한 상태에 결국 인간이 도달할 것이라는 것을 예수님은 2천 년 전에 이미 알고 있었던 것이 분명하다.

무보복 시대를 연
예수님

　　　　　　　　　　마태복음 5장 38절 이하의 산상
설교에서 예수님은 "너희는 눈에는 눈, 이에는 이로 갚으라 하는 것
을 너희가 들었으나, 내가 이르노니 누가 너의 뺨을 때리면 다른 뺨도 (때
리라고) 내주어라." 라고 하였다. 그 아래 내복 벗어주기와 같이 걸
어가 주는 것과 돈을 빌려주는 것 등 긴 설명도 모두 복수의 금지
를 명한 것이다. 더 나아가 예수님은 43절부터, "너희는 이웃을 사
랑하고 원수를 미워하라고 들었으나, 내가 이르노니, 너희의 원수를 사
랑하고, 너희를 박해하는 자들을 위하여 기도하라"고 하셨다. 더 나
아가, 46절부터는 "너를 사랑하는 사람을 사랑하는 것이 너에게 무슨
득 (영적으로 또는 인격적으로)이 되는가. 세리(로마총독을 대리해 세금

을 걸어 일부를 커미션으로 받는 부패한 반관반민)도 그리하지 않는가. 네가 너의 민족만 반기면 남과 다를 것이 무엇이 있나. 이방인도 그리 하지 않는가"라고 하였다.

그 다음에는 예수님은 "너희는 하늘의 너의 아버지가 완전하신 것처럼 너희도 완전하여라" 라고 명령하였다. 완전하라니? 이것은 신성 모독이다. 인간이 어찌 완전할 수가 있나? 그러나 예수님은 분명히 이 말을 하였고, 인간에게 이런 명령을 했다. 그것도 보통 완전한 것이 아니라 "하나님처럼 완전하라."고 하였다. 인간이 대재앙을 넘어서고 예수님의 기도대로 이 땅에 하나님의 뜻이 이루어지게 되는 날에는 인간은 완전한 인간이 되어야 한다는 대단히 중요하고 어려운 요구를 한 것이다. 이 명령은 너무 중요한 부분이어서 이 글의 마지막 부분에서 다시 다루기로 한다.

말할 것도 없이 예수님은 여기서 구약이 "틀렸다"고 말했다. 이 점은 성경 해석상 엄청난 자율성을 허락한 것이다. 감히 구약이 틀렸다고 하신다. 공정 보복, 공평 보복도 모두 보복이다. 보복이 계속되는 한 인간은 인간을 계속 죽여야 한다. 일단 한 인간이 다른 한 인간을 죽이고 나면 공평 보복의 법이 존재하는 한 인간은 계속해 다른 인간을 죽여야 한다. 유명한 흑인 목사 마틴 루터 킹은, "눈에는 눈으로 보복을 하면, 인류는 결국 모두 장님이 된다."고 했다. 신학자들은 구약의 공평 보복을 지나친 보복이라고 생각하여 이를 예수님의 설교와 부드럽게 연계하기 위하여 여러 가지 재미있는 이론이나 설명을 발명하였다. 구약에 나오는 그 많은 이스라엘의 영웅들이 적들을 때려눕히고 이스라엘 사람들을 멸망에서 구한 이야기들은 대단히 재미있고, 하나님의 능력을 잘 보여주기는 하지만, 결국 이 영웅들은 예수님의 보복 금지 명령을 어긴 것이다. 이 모순을 어찌 할고.

캘빈주의[44] 신학자들은 예수님의 십자가의 희생을 불완전한 동시에 완전한 구원으로 본다. 모든 인류를 다 구원할 만큼 완전한 구원이지만, 예수님의 아버지인 하나님이 구원받을 자들을 미리 다 선정해 놓으셨기 때문에 예수님이 아무리 다 구원하고 싶어도 '선택된' 일부에게만 그의 희생의 효험이 적용된다고 믿는다. 그것을 선택된 또는 '한정된 구원(limited atonement)'이라고 부른다. 그런데 이 선택된 자들의 구원에서 재미있게도 이 렉스 탈리오니스(lex talionis)의 법칙이 원용된다. 즉 인간은 에덴동산에서 선악과를 먹고 추방당하는 벌을 받은 뒤 스스로 구원할 수 없는 죄 속에 살아왔다. 그런데 예수님이 그 죄를 다 받아서 십자가 위에서 희생된 것은 그 자체가 우리 인간을 대신해 벌을 받은 것이니(penal substitution·대리처벌), 그렇게 되면 하나님은 인간에게 두 번 벌을 내리는, 즉 불공평보복을 하는 잘못을 저지르는 것이 된다. 이것을 캘빈주의자들은

---

44 개혁주의(Reformed Theology)라고도 하는데, 종교개혁을 통해 체계화되어 신학으로 자리 잡은 사상을 가리킨다. 어거스틴 전통의 캘빈주의라고도 불리며, 구원에 있어서 하나님의 절대적 은혜를 강조한다. 이 개혁주의는 문화, 경제, 교육, 정치 그리고 복지를 포함한 근대 사회를 형성하는 데 지대한 영향을 끼쳤다.

'양날의 칼(double jeopardy)'이라고 부르는 모양이다. 그래서 하나님이 '렉스 탈리오니스(lex talionis)'의 법칙[45] 에 따라 미리 선택된 자들만 예수님의 피의 대가로 모두 구원해 주신다는 것이다. 그리고 미리 선택되지 않은 자들은 어차피 구원받지 못할 자들이기 때문에 예수님의 희생이 적용이 안 되니까 이중보복이 아니란다. 자기들이 받을 벌, 아담이 진 죄에 대한 벌까지 다 받아도 일회의 벌밖에 안 된다. 인간이 하나님의 행위를 평가하고, 인간적 논리의 일관성을 위하여 하나님의 행위를 억제하는 이론이다.

히브리인들의 종교에서는 이 렉스 탈리오니스(lex talionis)가 필요할지 모르나, 신약시대에는 이 법칙은 거부되어야 한다. 그것이 과격한 이상주의자, 예수 그리스도의 꿈이고, 그는 이 꿈이 연약한 인간들 사이에서도 가능하리라 믿는 것이다. 미래 어떤 시점에서 인간 사회가 이 완전한 '하나님의 뜻의 나라'에 도달할지는 몰라도, 그 상태를 향하여 인간은 꾸준히 수학의 미분처럼 무한소의 접근을 할 것이고, 또 하여야 한다고 본 것이다. 인간은 완성이라는 상태를 향하여 무한히 접근하라고 명령하셨다. 예수님이 그런 야심을 갖게 되는 것은 다름 아닌 자기 자신과 아버지 하나님과의 계약 때문이다. 즉, 하나님은 예수에게 인류 전체의 구원을 시도할 기회를 주신

---

45 탈리오법칙(lex talionis)이란 탈리온이라고 부르기도 하며, 반좌법, 동해 보복법으로 번역되기도 한다. 피해자가 입은 피해와 같은 정도의 손해를 가해자에게 가한다는 보복의 법칙으로 함무라비 법전에 규정되어 있다. '눈에는 눈, 이에는 이'라는 보복원칙이다.

것이다. 캘빈주의와는 달리 로마 가톨릭 교회, 루터교회, 감리교회 등 상당수의 교파가 이 보편적 또는 무한 구원(unlimited atonement)을 믿는다. 기독교인들이 이 점에 관해서 서로의 의견을 신사적으로 존중해주기로 한 것(agree to disagree)은 참으로 다행스러운 일이다. 이것 가지고 이단 타령을 시작했으면 아마 상당한 에너지와 역사가 빛나갔을 수 있다.

물론 예수님의 무한 구원도 인간이 스스로 예수를 믿고 그를 따르지 않으면 효험이 없다. 그것이 무한 구원의 실질적 한계점이다. 그러나 양 아흔아홉 마리 중 길 잃은 한 마리를 찾아 나서는 목자처럼 예수님은 믿지 않는 마지막 한 사람까지도 구원하기 위하여 하나님에게 아마게돈(Armageddon)⁴⁶의 도래를 연기해달라고 탄원하고 있을 것이다. 메피스토펠레스에게 빼앗긴 마지막 영혼까지 다 되돌려 받으려는 노력이 바로 예수의 완전한 세상의 꿈이고, 그는 이 꿈을 달성하기 위한 구체적 방법까지 가르쳐 주며 신신당부하였다.

중요한 것은 이제 인간 사회의 도덕적 발달을 기준으로 역사를 구분하면 [1] 함무라비 이전의 무한 보복 시대, [2] 함무라비 이후의 공정 보복 시대 [3] 예수님 이후 무보복 시대로 단 3단계로 나누어진다. 그러나 이 제3단계는 완전히 새로운 시작이다. 그 시작은 바로 인류의 구원을 완성하기 위한 출발점이다. 인간의 버릴 수 없는

---

46 요한계시록의 예언에 의한 선과 악의 최후의 결전이며, 인류 최후의 전쟁의 시간의 의미이다.

속성이 불가피하게 가져올 미래의 공멸과 그 불가피성에 대한 그의 절실한 경고와, 보복의 금지를 통하여 이 공멸을 피해가자는 그의 호소가 바로 예수님의 무보복과 원수 사랑의 메시지이고, 십자가 위의 희생이 바로 그 무보복의 상징이요, 힘이다. 하나님이 이 세상을 얼마나 사랑하는지를 보여주는 증거이고, 앞으로 예수님의 메시지를 잘 따라가면, 하나님이 즐거워하시고, 예수님이 자랑스러워하실 그 뜻의 나라가 이루어질 수 있다는 희망이다.

이것은 어디까지나 당위적 기준이어서 우리의 지혜가 얼마나 발전해야 하는지를 보여줄 뿐이고, 현실적으로는 인간은 아마 제1단계와 제2단계의 중간쯤에서 아직 헤어나지 못하고 있는 것이 현실이다. 다만 인간은 스스로 만든 전멸의 올가미에 걸려 전쟁 불가능 시대에 살며 우리가 앞으로 나아갈 길을 관조할 정도의 마음의 여유는 겨우 터득한 것 같으나, 이 올가미는 극도로 취약한 올가미여서 우리는 언제든지 이 굴레를 벗어버리고 사망의 단추를 누를 수 있다. 핵을 보유한 9개 국가의 지도자 가운데는 인류의 멸망 따위는 관심도 없는 자도 실제로 존재하고, 기술의 지속적 발달은 이 공멸의 무기가 테러리스트 손에 넘어갈 확률을 점점 더 높여주고 있다.

완전한 인간과
완전한 구원

완전한 인간이 만드는 사회는 완
성된 사회이다. 그 궁극적 완성 사회에 이르는 비결을 예수님이 제
시하였는데, 이것은 복수의 완전 추방이고, 경쟁의 완전 추방으로
본 것이다. 승자에게 너무 많은 보상을 해주어 끝없이 더 큰 승리를
위해 골몰하는 인간들에게 승리의 보상을 대폭 줄이고 패배자의 보
상(?)을 대폭 증가시켜서라도 경쟁을 포기하게 만들자는 것이다. 즉
하나님의 뜻이 이 땅에서도 이루어지도록 해보자는 것이다. 예수님
의 이러한 야심은 하나님도 감동케 했을 것이다. 어차피 경쟁의 신
은 인간의 욕심이 만들어 놓은 허구의 신이며, 인간의 욕심이 더 커
질수록 강해지는 피조물일 뿐이다. 인간이 경쟁과 전쟁을 거부하는

즉시 이 악마는 연기처럼 사라질 것이다. 인간을 대신하여 하나님의 아들이 제물로 바친 어린 양이 되어 십자가 위에서 피를 흘린 이 거대한 대속의 제사는 하나의 계약이다. 그 계약은 나의 희생으로 모든 인간의 죄를 용서하여 주십시오 하는 예수의 기원과 이를 그대로 허락하는 아버지의 약속이다. 그러나 이것은 조건부 약속이다.

첫째 조건은 예수의 피로 인류 전체의 면죄를 약속하는 기본 계약이고, 또 하나는 그 인간들이 예수의 약속을 받아들이는 자발적 계약 참여, 즉 예수 사람이 되는 조건이다. 예수쟁이가 되는 것이다. 예수의 손을 잡아 구원의 기회를 잡는 것이다. 말 타고 번개처럼 지나가는 신랑처럼, 앞으로 달리는 기차에서 손을 내민 예수의 팔목을 꽉 잡아야 하는 것이다. 도둑같이 언제 올지 모르는 것처럼, 그의 도래에 긴장하고 기다리라는 것은 미리미리 준비해 두고, 차가 서 있을 때 올라타라는 것이다. 앞의 계약은 하나님과 예수님 사이에 체결된 계약이고, 두 번째 계약은 예수님과 인간 사이에 체결된 계약이다. 앞의 계약에서 인간은 단순히 수동적 수혜자일 뿐이지만, 두 번째 계약에서는 인간은 바로 계약의 당사자이다. 그 계약이 명시한 혜택을 누리려면, 인간은 무조건 예수를 믿어야 한다. 그의 약속을 믿어야 한다.

인간에 관한 한 이 두 번째 계약은 본 계약이나 다름이 없다. 우리가 당사자이기 때문이다. 그런데 이 중요한 계약에 예수님은 추가의 요구사항을 실어 놓았다. 행동을 요구한 것이다. 그냥 예수를 믿는다는 서약만으로는 이 계약의 효력이 발생하지 않는다. 무언가 행동으로 보여주어야 한다. 예수님이 우리에게 행동으로 보이라고 요구한 것은 엄청나게 많다. 우선 포도나무의 줄기와 뿌리에서 이탈하지 말아야 한다. 혼자서 골방에 숨어 하나님을 믿는 것은 자유이지만, 그것만으로는 계약 위반이 된다. 교회라는 줄기에 속해야 한다. 교회가 썩었으면, 다른 건강한 줄기를 찾아서라도 뿌리와 연결을 가져야 한다. 사실은 이러한 교회의 선택을 통해 예수님이라는 뿌리를 찾는 것은 오늘날 별처럼 많은 교회가 물질적 보상을 약속하고 있는 상태, 신도들을 서로 데려가려고 경쟁하는 상태, 예배보다 교회권력과 재단경영권에 더 관심을 쏟고, 아들에게 교회 운영권을 상속하려는 상태에서는 참 예수님을 찾는 신도들에게 하나의 책무가 되어가고 있다. 살아 있는 예수님의 뿌리를 찾아가는 것, 교회를 몇 번 바꾸더라도, 그 교회가 추구하고 있는 것이 말씀의 전파인지, 아니면 교인들끼리 즐기는 친목단체의 유지인지를 구분하고, 교회 본래의 목적을 향한 자발적 개혁을 추구하는 것은 우리나라 기독교인들의 시대적 의무가 되어 가고 있다.

그다음 추가 요구 사항은 세상의 빛이 되고, 소금이 되어 남에게 모범이 되고, 길잡이가 되어야 한다는 요구다. 그렇게 남에게 모범이 되었으면, 일상생활에서 끝없는 경쟁에 승리해 얻은 재물은 모두 다 필연코 희생자를 수반한 치열한 경쟁과 승리의 대가이므로 이를 패배자들에게 돌려주어 우리의 원죄를 다 되갚아야 한다.

마태복음 19장 21절[47]에 예수님은 구원의 비결을 묻는 부자에게 자신의 재물을 다 팔아 불쌍한 자들에게 나누어 준 다음에 다시 오라고 하는데, 여기에 예수님은 "완전하기를 원하면"이라는 단서를 단다. 즉 사유재산제도를 부정하는 사회주의 이념이고 과격한 이상주의다.

그것으로도 모자라 인간은 적극적인 선행을 하여야 한다. 이 세상에는 도움을 받아야 하는 어려운 사람들이 너무 많기 때문에 이들을 위하여 희생적으로 봉사하여야 한다. 회계장부를 분식하여 부정한 재물을 벌고, 세금도 안 내어 가난한 다른 사람들이 대신 세금을 내게 한 죄로 법의 준엄한 심판을 받아 사회봉사 8백 시간을 받아 싫어도 할 수 없이 봉사하는 정도의 수준이 아니라, 자발적으로 법적으로는 안 해도 무방한 봉사를 스스로 행하는 수준을 말한다. 모범이 되는 것은 소극적인 선으로는 불가능하다. 적극적으로 선을 행하고, 완전하기를 노력하라는 뜻이다. 교회는 이 빛이 되는 역할을 너무 쉽게 가르친다.

그 다음에는 초인간적인 인내력을 요구하신다. 무한한 용서와 무보복의 철학을 설파한다. 보통 인간으로서는 도저히 불가능한 것을 요구한다. 착한 삶을 살고 믿음을 끝까지 지키면 다 천당 가는 줄 알았는데, 그게 아닌가 보다. 구원과 영생은 아무한테나 주는 것이

---

47 (마 19:21) 예수께서 이르시되 네가 온전하고자 할진대 가서 네 소유를 팔아 가난한 자들에게 주라 그리하면 하늘에서 보화가 네게 있으리라 그리고 와서 나를 따르라 하시니

아닌 것 같다. 신이나 성인이 아닌 이상 어떻게 원수를 사랑하겠는가. 솔직히 우리는 하나님도 사랑할 줄 모른다. 사랑이라는 감정을 가지기에는 너무 크고 위대하고 무섭다. 예수님의 고통을 생각하면 눈물이 나올 정도로 사랑하지만, 그 높은 하나님을 어찌 사랑하란 말이냐. 존경이라면 모를까. 그런 인간이 원수를 사랑하라니, 예수님은 인간의 능력을 너무 과대평가한 것은 아닌가. 그러나 예수님은 분명히 이 어려운 과제를 확실히 던져 주셨다.

성경은 여러 곳에서 인간에게 완전할 것을 요구한다. 히브리서 10장 14절에서 바울은 예수님 한 사람의 희생으로 인간을 완전하게 하였다고 한다.[48] 뿐만 아니라 히브리서 11장 40절에서는 우리와 하나가 될 때에 비로소 완전하게 되는 그 무엇을 하나님이 준비하셨다[49]고 한다. 즉 완전한 나라, 완전한 세상을 준비한 것이다. 나아가 히브리서 12장 2절에서는 예수님을 우리의 믿음을 완성케 하는 자[50]로 표현하고, 야고보서 1장 25절에서는 하나님의 완전한 법칙이 요구하는 완전한 행동을 하여야 은총이 있다[51]고 주장하며, 요한1서 4장 18절은 온전한 사랑이

---

48 (히브리서 10:14) 그가 거룩하게 된 자들을 한 번의 제사로 영원히 온전하게 하셨느니라

49 (히브리서 11:40) 이는 하나님이 우리를 위하여 더 좋은 것을 예비하셨은즉 우리가 아니면 그들로 온전함을 이루지 못하게 하려 하심이라

50 (히브리서 12:2) 믿음의 주요 또 온전하게 하시는 이인 예수를 바라보자 그는 그 앞에 있는 기쁨을 위하여 십자가를 참으사 부끄러움을 개의치 아니하시더니 하나님 보좌 우편에 앉으셨느니라

51 (야고보서 1:25) 자유롭게 하는 온전한 율법을 들여다보고 있는 자는 듣고 잊어버리는 자가 아니요 실천하는 자니 이 사람은 그 행하는 일에 복을 받으리라

두려움을 몰아낸다[52]고 하였다.

즉 완전한 인간 또는 완성된 인간은 완전한 믿음, 완전한 행동, 그리고 완전한 사랑을 가진 자이며, 하나님 이 완전한 인간을 위해 무언가를 준비하셨는데, 그것은 '우리'가 하나님과 하나가 될 때에 비로소 완전한 세상이 되는 것이라 했다. 완전한 신앙을 기초로, 완전한 사랑으로 무장한 인간이 완전하게 행동할 때에 비로소 완전한 그 준비된 세상으로 가는 것이다. 결코 쉬워 보이지 않는다. 주변의 모든 사람들이 다 그렇게 행동하면 나도 못할 것도 없지만, 혼자서 소금과 빛처럼 하라면 내 자신이 완전히 새로 태어나지 않는 한 결코 쉽지 않을 것 같다. 나의 육체의 부활이 필요하다면 이는 하나님이 해주실 것이지 내가 왈가왈부할 일이 아니지만, 내 인격의 완전한 재생 즉 인간 부활은 다 나의 책임이다. 예수님의 피의 대가가 쉬우리라고 기대했던 것이 큰 실수였던 것 같다.

---

52 (요한1서 4:18) 사랑 안에 두려움이 없고 온전한 사랑이 두려움을 내쫓나니 두려움에는 형벌이 있음이라 두려워하는 자는 사랑 안에서 온전히 이루지 못하였느니라

인간사회의 완성을 위한
작은 실천

마찬가지로 완전한 사회는 일요일 교회에 나가 잘사는 사람들끼리만 모여 서로 착하고 친절하지만 말고, 밖에 나가 끼니를 굶는 결식아동들, 겨울에 연탄도 못 때는 독거노인들을 보살피라는 뜻이다. 고국을 떠나 만리타향에 와서 가난한 농촌 홀아비의 아내가 되어 도와주는 이도 없어 고생하는 외국인 며느리들, 영세 기업의 현장에서 시커멓게 더러워진 외국인 노동자들, 그런 열악한 고용 기회도 못 얻어 추운 새벽 일감 찾아 길에서 기다리는 우리 일용직 노동자들, 비자가 만료되어 귀국하여야 하는데 돈이 없어 비행기 표도 못 사고 불법 체류자로 떠도는 근로자, 리어카로 폐지를 주워 근근이 생활을 하다가 그것마저 폐지 값이 반

이하로 떨어져 하루 종일 리어카를 끌고 다녀 봐야 1천7백 원 번다는 노인네들, 그들을 위하여 우리 교회는 무엇을 하는가. 우리끼리 천당 가겠다고? 그럴 양심이 있는가. 부끄럽지도 않은가. 겨울 달동네에 연탄 나르는 사회봉사 단체는 텔레비전에 자주 나오는데 왜 교인들이 단체로 봉사한다는 보도는 없는지 모르겠다. 너무 당연한 것을 교인들이 항상 하고 있었기 때문에 보도 대상도 아니었던 때가 불과 반세기도 안 된다.

예수님의 요구는 인간뿐이 아니다. 인간사회의 완성이다. 위에서 설명한 구원은 나 개인의 구원의 조건이다. 나 개인의 완전한 구원도 이렇게 어려운데, 그것은 예수의 구원을 완성하는 데 필요한 하나의 부분에 불과하다. 그의 십자가의 피로 이룩한 구원이 완전한 것은 전 인류를 구원할 수 있는 기반을 구축하였다는 뜻이지, 전 인류의 구원이 자동으로 완성되는 것은 아니다. 예수의 목표는 전 인류의 100% 구원이다. 그것이 인간사회의 완성이고, 하나님의 창조의 목적이다. 에덴동산에서 인간을 추방함과 동시에 하나님은 인간을 경쟁의 악마에게 빼앗겼다. 예수에게 주어진 과제는 빼앗긴 인류를 다시 하나님 앞으로 데려오라는 것이다. 예수님은 분명 십자가 위에서 유태인이나 이방인을 가리지 않고, 세상 끝까지 가서 모든 인류에게 구원의 소식과 선택의 기회를 알리라 하셨다. 거기에는 통계적 마진이 없다. 100% 다 구원이다. 완전한 구원이다.

부분적 구원은 유태인만을 구원의 대상으로 보던 구약 시대의 산물일 뿐이지, 예수님의 가르침에는 존재하지 않는다. 개인의 의지로 달성한 도덕적 인간이 인구의 100%일지라도, 이 100%가 다 예수쟁이가 아니면 완성된 것이 아니다. 불교나 도교는 개인의 완성을 통한 개인의 구원방법이다. 그러나 예수교는 복음의 전파를 통한 전 인류의 구원을 위한 종교다. 정도는 다르나, 누구든지 다 개인적으로 수련을 통하여 자기완성에 매진할 수 있다. 여기서 도가 통하면 싫더라도 하나님을 볼 수밖에 없다. 그러나 이러한 구원은 극히 이기적이다. 심지어 가족도 돌보지 않는다. '우리끼리'보다도 더 좁은, 나 하나만을 구원하는 노력이다. 쏟아붓는 노력에 비하여 대단히 비효율적이다. 예수님은 '믿음'을 땅에 묻어 두었다가 혼자서 구원받겠다고 천당 문 앞에 서 있는 종을 게으르고 악한 종이라 하셨다. 예수님을 살아서 경험한 제자들에게, 그 제자의 제자와, 또 그 제자의 제자들을 통하여 기하급수적으로 온 세상에 복음을 전파하라고 간곡히 부탁하고 떠났다.

이것이 불완전한 인간이 개인의 인간 완성을 위한 고된 수련을 통해 자기 하나만을 구원받는 비효율적 구원 대신, 인간사회 전체의 구원, 100% 구원을 통해서 인간과 사회를 동시에 완성하는 비결이다. 전도로 인류의 100%를 구원하는 것이 개인의 완성을 위한 고행보다 오히려 더 쉬운 지름길일지 모르겠다. 나의 신앙과 영적 체험이 요란하게 크지 못하더라도, 우리가 다른 영혼들을 열심히 구원하는데 매진하면 나 같은 보통 사람도 아마 궁극적으로 하나님의 완성된 나라의 일원이 될 수 있을지 모르겠다.

가톨릭교회와 많은 개신교회들이 에큐메니즘(ecumenism)[53]에 매료되어 있다. 실은 필자도 에큐메니스트다. 종교끼리 하도 싸워대고, 피 흘리며 종교 간 전쟁을 일삼으니, 우선 이 시대의 무지한 인간들을 위하여서는 피하지 못할 선택이다. 서로 사랑은 못해도 이해라도 하고, 평화로운 공존이라도 하여야 하니까 내세운 좋은 세계 관리 방법이고 이념이다. 그런데 이것은 이 시대의 일시적 처방이지, 궁극적 길이 될 수는 없다. 에큐메니즘이 추구하는 목표가 수많은 종교의 비빔밥과 같은 공존이라면, 이는 목표가 될 수 없다. 이는 어디까지나 징검다리(stepping stone)일 뿐이다. 하기는 이 정도의 노력도 악마의 행위라고 으르렁대는 곳이 한국 교회의 실상이니 욕심을 너무 내지 말아야겠지만, 그러나 분명한 것은 예수님은 100% 구원을 요구한다. 십자가의 구원의 완성이다. 앞으로 다른 종교 간 공존이 생활화된 뒤에는 예수님의 구원을 통일적 구원의 방법으로 전파하여야 한다. 그래야 기독교라고 부를 수 있다. 100년이 될 수도 있다. 아니 만 년이 될 수도 있다. 완성을 향한 여정은 대단히 길다.

---

[53] 에큐메니즘은 범세계적인 그리스도교의 일치와 협력을 지향하는 운동과 경향(trend)이라는 뜻으로 기독교 교회들의 보편성과 동질성을 주장한다. '오이쿠메네(oikoumen)'라는 '사람이 살고 있는 세계'라는 의미와 '오이코스(oikos)', 즉 '집'에서 유래한 것이다. 기원은 예수의 명령·약속·기도에서 나타나고 있다. 에큐메니즘 운동은 다양성 속의 일치를 추구한 초대교회의 사도 의식과 지향점을 지칭한다. 현재 진행 중인 이종교 간 공존과 이해를 모색하는 포용적 관계수립 노력도 이 기독교 내의 에큐메니컬 운동에 그 뿌리를 두고 있다고 보인다.

창조의 목적에 관하여

균형에서의 이탈과
새로운 균형

모든 자연 현상과 인간 사회의 변화에는 공통점이 많다. 그중의 하나가 균형에서의 이탈과 새로운 균형으로 향한 움직임이다. 어떤 특정한 상태에서 자연과 인간 사회는 크고 작은 충격을 받는다. 작은 충격은 균형을 유지하고 있는 전체 시스템을 크게 바꾸지 않고 현재의 시스템이 소규모의 조정만 마치고 대체로 큰 틀을 그대로 유지하게 한다. 오히려 현재의 균형의 견고성을 더 높여 준다. 비 온 뒤에 땅이 굳는 것처럼. 경제의 경기 변동이나 임야의 생태계 같은 것이 그 예다. 그리스가 유로 통화체제에서 탈퇴하고 채무상환 정지를 선언하고, 전 유럽경제가 동시에 일시적 대 조정에 들어가도, 머지않아 다시 안정과 성장의 궤도에 진입하는 것과 같이, 호주 빅토리아 주의 거대한 산불이 생태계를 광범위하게 태워버리고 3년이 지나면 다시 유카리 나무 숲이 무성해지듯이, 변화는 새로운 균형으로의 전진을 촉발하고, 만물과 현상은 이 자극과 조정과 정착의 과정을 반복한다. 불교에서 흐르는 강을 보고 항상 같은 얼굴을 하고 있으면서도 그 물속의 내용물은 항상 변하고 있는 점을 강조한다. 우리 몸을 보면, 겉으로는 항상 나 자신인데, 즉 같은 균형 상태에 있는데, 30일만 지나면 나는 거의 완전히 새로운 세포로 구성되어 있다는 사실을 생각하면, 시스템의 거시적 일관성과 내용의 끊임없는 변화의 공존 현상을 잘 이해할 수 있다. 30일이 지나도 내 얼굴이 변하지 않게 하기 위하여 나의 세포들은 아마 피와 땀을 흘리며 고통스러운 재생의 노력을 하고 있을 것이다. 하나님은 미시적 무한 변화를 통해 눈에 보이는 거시적 일관성, 즉 균형 상태를 보존하는 것 같다.

그러나 큰 충격이나 자극은 더 길고 험한 조정기간을 요구한다. 때로는 이 조정 기간이 너무 길고 험하여 구질서가 완전히 붕괴되고 새로운 질서는 영원히 돌아오지 못할 것으로 착각할 수 있을 만큼 충격이 클 수도 있다. 새로운 균형은 새로운 배열이나, 새 질서로 나타날 터인데, 너무 충격이 커서 새로운 질서나 배열은 불가능하고 시스템 자체가 완전히 파괴된 것으로 느껴질 수 있다. 인간 인식의 능력과 범위를 훨씬 초월하는 긴 조정 기간이 필요할 때도 있다. 그리고 충격이나 자극 자체가 길고 느린 속도로 올 수도 있고, 때로는 급격히 크게 올 수도 있다. 인간이 인식하거나 못하거나 그 차이는 실은 자연의 거대한 변화의 역사 속에서는 중요한 독립변수에 해당하지도 않는다. 하나님은 자연이라는 위대한 시스템을 이용해 지구의 표면에서 인류나 다른 동물들을 완전히 제거할 만한 사건을 과거에도 여러 번 반복하셨다.

엘니뇨, 라니냐, 지구 온난화 등 변화무쌍한 기후 패턴을 보면, 그 많은 변화와 충격 속에서도 1년 사계절이라는 질서가 유지되고, 지구와 태양계의 행성들은 계속해서 태양의 주위를 도는 것을 본다. 이것이 위의 변화하는 작은 충격들과 변하지 않는 장기적 안정적 현상들이다. 적도상에서 올라오는 기류는 수시로 방향과 크기를 바꾸어도 지구가 일정한 각도를 유지하며, 태양 주위를 도는 현상은 더 길게 유지된다. 그러나 거대한 혹성이 아시아 대륙 한가운데 떨어져 거기서 나온 재가 1년 정도 대기 위에 떠다녀 태양을 차단할 수도 있고, 또는 아시아 대륙 지각 밑으로 태평양 지각과 인도양 지각들이 쑤시고 들어가 일본, 대만, 필리핀, 태국, 인도네시아, 중동 북부지역, 쿤룬 산맥과 텐산 산맥 지역 등에 대규모 화산 폭발과 지진·해일 등을 연쇄적으로 일어나게 하여, 그 연기와 먼지가 지구 표면에서 태양열을 차단할 수도 있고, 더 나아가 지구에서 사계절이 사라지고, 수천 년의 겨울이 시작되게 할 수도 있다. 과거에도 그런 일은 여러 번 있었다. 지구상의 모든 농업경작은 불가능해지고, 곡물 가격은 치솟고, 빈곤국의 모든 국민과 선진산업국가의 중·하층 서민들은 아사 상태에 도달할 수도 있다.

대규모 연쇄 전쟁이 나거나 폭동이 나거나 그 조정 기간은 길고 비참하며, 새로운 질서는 민주주의가 될지, 원시시대가 될지, 중세적 폭군 정치가 될지 아무도 모른다. 그러나 인류가 몽땅 다 사라져도 지구는 존재할 것이고, 새로운 자연은 지금과 비교가 안 되는 기나긴 빙하기 같은 시대가 될 수도 있다. 그것이 바로 신(新) 질서다. 새로운 균형이 다 우리에게 좋은 것은 아니다. 그러나 변화의 속도는 언젠가는 느려지고, 그 느린 변화와 함께 하나의 큰 변화와 다른 큰 변화의 사이에 새 질서는 계속 형성될 것이고, 만물은 여전히 건재할 것이다.

피조물에 관한 비밀과
창조주의 의지

하나님이 창조한 모든 만물에는 하나님의 의지가 들어 있다. 하나님은 이 우주를 심심해 만드신 것이 아니다. 어떤 목적이 있어서 창조하신 것이다. 그 목적을 찾는 것은 우리 인간의 특권이다. 개나 고양이가 이 과업을 수행할 수 없다. 인간이 선택된 동물인 것은 우리가 더 똑똑해서 선택된 것이 아니다. 선악과를 먹는 자각의 경험을 받기 전에는 우리도 별로 똑똑하지 못했다. 인간은 선악과 사건이라는 자각 사건 이후에 벌을 받아 4백만 년의 긴 무의식 시대를 마치고 똑똑해진 것이다. 창세기 3장에는 하나님이 인간이 하나님과 같이 되는 것을 막기 위하여 에덴의 동쪽에 불과 칼로 된 방어 장치를 만들었다고 한다.[54] 그것은 인간이 지름길로 쉽게 하나님의 경지에 접근하는 것을 막자는 뜻이다.

그러면 지름길이 아닌 다른 길은 무엇인가. 그것은 과학이다. 물론 영원히 인간은 신에게 접근하지 못할 것이다. 그러나 우리는 아주 서서히 신의 경지를 향하여 무한소적 접근, 미분적 접근을 할 것이다. 그런데 우리는 하나님의 작품을 통하여 지금 당장도 하나님의 여러 가지 속성을 알 수 있다. 그중의 하나가 하나님의 피조물들은 변한다는 진리다. 하나님이 만드신 우주에서는 하나님 이외의 모든 것이 변한다. 그 이유는 하나님이 변화를 피조물의 특성으로 결정하였기 때문이다.

물론 변화의 속도는 피조물에 따라 다 다르지만, 변하지 않는 것은 없다. 많은 철학자들이 우주의 통일적 진리를 추구하지만, 실제로 영원히 변하지 않고 우주의 자연 현상과 생명 현상을 지배할 단일 법칙은 모든 것이 변한다는 것뿐이지, 그 이상은 아직 아무도 알지 못한다. 물리학자들이 몇 가지 아주 우아하고 단순한 법칙을 제시하였지만, 이들도 자연 현상의 일부분과 또는 특정 조건과 시간대에 적용되는 것이지, 시간을 초월하여 적용되는 것은 아니고, 시간을 초월한다는 말 자체에 대하여서도 서로 합의가 되지도 않는다. 합의는

---

54 (창 3:24) 이같이 하나님이 그 사람을 쫓아내시고 에덴동산 동쪽에 그룹들과 두루 도는 불 칼을 두어 생명나무의 길을 지키게 하시니라

그만두고, 시간이 무엇인지, 시간의 실체가 있는지, 아니면 단순한 서수(序數)인지도 서로 주장이 다르다. 변하지 않는 진리는 인간과 과학자들이 계속 찾아내어야 할 과제이고, 이것은 하나님의 명령이다. 그런데 이 모든 것의 변화 속에는 일정한 의지가 있는 것으로 보인다. 어느 한 천체가 다른 천체들의 이동속도와 무관하게 혼자서 우주 밖으로 초고속으로 달려 나가는 경우도 없고, 우리 몸속의 세포가 서서히 산화해서 늙어가도 비교적 비슷한 속도로 늙어가지, 어느 한 부분만 급속도로 늙어가거나 퇴화하지 않는다. 병이 들어 한 부분만 퇴화하는 경우는 있어도, 이는 어디까지나 예외이고, 일반적 현상은 아니다. 세포의 퇴행성 노쇠현상은 동시에 일어나고, 비슷한 속도로 온몸에서 같이 일어난다. 다시 말해 우주의 천체나 우리 속의 세포와 무생물들 모두 하나의 질서를 유지하며 서서히 변하고 있고, 그 질서를 유지하려는 성향은 급격한 외부의 충격이 오지 않는 한 계속되고, 모든 생명체와 물질은 같은 시간이라는 리듬에 박자를 맞추며 변화하고 있다.

둘째로 우주의 모든 구성물과 자연현상 및 생명현상은 누가 명령을 해서 그런지 몰라도 일종의 균형현상을 유지하는 것 같다. 인체의 온도가 섭씨 36.5도 주변에서 유지되는 것도 우리 몸의 열 창출 능력과 열 냉각 기능이 균형을 이루고 있다는 뜻이고, 지구가 같은 궤도상에서 공전하고 있다는 사실도 태양의 구심력과 우주의 다른 천체들에서 오는 원심력의 균형선 상에서 맴돌고 있다는 뜻이다.

칼 세이건은 우주에는 약 100억(10 billion) 개의 은하계가 존재하고, 각 은하계에는 100억 개의 태양과 같은 별이 존재한다고 한다. 이렇게 상상도 할 수 없이 큰 우주, 상상할 수도 없이 많은 천체들이 존재하지만, 하나도 흐트러진 것이 없다. 계절이 정확하게 바뀌는 것도, 꽃이 아름답게 피는 것도 다 균형이 유지된다는 증거이고, 심지어 원자탄이 폭발하는 것도 원자의 고속 충돌이 발생시킨 에너지가 에너지의 집중 상태에서 에너지의 분산과 물질의 해체라는 새로운 균형을 찾아 연쇄적으로 폭발하는 현상이라고 보인다.

변화는 만물의 존재 양식이고 모든 변화는 개체가 속한 집단의 변화 속도에 자신의 변화 속도를 맞춰 나가는 것으로 보인다. 물가가 오르다가 어느 지점에 도달하면 수요와 공급이 다시 균형을 찾아 물가의 안정을 보인다. 상처가 나면 백혈구의 수가 급격히 증가하여 침입한 외부 세균의 확산을 막아 상처를 치유하는 것도 내부 세균과 외부 침입 세균의 세력 균형 현상을 말한다.

한번 자연현상이 균형을 이탈하면, 새로운 균형을 찾아 변화의 속도가 급해지고, 새로운 균형에 도달하면, 이 변화 속도의 일시적 증가는 없어진다. 이러한 균형 간의 속도 조정 현상은 바로 만물의 변화의 방향을 제시하는 것 같다. 즉 균형을 향한 변화의 에너지가 있어 끝없이 변하는 자연과 생명에게 균형으로 돌아갈 것을 강요하는 것 같다. 아기는 엄마의 품으로 돌아갈 때, 우주의 천체는 모두 비슷한 속도로 우주 팽창의 행군에 발을 맞추고 있을 때, 세포는 주어진 생명주기인 30일이 되면 스스로 죽어서 암세포를 생성하지 않을 때 모든 것이 조화롭고 아름답다. 임마누엘 칸트도 그렇게 보았고, 노자도 그렇게 보았다. 한국인들을 이것을 '자연스럽다'고 표현한다. 자기가 원래 해야 할 일을 하고 가야 할 곳으로 갔다는 뜻이다. 피조물은 균형을 유지하고 균형을 찾아가는 습성을 가지고 있다.

이 균형으로의 회귀는 신의 명령으로 보인다. 모든 것이 무질서하게 변하는 것이 아니라, 어떤 의지에 의하여 질서 있게 변하는 것이다. 공동의 방향이 있고, 변화의 속도가 통제되고 있다. 어떤 구성원의 변화의 속도가 빨라지면, 그 속도 변화의 연쇄적 효과로 다른 구성원의 변화 속도가 조정을 한다. 관상동맥의 50%가 막혀서 산소를 충분히 공급할 수 없을 때, 허파는 잘 먹어 비대해진 사람이 산소를 많이 필요로 하는 운동을 하지 못하도록 통증을 보내, 뛰지 못하도록 막아버린다. 작은 공전궤도를 가진 천체의 속도는 더 큰 궤도를 가진 천체의 진행 속도보다 의도적으로 느려야 하고, 자동차가 우회전할 때 밖을 도는 왼쪽 바퀴가 더 빨리 굴러야 하듯이, 큰 궤도를 도는 천체는 항상 몹시 바쁘게 속도 조정을 해 주어야 한다.

우리 집 정원에는 매년 봄 베고니아 여러 상자를 사다가 벽 밑에 심어 놓은 철쭉나무 덩어리 주변에 동그랗게 심어둔다. 그러면 한여름 지나고 늦가을 서리 내릴 때까지 빨간 베고니아 꽃 뭉치가 땅에 닿아 둥글게 피고, 그 위로 잘 다듬어진 초록색 철쭉나무들이 벽돌 벽을 가려주어 참 보기 좋다. 그런데 이 미련해 보이는 베고니아 꽃들이 마치 피타고라스의 기하학을 아는 듯, 삼차원 공간에서 햇빛을 가장 많이 받는 표면, 즉 가장 넓은 표면 면적은 지구 같은 원구(圓球)의 표면이라는 진리를 터득한 듯, 정확하게 원구를 형성하며 서로 다투지 않고 평화롭게 성장한다. 축구장에 갈 때, 누가 골을 넣으면, 갑자기 앞의 몇 사람이 벌떡 일어난다. 그러면 뒷줄에 앉은 사람은 "야, 거기 앉어."라고 소리 지른다. 그런데 이 베고니아들은 누가 가위로 전지를 안 해주어도, 누가 앞의 꽃들은 키를 낮추어 앉아 있으라고 부탁한 듯 자기끼리 아주 평화롭고 질서정연하게 예쁜 원구를 그리며 참 잘 산다. 즉 성장의 속도를 이 미물도 각자 위치에 따라 알아서 조정해주고, 신의 명령을 따르고 있다.

리처드 도킨스처럼 자기 종족의 최대 번성과 자기 종자의 최대 확산을 위한 DNA 제국주의의 발현이라고 해도 좋다. 그러한 종족 번식의 전략과 비결을 불어넣어 준 이가 바로 하나님이기 때문이다. 그게 바로 '뜻'이다. 즉 변화의 속도가 변하면 관련 구성원의 변화의 속도도 같이 변하여 균형을 유지시켜 준다. 즉 균형으로의 회귀를 서로 보장하며 존재한다. 이것이 자연의 의지이고, 신의 명령이다. 그래서 물리학자의 작고 우아한 수학 공식도 가능한 것이다. 즉 신은 변화의 예측이 가능한 우주와 생명현상을 창조하신 것이다. 우리가 연구와 능력이 부족해 아직 예측 못할 뿐이다. 신은 과학의 발달을 고대하신다.

생명체의 진화 현상은 신의 작품 중 생명체 발달의 가장 중요한 도구이다. 우선 진화 현상은 자연 현상이고, 자연 현상은 신의 작품이기 때문에, 기독교인들이 진화 현상을 믿고 안 믿고와는 무관하게 우리 눈앞에서 벌어지고 있다. 인간은 이 DNA의 변화 과정에 불과한 진화 현상을 파악하여 새로운 질병 치료법도 개발하고, 새로운 곡물의 종자나 화훼 종자를 개발한다. 우리가 먹는 밥도 다 인간이 개량한 쌀, 즉 종을 변경시킨 진(Gene)의 변화의 산물이다. 하나님의 생명체 진화방법을 우리가 터득하여, 그 속도를 조금 높인 결과다. 교회가 부정해야 하는 것은 진화론이다. 진화론은 무신론이기 때문에 이를 배격하는 것은 당연하다. 그러나 진화 현상을 부정하는 것은 종자개량을 한 사과를 먹고 나서 이것은 사과가 아니라고 우기는 것과 다를 바가 없다. 진화 현상은 하나님이 만드시고 활용하시는 눈앞에서 발생하고 있는 진실의 일부다. 진화 현상을 진화론과 혼동하는 교인은 자신의 무지 때문에 기독교가 과학을 적대시하는 비과학적 종교라는 누명을 초래하고, 과학을 사랑하는, 그리고 과학을 전문으로 하는 모든 기독교인들을 당혹스럽게 하고 있다. 무신론자들이 주장하는 것처럼 새로운 종의 변화가 적자생존의 법칙에만 의해 발생하는 것인지, 반드시 그렇지만은 않고 하나님의 섭리와 고도의 지적 선택에 의해 발생한 것인지 또는 하나님은 자연의 장기적 선택과 도태의 메커니즘을 그대로 두고 하나님이 필요할 때만 간섭하는 것인지를 과학적으로 연구하고, 이를 통하여 자연의 비밀을 찾아내는 것이 인간의 역할인데, 공부는 아니 하고 고집만 부리면 이는 과학자에게 신학자적 역할을 전가하는 것과 다름이 없다.

이제 이것을 정리하면, 하나님은 자연 현상의 창조자이고 그 창조 행위는 지금도 계속되고 있고, 모든 자연의 피조물들은 항상 변하고 있으며, 하나님의 의지에 따라 어떤 안정적 균형을 향하여 상호 협조하고, 자제하며, 자신의 크기와 모습과 색깔, 성품, 변화의 속도와 변화 속도의 조절 등을 포함한 존재 양식과 속성을 조절하고 있다. 이제 그러한 균형을 향한 의지를 인정하면, 우리는 그다음 '하나님은 피조물들을 어디로 인도하는 것일까'라는 질문에 도달한다. 이에 대한 답은 아직은 하나님만이 아시지만, 이미 과학이 알려준 것만으로도 하나님은 모든 생물체의 변화를 DNA 자율에 의한 변화, 외부 충격과 같은 기회와 방법을 이용한 돌연적 변이, 원인이 확실치 않은 자극과 후천적으로 얻은 새 능력을 유전하는 라마르크주의(Lamarkism·후천적 특성의 유전)와 같은 과정을 통하여 모든 생명체를 어떤 완성 또는 균형을 향하여 변하게 하신다는 것을 알 수 있다.[55]

인간은 현재 완성된 형태라고 볼 수 없다. 현재의 우리의 모습을 완성된 존재로 본다면, 이는 조물주를 희롱하는 것과 같다. 얼마나

---

55 용불용설(用不用說, Lamarckism, Lamarckian inheritance, theory of use and disuse)을 말하며 라마르크가 제안하였다. 이 이론은 생물이 살아 있는 동안 환경에 적응한 결과로 획득한 형질이 다음 세대에 유전되어 진화가 일어난다고 주장하였는데, 연구에 따르면 획득 형질은 유전되지 않음이 밝혀져 현대 진화 이론에서 받아들여지지 않다가, 근래 일부 식물의 메틸화된 유전자가 그대로 유전되는 것과 홀로코스트를 경험한 유태인들의 후손 가운데 조상의 트라우마가 유전되는 현상이 확인되어 이 주장에 대한 학계의 논의가 다시 살아나고 있다.

오만하면 신이 내 모습과 닮았다고 우길 수 있을까. 하나님의 인간 형상론은 인간 오만의 극치라고 본다. 그래서 창세기의 하나님도 바보 같은 인간이 알아들을 수 있는 언어를 택하신 것이고, 자만에 빠진 나르시시스트[56]들에게 "그래, 일단은 그렇게 알고 있으렴."하며, 추후에 못난 인간들이 더 큰 진실을 터득해 올 때까지 기다려 주신 것이다.

자연 신학은 지적 창조자가 완성된 자연을 창조하였다고 보고, 인간은 처음부터 현재의 완성품 상태로 태어났다고 주장한다. 그런고로 인간은 이미 완성된 동물이어서 더 변화할 필요가 없다고 본다. 미생물로부터 시작하였다는 인간의 이력서를 부정하며, 초단기적 창조행위를 정당화하는 억지로서, 인간의 과거 전체와의 연결을 차단하여 버림으로써 인간의 미래변화까지 모두 몰수해버리는 행위를 하고 있다. 동시에 이는 모든 다른 생명체의 변화까지 부정하여 현재의 완성 상태로 동시에 태어났다고 보고, 모든 생명체는 완성품이기 때문에 앞으로도 변해서는 안 된다.

창세 시에 존재하지 않았던 개량미로 밥을 해 먹으면 배가 계속 고파야 한다. 강력한 항생물질에 의하여 완전 제거되었다고 생각되던

---

56 자기 자신을 사랑하거나, 훌륭하다고 여기는 사람. 정신분석학적 용어로, 자신의 외모, 능력과 같은 어떠한 이유를 들어 지나치게 자기 자신이 뛰어나다고 믿거나, 아니면 사랑하는 자기중심성 성격 또는 행동. 심리학자들은 이러한 상황을 보통 인격적인 장애증상으로 간주하며, 자기의 신체에 대하여 성적 흥분을 느끼거나 자신을 완벽한 사람으로 여기면서 일종의 환상 속에서 자기만족을 하며 물에 비친 자신의 모습에 반해서 물에 빠져 죽었다는 그리스 신화에 나오는 나르키소스의 이름을 따서 명명된 정신분석학 용어이다.

결핵균이 반세기를 안 넘기고 항생물질에 대한 내성이 강한 슈퍼 박테리아로 돌아오는 것을 보면서 어떻게 생명체의 지속적인 변화 현상을 부인할 수 있는지 알 수가 없다. 기독교인은 눈앞의 현실을 보면서도 이를 부인할 수 있는 강심장을 가져야 한다면, 필자는 정말 자격 미달이다.

그러면 이 끝없이 변하는 생물체, 무생물체, 그리고 우리 인간들은 과연 어디로 가는 것일까. 만물은 어떤 균형을 향하여 끝없이 변화하고 있으며, 도태와 생성의 과정을 통하여 어떤 완전한 상태를 향하여 변화하고 있을까. "인간이 그것을 어찌 알겠는가"라며 이 질문을 포기하기 전에 우리가 이미 아는 것들을 종합하여 그 궁극적 답에 얼마나 더 가까이 갈 수 있는지 아래서 검토해 보고자 한다. 이 작업을 위하여 우리는 우선 극단의 상황에서부터 논리를 전개해 본다.

완전한 것은
변할 수 없다

하나님을 제외한 하나님의 피조물 가운데 변하지 않는 것은 없다. 이러한 인간의 힘과 선택을 초월하는 크고 작은 우주의 대 변화에 그 목적이 있을까. 변화의 목적이 변화 그 자체이지는 않을까. 위대하신 하나님은 심심해서 우주와 자연과 생물과 인간을 끊임없이 변화시키지는 않을 것이다. 목적이 있어야 한다. 변화가 필요해야 한다. 즉 완전하지 못하기 때문이다. 이미 완전하다면 왜 하나님은 구태여 만물을 계속 변화시키겠는가. 완전한 것이 변한다면 이는 완전하지 않았다는 증거에 불과하다. 물론 무신론자들은 모든 것은 우연히 변하고 있고, 우연히 변하는 것은 무작위(random)로 향상도 되고, 악화도 된다고 주장할 것이다. 우주의 질서는 무질서와 다를 게 없고, 질서는 일시적이며, 어쩌다 우연히 발생하는 것이고, 우주는 근본적으로 무작위로 의미 없는 변화를 반복하고 있고, 무슨 질서나 변화의 방향 같은 것은 있을 수 없거나 있어도 어쩌다 그리되었다고 주장한다.

반면에 하나님을 믿는 사람들은 하나님의 의지와 의도가 변화의 원인이라고 믿는다. 이것은 심심해서 변화시키는 것이 아니라는 공리이다. 그래서 변화의 목적은 하나님만이 아시지만, 우리는 그 변화의 패턴에서 하나님의 의도를 발견하는 수밖에 없다.

그런데 하나님은 이 지구와 그 위에 사는 모든 인간과 자연, 그리고 우주 전체의 운명에 관하여 세 가지의 선택을 하실 수 있다. 궁극적으로 이 모든 만물을 다 파괴하여 버리거나, 무의미한 변화를 반복하도록 내버려두거나, 아니면 어떤 완전한 상태를 향하여 가도록 하거나 할 수 있다. 노아의 때도 그랬고, 소돔과 고모라의 때도 그랬듯이, 완전 파괴는 하나님의 의지의 반영일 뿐 아니라, 그 실적도 있다. 선택은 딱 세 가지다. 이 모든 자연이 파괴되고 완전히 없어질 때까지 계속 변하든가, 아니면 무신론자들의 주장처럼 목적 없이 왔다 갔다를 계속 반복하든가, 아니면 완성을 향하여 끊임없이 변하든지, 셋 중 하나가 진실일 것이다. 필자는 신자이기 때문에 첫 번째 선택과 두 번째 선택을 버린다. 우주의 모든 생물과 무생물의 끝없는 변화가 종국적으로 완전 파괴를 향한 거대한 질주에 불과하다는 주장은 하나님을 장난꾸러기로 만드는 신성모독죄가 된다.

다 그렇게 부숴버리려면 뭣 하러 창조를 했겠는가. 하나님도 엔트로피[57]의 노예인가. 내가 믿는 하나님이 종국적이고 불가피한 완전 파괴의 설계자라면 누가 그런 하나님을 믿겠는가. 창조에는 목적이 있을 것이다. 신학자들과 철학자들이 존재의 목적을 묻는 경우는 많이 보았지만, 창조의 목적을 묻는 것은 별로 못 보았다. 그러나 우리는 위의 세 가지 옵션 가운데 한 가지의 창조의 목적을 선택하여야 한다. 창조의 목적은 역사 전개의 방향에서 읽어야 하고, 그 역사 전개의 방향은 구약과 신약에서 읽어야 한다. 구약에서는 하나님을 향한 신앙, 절대 복종, 도덕적 삶을 역사전개의 평가 기준이어야 함을 보여 주고, 신약에서는 예수님의 구원의 계약과 그 계약의 완성이 인류의 미래 역사 전개와 생존을 위한 유일한 방향이라고 주장하고 있다.

그렇다. 예수의 십자가 위에서의 하나님과의 계약은 인간 역사의 완성을 요구하고 있다. 나아가 인간 사회의 완성을 요구하고 있다. 창조의 완성과 자연의 완성은 인간의 완성을 빼면 속을 뺀 앙금빵이 된다. 그 시간이 얼마나 걸릴지는 하나님만 아시지만, 인간의 완성이 무엇인지는 신약이 친절히 가르친다. 원수를 사랑할 수 있을 정도로

---

57 엔트로피(Entropy)는 물질의 흐트러지는 해체 과정(dissipative process)은 역행할 수 없다는 뜻으로 사용되는데, 영화 필름을 거꾸로 돌리면 깨어진 유리가 도로 붙어서 새 유리가 되고, 붕괴된 건물이 도로 일어설 수 있다. 그러나 이것이 실제로는 불가능하다. 이 불가능성(irreversibility)을, 즉 시간과 병행해 물질의 해체 과정이 역행될 수 없다는 법칙을 열역학 제2의 법칙이라고 부르고, 또는 엔트로피는 감소하지 않는다는 말로 표현한다. 일반적으로 모든 구조적 물질은 시간이 갈수록 원래의 해체 상태로 변화한다는 뜻으로도 널리 사용된다.

어려운 과제이지만, 인간의 완성이 무엇인지는 예수님이 의심의 여지 없이 확실히 설명을 했다.

하나님은 완전을 향해 모든 것을 변화시킨다. 이 우주가, 이 자연이, 이 생물·무생물들이 완전한 상태와 균형을 달성할 때까지 계속 변화시킨다. 그것도 정교하게, 때로는 조심스럽게, 때로는 급격하게, 조정하고, 안정시키고, 또 변화시키고, 기나긴 진화과정을 통해 미개한 동물 같던 인간이 지금의 뛰어난 능력과 지성을 가질 때까지 끊임없이 간섭하고, 자극을 주고, 방향을 전환시키고, 돌연한 변화를 유도하셨다.

인간이 자기도 모르게 우주의 별만치 많은 세포를 체내에서 스스로 만들 수 있게 하시고, 그 세포핵 안에 잘 포장되어 저장한 DNA 유전자도 넣어주고, 그 속에 단 4가지 염기만을 가지고 46가지의 알파벳을 만들고, 이 알파벳을 조합하여 수십만 가지의 유전정보를 만들 수 있게 하셨다. 흙덩어리로 빚어낸 무지렁이 같은 인간보다 백만 배, 천만 배 정교하게 우리를 발달시키고, 그 대신 서로 물어뜯을 수 있는 무기는 생존 자체가 위험하리만치 퇴화시키고, 우리의 뇌기능을 발달시켜 평화로운 공존의 능력과 도덕적 규범과 지혜를 주시고, 우리를 완성에 가장 잘 접근할 수 있는 동물로 만드셨다.

19세기 영국 천재 경제학자 존 스튜어트 밀(John Stuart Mill)은 그의 『자유론(On Liberty)』(1859)에서 "하나님은 모든 인간에게 한 가지

능력을 주셨는데, 이는 늘 성장하고, 전개되어 소진되지 않으며, 하나님이 인간 속에 체화시킨(넣어 준) 그 이상적 개념에 한 발 한 발 가까워지는 것을 즐거워하고, 이해력과 행동력과 즐길 수 있는 역량이 조금이라도 더 향상하는 것을 좋아하신다."고 주장한다.

그런데 하나님이 완전한 것을 추구하는 것은 좋은데, 유한한 인간이 어떻게 완전하게 될 수 있는가. 더 변하지 않아도 될 완성의 경지에 간다는 것은 무엇인가. 인간의 완성을 어떻게 이해하여야 하나. 완전한 우주의 창조자가 피조물에게 원하는 것이 무엇이겠는가. 하나님을 닮아가는 것이다. 에덴동산 동쪽 문밖에 숨겨놓은 나무의 과일을 따 먹어 '우리'(하나님)와 같이 되는 지름길을 통해서가 아니고, 과학과 연구와 노력이라는 먼 길로 돌아서, 완성의 경지를 향해 지식을 높이고, 자연과의 이해와 친화력을 높이고, 인간 사이의 공존의 지혜와 용서의 덕을 쌓아 예수님이 자신의 피로 성취한 만인의 구원이라는 높은 목표와 그 가능성을 실천하라고 하는 명령이다. 완전한 것은 더 변하지 않듯이 우리는 이 무한한 변화에 올라타야 한다.

제1장에서 우리는 지난 4백만 년 동안 하나님은 인간의 육체를 고속 퇴화시키고, 인간의 두뇌의 크기와 기능을 고속 진화시킨 증거에 관하여 토의하였다. 이렇게 현란한 진화와 퇴화의 교차를 향한 전진에도 불구하고, 현재 우리 인간의 정신력이 우리 육체를 통제하는 힘과 우리의 육체가 우리의 정신을 통제하는 힘을 비교해

보면 우리는 아직도 압도적으로 육체의 지배를 받고 있음을 알 수 있다. 뛰어나게 정신력이 강하여 자신의 육체를 통제할 수 있었던 사람은 역사적으로나 세계적으로 드물다. 다시 말해 우리의 정신은 너무 연약하여 우리의 슬픔, 두려움, 고통, 욕망을 다스릴 수가 없다. 반면 우리의 육체는 너무 강하여 우리의 감정과 사고를 쉽게 통제한다. 법이 있어야 산다는 사실 자체가 우리의 육체가 우리의 정신을 쉽게 통제한다는 증거이다. 우리의 분노 조절 능력이 너무나 약해 일반적으로 가정불화가 끊이지 않고, 심한 경우는 살인까지 한다. 예수의 원수 사랑은 바로 요즘 말로 분노조절 능력의 배양이다.

실제로 대부분의 인간은 자신의 정신이 이미 자기의 육체가 요구하는 것을 꽤나 통제한다는 사실 자체를 느끼지 못하고 산다. 만일 우리의 정신이 우리의 육체의 요구를 전혀 통제하지 못했다면 우리는 자제력이 거의 없는 원시 동물들처럼 살고 있을 것이다. 그러나 우리는 공동생활을 성공시켰다. 공동생활의 경험은 인간에게 최소한의 자기통제를 못하면 타인에 의하여 강제로 억제된다는 사실을 가르쳤다. 그러나 살인의 욕구를 억제하는 수준의 초보적 정신력과 식사를 안 해도 배가 부르다고 느낄 수 있는 수준의 도가 통한 사람의 정신력의 사이에는 엄청난 차이가 있다. 우리는 아직 그 중간 어디쯤에 살고 있을 것이다.

신은 인간의 보통 수준의 정신력이 자신의 육체적 욕구를 완전히 통제하는 수준에 이르기를 요구하지는 않을 것이다. 불교·힌두교·도교에서는 모르지만, 보통 사람들의 예수교에서는 요구하는 인간 정신력의 수준이 아마도 그 중간 어디쯤일 것이다. 자신의 교회에 가서 정신적 통제력을 끊임없이 향상시키는 것을 헬스클럽에서 근육을 키우는 것 정도로 당연하고 정상적인 생활의 일부분이라고 인정하는 상태 말이다. 4백만 년 전에 하나님이 설정한 이 인류 진화의 방향은 아직도 그대로 살아 있다. 정신력이 성장하여 인간의 육체적 욕구가 우리 정신을 지배하는 힘은 서서히 감퇴하고는 있으나, 이 과정은 아직도 갈 길이 멀다.

이것은 하나님이 원하는 인간의 완전을 향한 발전 방향이다. 이제 하나님은 당신이 사랑하는 인간의 정신이 적어도 자기 육체와 겨룰 만큼이라도 발달하고, 지혜로워지기를 요구한다. 이 4백만 년의 기나긴 육체적 퇴화와 정신적 진화에도 불구하고, 마지막 1만 년 동안의 소위 역사 시대에 와서 인간은 무한한 욕구와 잔인성으로 끝없는 전쟁과 기술의 발달을 달성하고 인류역사의 종말을 예견하게 만들었다. 여기에 2천 년 전에 나타난 예수는 인간완성의 비결을 복수의 금지라고 가르쳤다. 참으라는 것이다. 용서하라는 것이다. 무한히 용서하고, 원수도 용서하고, 요즘 말로 분노를 관리해 보라는 것이다. 이것은 바로 육체의 욕구를 정신력으로 통제하라는 뜻이다. 4백만 년 전에 아버지가 시작한 정신력의 진화와 육체의 퇴화 과정을 완성하는 방법을 아들은 이 분노의 조절과 복수의 포기와 무한한 용서와 보편적 공존과 평화의 달성이라고 주장한다. 보편적으로 인간의 정신력이 육체의 욕구를 통제 관리할 수 있을 때 아버지의 뜻이 땅에서도 이루어진다는 완성된 사회의 프로파일을 보여주는 것이다. 이것은 희망의 약속이고, 신앙의 증거다.

불완전한 인간 사회의
왜곡된 보상제도

경쟁의 신이 인간을 통제하고, 이 기적이고 잔인한 동물의 상태를 유지하기 위하여 사용하는 기막히게 효과적인 도구가 있다. 바로 승리에 대한 엄청난 보상이다. 대통령도 되고, 재벌도 되고, 옛날에는 국왕도 되고, 엄청난 재물과 권력과 명예까지 푸짐하게 보상해 주었다. 이것이 경쟁의 법칙이다. 인간이 태어나 피할 수 없는 두 가지 경험이 세금과 죽음이라고 했는데, 실은 승리의 보상과 패배의 고통이라는 경쟁의 법칙이 그 세 번째 고정적이고, 불가피한 경험이다.

미래가 불확실하고, 사방에 위험이 도사리고 있을 때 인간은 그 위험을 최소화하기 위하여 준비를 해야 했고, 이 준비 욕구는 자기

보호를 위하여 상대보다 더 큰 보호 장치, 즉 무력을 필요하게 했고다. 이 더 큰 보호 장치는 막대한 경제적 자원을 필요로 했고, 그것은 오로지 경쟁·투쟁·전쟁만을 통해 얻을 수 있었고, 여기서 경쟁에 승리하면 엄청난 보상을 보장받고, 거의 모든 위험에서 자기를 보호할 수 있었다. 그러나 상대는 똑같은 논리로 나보다 더 큰, 더 강한 보호장치를 만들어 나를 공격하게 되고, 나는 이 장래 잠재 위험을 제거하기 위하여 나의 상대들을 무자비하게 제거해 버리거나 그것이 불가능하면 나의 보호 장치를 더 크게, 더 강하게 키워야 했다. 승리의 보상이라는 묘약은 인간을 점점 더 중독되게 만들어 경쟁의 궤도에서 자신의 힘으로는 탈출이 불가능한 상태에 들어가게 했다. 이것은 무한궤도의 쳇바퀴를 만들어 인간을 점점 더 크고 가파로운, 이길 수 없는 쳇바퀴의 노예로 만들어 버렸다. 시간이 지날수록 우리 인간은 불가피하게 더 영리해지고, 더 강력해지며, 더 잔인해지고, 더 파괴적이게 되며, 종말을 향하여 코뿔소처럼 질주하게 만들었다.

얼마 전 한국을 다녀간 뇌신경 심리학자 이안 로버트슨(Ian Robertson)[58]은 인간의 두뇌 작용에는 일종의 보상 네트워크가 존재하며, 이 네트워크는 권력을 가진 자에게 남성 호르몬 스테토스테론

---

[58] 아일랜드의 인지 신경과학자. 아일랜드 더블린에 있는 트리니티 칼리지의 심리학 교수. 아일랜드 왕립아카데미 회원으로 250여 편의 과학 논문을 《네이처》, 《브레인》 등 수많은 과학 저널에 발표했다. 저서로는 『마음을 조각하다(Mind Sculpture)』, 『상상하라 그대로 이루어진다(The Mind's Eye)』, 『집중력을 잃지 말라(Stay Sharp)』 등이 있다.

(stetosterone)을 많이 분출시켜 신경전달물질인 도파민을 자극하여 남성 호로몬의 전달을 촉진하여, 이로 인해 사람은 권력의 쾌감을 느끼게 된다고 한다. 즉 권력은 마약과 같은 작용을 하며, 사람을 과감하게 하고 우울증을 잊어버리고 집중력이 향상되며 스마트해지게 만든다고 한다. 이로 인해 권력자는 모든 일에 실패 가능성을 잊어버리고, 자기 과신과 자기애(나르시시즘)와 오만에 빠지게 되며, 자가 진단 능력과 자각 능력을 상실하여 두둑한 배짱을 가지게 된다. 결국 권력의 마약에 빠진 지도자는 조직과 사회를 위험으로 끌고 가는 실수를 하게 된다. 이안 로버트슨은 권력자가 왜 이런 행동을 하게 되는 지를 자신이 전체를 '통제하고 있다는 느낌', 즉 승리의 쾌감 때문으로 규정하는데, 이것은 바로 경쟁자의 제압을 의미하는 것이다. 그러나 더 경쟁할 자가 없는 권력자라도, 결국 새로운 더 강한 경쟁자가 나타나는 것은 막을 수가 없다. 승리의 보상으로 받는 이 내분비 마약은 인간을 더 투쟁적으로 만들고, 위험하게 만든다.

1980년대 말 노태우 대통령이 영국에 국빈으로 초대되어 방문할 때, 한국의 재벌들은 여느 때와 마찬가지로 동행을 정부에서 요청받았다. 십여 명의 재벌 총수들이 동행했는데, 삼성그룹에서는 필자가 총수를 대신하여 런던에 따라갔다. 일정 중 대통령은 버킹엄 궁전에서 엘리자베스 여왕과 만찬을 하고, 기업 대표들은 런던 어느 식당에서 별도로 식사를 같이 하도록 되어 있었다. 식사를 마치고, 버킹엄 행사가 아직 끝나지 않아 우리는 식탁에 앉은 채로 여러 가지

담소를 하였다. 한진그룹의 조중훈 회장이 어떻게 대한항공이 세계에서 최초로 프랑스의 에어버스(Airbus) 사의 항공기 A300(미국 보잉(Boeing) 사의 747 점보(Jumbo) 제트기에 대한 유럽의 경쟁 상품)을 사게 되었는지, 이를 위하여 프랑스 정부가 북한 대표부를 파리에 개설하게 하여 우리 정부를 압박하였는지, 그래서 박정희 대통령의 직접 부탁을 받아 상업적 테스트도 안 된 이 비행기를 세계 최초로 사게 되었는지를 설명하는 등 재미있는 이야기가 진전되다가, 우연히 어떤 참석자 한 사람이 우리가 왜 이 고생을 해가며, 사업을 하는지에 대하여 질문을 던졌다. 상당한 토론이 오고 간 뒤에 현대산업개발의 정세영 회장(포니 자동차를 한국 최초로 미국에 수출했다 해 ‘포니 정’으로 더 잘 알려진 분)이 결국 우리는 ‘취미로 사업을 하는 것’이라 주장했다. 남보다 더 먹는 것도 아니고, 더 잘 입는 것도 아니고, 돈이 더 필요해 사업하는 것도 아니고, 가만 있자니 그것도 불가능해 사업하는 것 아니냐는 고백이다. 모두가 수긍하는 답이었다. 그렇다. 어느 정도 수준의 생활이 보장되면, 인간은 승리 자체가 보상이기 때문에 경쟁을 하는 것이지, 승리가 가져오던 옛날 방식의 보상이 필요해서 경쟁하는 것은 아니다. 경쟁이 서서히 스포츠화하는 것이다. 경기에서 이기면 그것이 최고의 보상이다. 민주주의 제도가 어느 정도 성숙하면서 스마트해진 다수, 자기에게 누가 더 장·단기 이익을 줄 수 있는가를 판단하게 된 국민들은 이제 승리에 대한 엄청난 보상을 대폭 축소할 수도 있고, 패배자들에게 주던 엄청난 고통을 대폭 축소할 수도 있다. 이것을 지금은 사후적 구제장치라는 뜻에서 사회보장제도라고 부르지만, 앞으로는 보상 없는 승리와 고통 없는 패배로 불릴 것이다. 경쟁 자체가 서서히 스포츠처럼 경쟁을 위한 경쟁으로 바뀌고, 인간의 생활에 대한 직접적인 영향은 최소화할 것이다. 경쟁과 경쟁의 승리가 반드시 패배자의 엄청난 고통을 수반하여야 하는 것은 아니다. 이것이 새 시대의 새로운 경쟁의 법칙이 되어야 하고, 일정 부분 이러한 변화가 인간의 생활에서 나타나기 시작하였다. 보상체계의 수정과 완전한 인간 사회를 향한 행군은 이미 시작되었다. 이세돌이라는 인간 최고수가 AI에게 지는 것을 보니, 앞으로 각 분야에서 인간 승리자들에게 주던 엄청난 보상도 그 정당성이 많이 퇴색할 것 같다.

보상체계의 수정과
인간 사회의 발전

인간 두뇌의 발달과 컴퓨터의 발달과 미래 예측 정확도의 상승과 선제공격을 금지시키는 대량파괴 무기의 발달로 인간은 승리의 보상을 계속 축소시키고, 경쟁을 점차 무력화시키고 있다. 민주사회에서는 절대군주 대신 대통령을 뽑고, 대통령은 마르코스의 필리핀이나 옛날 멕시코 같은 경우를 빼면 돈을 많이 벌어 재벌이 될 수 없게 되었다. 적어도 한국과 같은 산업 선진 국가에서는 그렇다. 그러나 그보다 더 효과적인 방법이 있다. 필자가 생각하는 경쟁과 승리의 반대에 대한 보상은 적극적 선행에 대한 보상을 의미하는 것이다.

인간은 적극적 선행을 하는 제일 위의 5% 정도와 아무리 막으려 해도 막기 힘든 적극적 악행을 하는 최하위 5%와 선행도 악행도 안 하는 소극적 90%로 구성되어 있다. 성공하는 사회는 위의 5%가 부러움의 대상이 되어 전 국민이 소극적이나마 선행을 추구하는 사회다. 만일 최하위의 5%가 부러움과 존경의 대상이 된 나라가 있다면, 얼마나 혼란스러울까. 그렇게 질문해 보니, 우리나라가 제일 먼저 대상으로 떠오른다. 더 자세히 설명하면 명예훼손 고발이 따라오겠지만, 실제로 우리 주변에 최하위 5%가 대대적으로 보상받는 경우가 허다하게 많다. 그래서 유전무죄라고 하지 않나.

물론 선행에 대한 보상은 어느 나라나 다 실행하고 있다. 노벨 평화상이 있고, 각국의 선행 보상 재단들이 있고, 옛날에는 효자문 같은 제도가 있어서 국가가 인정한 효자·효녀들에게 보상을 하고, 효자문 앞을 지날 때는 국왕도 말이나 가마에서 내려 걸어 지나갔다고 한다. 다 좋은데, 문제는 이 모든 제도가 에피소드 수준인 점이다. 일반에게 모범을 보이는 정도이지, 보통 사람들에게는 직접적으로 '자기 일'에 해당하지 않는 예외적 사건으로 취급하는 점이다. 경쟁의 신을 무력화시키려면, 선행에 대한 보상을 일반화하고, 일상화하여야 한다. 경쟁에서의 승리에 대한 보상은 공기를 호흡하는 것만큼이나 생활화되어 있다. 하루 생활의 어느 한 단계도 승리와 보상에 연결되지 않는 것이 없다. 또 대부분의 승리에 대한 보상은 사회적 정당성과 자본주의적 신(新) 고전주의의 이념적·경험적 타당성마저 갖추고 있어서, 당연하고 일상적인 것으로 인식되어 있다. 따라서 선행에 대한 보상도 이 정도로 일상화·생활화되어야 한다.

그러나 선행에 대한 보상은 예외적인 것, 동화적인 것, 종교적인 것으로 인식되어 있어서, 일상생활과 너무 괴리되어 있다. 현재 상태로는 선행이 경쟁을 이길 수 없다. 그러나 승리에 대한 보상이 빛을 잃으려면, 적극적 선행에 대한 보상이 일상화되어야 한다. 공부를 잘한다고, 사업을 잘한다고, 연구를 잘한다고, 악기를 잘 연주한다고, 그림을 잘 그린다고, 수많은 이유로 우리는 경쟁의 승자에게 엄청난 보상을 즐겁게 해주고 있다. 그것이 잘못된 것은 아니다. 그러나 그 결과는 잘못된 것이다. 소수의 승자 뒤에 대부분의 패자들이 희생당하고 있기 때문이다.

그렇다고 그냥 "너는 졌으니 보상을 받아라." 할 수도 없다. 그러나 승자나 패하지 않은 사람들이 애정과 관심을 가지고, 패자들을 구제하지 않으면, 그 사회는 머지않아 상·하로 양극화하여 숫자가 절대적으로 많은 패자들이 단결하여 자신의 박탈감과 굴욕감을 폭력으로 분출하게 되고, 승자에게 돌아가던 보상도 모두 박탈당하게 된다. 사회는 혼란에 빠지고, 질서는 무너지며, 약육강식의 정글 법칙이 지배하게 된다. 미래 예측이 더 정확해지고 대다수가 참여하여 미래를 결정해 나가는 빅데이터와 SNS의 벌거벗은 미래에는 보상 제도를 수정하는 데 실패한 구시대적 사회에서는 패배자들의 단결과 폭력적 분출을 막기 힘들 것이다. 이것이 경쟁의 신이 봉착하는 경쟁의 한계다. 끊임없이 반복될 수밖에 없는 이러한 보상의 강화와 번영의 실현, 그리고 그 뒤에 따라오는 폭력적 구조조정이라는 이 역사의 반복적 굴레에서 인간을 탈출시키는 힘은 바로 선행에 대한 대대적 보상이다. 이긴 자는 이긴 것으로 만족하고, 받은 보상은 이기는 쾌락을 보지 못한 패배자들에게 돌려주는 것이다. 이것이 자발적 선행이고, 이 선행에 대한 보상이 승리에 대한 보상보다 더 크고 강할 때 인간의 역사는 양극화와 투쟁이라는 끝없는 굴레에서 탈출할 수 있다.

하바드 대학교의 스키너 교수는 옳은 일과 그른 일에 대한 보상(reinforcement)과 벌을 철저히 시행하여 인간에게서 질투, 부러움, 투쟁심 같은 반사회적 행위의 근원을 제거하여 이상적 사회를 만들 수 있다고 믿고 자기 딸을 유명한 스키너 박스에 가두고 실험까지 하였다(B.F. Skinner 『Walden II』·1948). 시스템의 개조가 아니라 인간의 인위적 개조작업이다. 필자의 보상 메커니즘의 수정론은 인간을 개 취급하는 이런 스키너식의 인간 대상 실험을 말하는 것이 아니다.[59] 이미 존재하고, 우리를 너무 강하게 지배하는 왜곡된 기존의 보상 제도를 혁명적으로 수정하자는 뜻이다. 시스템을 수정하자는 뜻이다. 인간의 개별적 개조와 실험을 말하는 것이 아니라, 한쪽에 너무 치우친 편향적 사회발전 모델과 그 편향의 원인인 제도와 시스

---

59 하바드 대학의 교수였던 스키너가 자기 딸을 활용하여 스키너 박스를 실험한 것을 말한다. 일반심리학 · 생리심리학 · 약학심리학 · 교육심리학 · 임상심리학 등 심리학에 크나큰 영향을 미치게 되고 미국에서는 그의 공로를 인정해 국가 과학 훈장도 수여한다. 이 실험은 행동공학이라는 새로운 학문을 만들게 된 동기가 된다.

템을 사회공학적 접근으로 수정하자는 것이다. 절대로 혁명은 아니

다. 그것은 이미 해보았고, 실패하였다.

보상체계 수정의
주체는 교회

칼 마르크스는 이 승리 보상제도의 결과인 사회 양극화 현상을 160년 전에 이미 터득하고, 예수님은 2천 년 전에 이미 터득하였다. 그러나 예수님은 우리의 보상제도에 대한 수정을 "네 가진 것을 다 남에게 주고 오라."는 개인 차원의 비유 정도로만 언급하고 더 큰 일, 즉 인간 전체의 구원을 위하여 이 세상을 떠났다. 마르크스는 양극화를 막는 것보다 이를 이용해 패배자들의 폭력적 보복을 선동하여 프롤레타리아 독재국가를 만들게 했으나, 공산주의 국가들이 전 세계적으로 몰락하였다. 이로 인해 본의 아니게 승자보상을 극대화하는 신(新)고전주의적 무한 경쟁 이념에 도덕적 당위성 같은 것을 선사하고 말았다. 약자에 대한 배려와 보상제도의 수정요구를 마치 반(反)시장주의적이고, 물정 모르는 급진주의자들의 망발쯤으로 오해받게 만들었다. 다음 장에 설명할 1천6백 년 전에 무함마드가 발명한 이슬람교도들의 무이자 강제 은행저축 제도는 아직도 참신하고 다시 연구해 볼 만한 좋은 아이디어이다.

공산주의의 몰락을 프랜시스 후쿠야마(Francis Fukuyama)[60]는 역사의 종언이라고 했으나, 실은 이는 진정한 역사의 시작이다. 양극화 해소를 위한 칼 마르크스의 폭력적 시도는 전쟁의 원인을 전쟁으로 해결하려는 시도와 같아 역사를 한참 옆길로 새게 만들었으나, 이제 겨우 우리는 이런 이념만능주의적 방해와 관념적 방황 없이 인간 역사의 올바른 발전 방향을 객관적으로 볼 눈을 뜨게 되었다. 분명히 이 잘못된 보상제도의 대대적 수정 없이는 인간과 인간의 사회는 완성을 향한 진전이 불가능하다. 불교나 아시아 종교들이 추구하는 개인의 수련과 자기 통제력만으로는 이 땅에 예수님의 이상을 실현할 수 없다.

그러면 이 보상제도의 대대적 수정행위는 그 주체가 누구인가? 국회인가. 시장경제 제도를 근간으로 하는 우리 헌법 구조 하에서, 사유재산제도를 기본으로 하는 우리 경제제도 하에서 국회가 법으로

---

60 프랜시스 후쿠야마(Francis Fukuyama, 1952 ~)는 미국 존스 홉킨스 대학교 교수로 철학자, 정치경제학자이며 3세대 일본계 미국인. 이데올로기 대결의 역사(자유주의와 공산주의)는 자유주의의 승리로 끝났다고 주장한 『역사의 종언』으로 유명하다.

이런 보상제도의 대대적 수정을 할 수 있을까. 끊임없이 이윤을 창출하여 돌아오는 어음을 막고, 은행 이자를 제때에 내어 회사의 부도와 도산을 막아 전 임직원의 직장을 지켜야 하는 기업이 주체가 되겠는가. 남은 곳은 재벌뿐이다. 그런데 누가 이들에게 현재의 자기를 만들어준 기존의 보상 제도를 다 바꾸는 데 주역이 되라고 설득하겠는가. 미국 산업화 초기에는 존 D. 록펠러, 앤드류 카네기, 헨리 포드, J. P. 모간, 심지어 벤더빌트까지 모두 나서서 미국을 세계의 주역 국가로 만드는 데 필요한 나름대로의 역할을 찾아 평생 모아둔 재산의 대부분을 기부하였다. 그런 결정 뒤에는 자신의 축재 과정에 대한 깊은 반성과 고뇌가 있었다. 우리의 재벌에게는 그런 의무감이나 자괴감이 없다.

실제로 우리 재벌들이 해야 할 더 중요한 일이 있다. 고용 창출이다. 우리 정도의 중간급 인구 수와 GDP를 배경으로 세계 최고의 회사들과 견주어 잘 버티는 역할을 계속 수행하고, 이를 위하여 세계 최고 수준의 기술을 계속 개발해내야 하는 재벌들은 우리나라의 귀한 자산이고, 실제로 대만, 북유럽, 동유럽의 다른 중간급 국가들이 어림도 못 내는 수준의 일을 하고 있다. 재산을 기부하라는 것보다 지금 하고 있는 일을 더 잘하라고 하는 것이 옳다. 아직 대대적 사회 환원은 때가 아닌 것 같다. 이 과제는 다른 책에서 더 자세히 설명하려 한다.

그런데 우리나라에는 한 곳이 더 있다. 돈을 벌려고 만든 곳이 아니다. 돈을 쌓아 둘 이유가 없는 곳이다. 그런데도 엄청난 액수의 자산과 자금을 보유하고 있는 곳이다. 너의 가진 것을 다 팔아 불쌍한 자에게 나누어 주고 나를 따라오라고 주장한 예수를 섬기는 곳이다. 바로 한국 교회다.

한국 중산층의 반 정도가 일요일마다 좋은 옷을 입고, 복 받으러 가는 그곳, 수도권 전체를 돌며 교인들을 싣고 오는 버스 가운데 과연 몇 대가 빈민촌에 들러 힘없는 독거노인들을 싣고 오는가. 우리끼리 즐기는 일요일 오찬에 집에서 식사를 거르는 결식 어린이를 초대하여 따뜻한 점심 한 끼를 대접하는 교회가 과연 몇이나 될까. 전쟁을 피하고, 생명을 연장하는 인간의 지혜와 기술은 계속 발전하고 있는데, 교회의 존재 의미는 점점 쇠락해지고, 예수님이 그리도 애절하게 부탁한 가장 천한 자에 대한 우리의 관심은 계속 사라지고 있다.

왜 우리는 이 나라의 모든 어렵고 가난한 국민이 따뜻한 점심 한 끼라도 먹을 수 있는 일요일을 손꼽아 기다리는 나라가 될 수 없는가. 그럴 자원과 조직과 장소와 식사 자리는 다 준비되어 있다. 목사님들이 결심만 하면 된다. 정부나 국회는 부(富)의 재분배를 위하여 할 수 있는 것이 누진세와 사회보장 제도 등이다. 굵은 제도적 틀은 잡혀 있다. 이제는 전 국민이 참여하고 교회가 주도하는, 그래서 세금을 더 내지 않아도 노약자 간호와 무소득자 구제의 효율이 크게 상승하는, 빈곤한 이웃을 구제하기 위한 제2의 새마을운동은 불가능한가. 이 땅에 승자들의 교회가 아닌, 약자들의 교회가 되어 잘못된 보상 제도의 수정에 앞장설 교회는 없는가. 크게 볼 것도 없이 유명한 경주의 최 부자[61]처럼 우리 교회 주변 5km 안에 굶는 사람 없애는 캠페인은 불가능할까.

---

[61] 경주 최 부자는 "사방 100리 안에 굶어죽는 사람이 없게 하라"는 유명한 말을 하고 이를 실천한 사람으로, 소작인들한테 불려진 자산을 돌려줌으로써 소작인들도 함께 부유해지고, 서로 안정적으로 부를 유지하는 독특한 재산 운영을 한 것으로 유명하다.

창조의 완성에 기여하는 것이
교회의 존재 목적

경험주의적 과학은 태생적으로 '궁극적 원인' 따위의 형이상학적 과제를 추구하는 것을 금지하기 때문에 과학 그대로 신학이 될 수는 없고, 신학은 무엇을 수용하든 안 하든 관계없이 과학이 버린 영역을 추구하여야 하기 때문에 둘은 서로 보완적이다. 연구의 영역이 구분되는 것이 아니라, 같은 영역을 전혀 다른 목적과 방법과 동기로 연구하여야 한다. 신학자가 과학을 아는 것은 필요하지만, 과학자가 되려고 하면 안 된다. 과학자도 신앙인이 될 수는 있지만, 과학적 방법으로 하나님에 관한 전부를 설명하려 해도 안 된다. 어차피 불가능한 일이다. 신학이 과학의 어떤 부분을 수용하고 안 하고를 결정하고 발표하는 갈릴

레오적 비극은 이제 끝낼 때가 된 것 같다. 신학의 기초는 절대자에 대한 신앙이지, 과학적 발견이 아니다.

무엇보다도, 필자는 인류의 미래를 비관적이거나 낙관적인 것으로 보는 확정론자가 아니다. 인간의 미래는 선택의 대상이다. 우리 스스로 예수 구원의 완성, 즉 100% 구원을 달성하느냐, 못하느냐에 따라 결정될 것이다. 무대는 다 마련되었다.

100% 구원의 과업은 혼자 하는 것이 아니다. 함석헌 선생은 무교회주의를 주장했지만, 결국 자신도 제자들과 같이 모임을 가지고 포도나무 가지 역할을 하며 예수님이라는 뿌리에 기생하였다. 그것이 교회가 아니면 무엇인가. 교회는 구원을 받은 사람들이 이제는 신도 자신들의 믿음을 성장하게 하는 것을 목적으로 만드는 조직이라고 한다. 믿음을 어디까지 강화할 것인가, 믿음이 강해지면 무엇하나. 믿음의 강화만으로는 부족하다. 교회는 신도들의 독점물이 아니다. 전 인류와 하나님의 연결고리의 위치에 서서 전 인류 역사의 전개를 예수의 요청대로 바꾸는 작업을 중심적으로 수행하여야 하는 하나님의 도구다. 예수님의 몸통이다. 단 한 명이라도 더 구원의 방주에 태워 100% 인류의 구원, 십자가의 약속의 실현, 창조의 완성에 조금이라도 기여하는 것이 교회의 존재 목적이다. "예수 믿고 천당 가자"보다 "예수 믿고 천당 같이 가자" 또는 "천당 같이 만들자"라고 하여야 한다.

수원과 용인 사이에 위치한 광교 호수 부근에 흥덕이라는 신도시가 있고, 그 신도시에 교회가 몇 개 있는데 그중에 선린교회라는 이름의 비교적 작은 교회가 하나 있다. 그 단임목사가 김영신이라는 성실한 목회자인데, 이분의 주장이 귀에 쏙 들어온다. 방주는 배이고, 배에는 유람선과 구조선이 있단다. 유람선은 배를 타고 있는 사람들을 위한 것이고, 구조선은 배 밖에 있는 물에 빠진 사람들을 위한 것이다. 교회는 이 방주 같아서 유람선이 되기도 하고, 구조선이 되기도 한다. 우리나라 교회 가운데 물에 빠진 죄인을 구하는 구조선이 몇 개나 될지 궁금하다. 너무나 많은 한국 교회가 교인들끼리 즐기고 만족해하며, 배가 천당으로 데려다줄 것을 기대한다. 그러나 이 유람선들은 절대로 승객을 천당으로 인도할 수 없다. 그 유람선에는 예수님의 십자가 위의 고난의 자국이 안 보이기 때문이다. 그런 화려한 배에 예수님이 같이 계실 것을 기대하지 말라. 예수님의 피의 속죄는 구조선에 한 명이라도 더 태울 때 그 효험이 커진다. 구원은 완전하지만, 아직 완성된 것은 아니다.

전 인류 구원에 관하여 한 마디만 더 보탠다. 현재 한국 교회는 각 교회 합해 약 8만 명의 선교사를 해외에 파견하였다고 한다. 참으로 치하할 만한 일이다. 그런데 이 선교사들이 현지어로 전도하고 설교를 할 정도로 현지 언어를 배우고 익숙해지는 데 빨라야 4~5년, 긴 경우는 10년도 더 걸린다고 한다. 실제로 반 이상의 소위 선교사들이 현지에 이민 간 한국인 교포를 상대로 선교하고 교회를 운영하고 있다. 이것이 잘못된 것은 아니다. 그러나 이보다 더 잘할 수는 있다. 우리나라에는 이미 190만 명의 외국인 노동자들이 거주하고 있다. 체류 기간이 끝나면 고국으로 돌아가는 이도 있지만, 그 수는 소수이고, 대부분은 남아서 한밑천 잡으려고 불법 체류를 강행한다. 문제는 이 외국인 노동자 수가 누적적으로 커지고 있는 점이다. 한국의 젊은이들이 외국인 노동자들이 채워주는 저임금 비숙련 노동의 수요를 채워주지 않는 한 이들 외국인 노동자들의 수는 계속 늘어날 것이다.

한반도에 흐르는
거대한 두 개의 에너지

안산시 원곡동에 가면 인구가 약 5만 명인데, 그중 한국인 인구가 40%에 불과하고, 60%가 외국인이라고 한다. 물론 범죄율도 한국 타(他) 지역에 비해 훨씬 높다. 우리 정부에서는 이러한 외국인 집단 거주지(diaspora)에 대한 특별한 대책이 없고, 일반 한국 국민들도 그냥 무관심하고, 간간히 신생아를 아무 데나 유기한다는 정도의 뉴스만 가끔 나온다. 예부터 아랍인들이 많이 모여 산다는 운남성 쿤밍 시에 가면 회인 촌(무슬림 촌)이라는 곳이 있는데, 이곳은 이미 중국 공안이 들어가지 못하는 치외법권 지역이 되었단다. 원곡동은 아직 그런 사태는 아니지만, 쿤밍처럼 되지 말라는 보장도 없다.

원곡동에 가면 외국인 노동자들을 상대로 목회를 하며 희생적으로 봉사하는 기독교 목회자들이 있다(예: 넘쳐흐르는 교회의 폴 김 목사). 외국인들의 한국어 실력이 부족해 이 목사님들은 주로 미국에서 온 영어 잘하는 교포 목사인 경우가 허다하다. 물론 이 목회자들도 한국 체류 연장에 다른 외국인 근로자들과 마찬가지로 어려움을 겪는다. 이분들의 헌신과 노력으로 인도인 근로자 한 사람을 기독교인으로 개종시키고, 선교사 수련을 하여 귀국할 때 인도 본국에 선교사로 파견하였더니, 3년 이내에 교인 4천 명짜리 교회를 이룩하였단다. 비슷한 일이 부탄과 미얀마에서도 일어나고 있단다. 앞으로 이런 기적이 아시아 아프리카 여러 나라에서 반복될 것으로 보인다. 이미 11개 국가에 현지인 선교사를 파견하였고, 앞으로 1백 개 국가에 1천 명의 현지인 선교사를 파견하는 것이 목표란다.

1929년에 캄보디아에서 프랑스로 유학 온 청년이 한 사람 있었다. 그 사람의 이름이 폴 포트(Pol Pot)였는데, 이 사람이 후에 캄보디아인 200만 명을 학살한 장본인이다. 만일 그때 어느 프랑스 기독교인들이 그를 예수교인으로 전향시켰다면, 이 대 참사는 일어나지 않았을 것이다. 한국에는 안산에만 외국인 단지가 있는 것이 아니다. 전국 주요 산업단지 부근에는 빠지지 않고 비슷한 규모의 외국인 구역이 있다. 이 중에 몇 명이 앞으로 자기 나라에 가서 폴 포트가 될지 알 수 없다. 그리고 이들과 그의 자손 가운데 앞으로 한국에 엄청난 위험이 될 어린이가 나올지 알 수 없다. 우리가 이들 중에서 많은 이들을 기독교로 개종시키고 선교사로 훈련하여 자기 본국에 돌려보내 선교 활동과 교회 창립을 도와줄 수 있다면 그 효과는 상상을 초월할 것이고, 이들이 한국에 계속 체류한다면 기독교인으로 전향하여 외국인들의 도덕심과 질서 의식을 높이고 한국사회에 자연스럽게 편입시켜 쿤밍 시와 같은 비극이 발생하지 못하도록 할것이다.

자국어를 사용하는 한국이 보낸 선교사들은 도착 즉시 선교가 가능하고, 그 전도 효율의 높이는 한국인 선교사와 비교할 바가 못 된다. 인도인 선교사 한 명을 유지하는 데 한 달에 미화 100달러면 생활비로 충분하고, 활동비와 선교비로 100달러면 충분하다. 월 단돈 20만 원으로 한국인 선교사의 10배, 100배 효과가 있는 선교활동을 할 수 있다. 한마디로 고효율 저비용 선교다. 인도나 중국이나 현지에서 현지인 선교사가 키운 유능한 교인을 한국에 데려와 선교사로 훈련시키고 있는데, 이러한 과정을 계속 반복해나가면, 예수님이 요구하는 전 인류 100%의 구원도 불가능한 일이 아니다.

한국의 각 교회는 이렇게 선발된 선교사를 입양하여 한국인 한 사람 파견하는 비용으로 외국인 선교사 10명을 파견하면 우리는 지금과 같은 예산으로 80만 명의 국제적 선교단을 만들 수 있다. 이 국제적 선교단은 예수님이 흘린 피의 구원의 효과를 최대한으로 확대할 것이다. 우리 교회가 80만 명의 국제적 선교단을 만들어 운영할 수 있으면 그 선교단은 수억 명의 교인을 만들 것이고, 이 수억

명은 종국적으로 전 인류의 100% 구원의 밑거름이 될 것이고, 이 국제 선교단이 자생적으로 지구 끝까지 가서, 인류의 마지막 한 사람까지 구원해야 한다.

지금 한반도에는 두 개의 거대한 역사적 에너지가 솟아나고 있다. 이 한반도에 흐르는 거대한 에너지 중 첫째는 아시아가 한국으로 달려오고 있는 현상이다. 인류가 산업혁명을 통하여 고도의 경제 성장을 달성하고, 20세기에는 누적 성장의 힘으로 대량의 중산층을 창출하고, 적어도 선진국에서는 대부분의 인구가 고도의 번영을 누리게 된 것은 이제 불과 250년 정도밖에 안 된다. 그 사이에 어느새 중산층 젊은이들이 더럽고, 어렵고, 힘든 3D 업종을 기피하는 상태에 도달하여 유럽과 미국의 대부분 국가는 외국인 근로자들을 초청하여 이 격차를 메우며 산다. 그런데 아시아에서는 산업화에 성공한 국가 중에 한국만이 유독 외국인 근로자를 대량으로 받아들인다. 홍콩과 대만은 중국인들을 주로 활용하고, 싱가포르는 인도네시아와 말레이시아 사람들을 주로 활용한다. 일본은 고집스럽게 외국인 이주 금지정책을 유지하며 겁을 내고 있다.

그러나 한국에서만은 중앙아시아에서 시작하여 동남아시아, 남아시아, 서아시아, 서남아시아, 아프리카 등 아시아-아프리카 전역에서 근로자들을 받아들이고 있고, 여기에 한류라는 인기 높은 유행성 문화의 영향으로 각국의 젊은이들이 한국에 오기를 선호하는 상태에 왔다. 국내에서는 학생을 확보하지도 못할 정도로 많은 대학을 만들고 미국의 주립대학교 수준의 유능한 교수를 잔뜩 포진시켜놓고, 학생이 부족하여 외국에서 장학금까지 주며 학생들을 데려오면 상당수가 한국에서 계속 일하고 싶어 한다. 우리나라에는 지금 전 인구의 4%를 바라보는 외국인이 임시 또는 장기로 거주하고 있다. 현재의 정책과 우리 국민의 취업 성향으로 보면 앞으로 전 인구의 10% 정도까지 올라가는 것은 시간문제인 듯하다. 현재의 200만 이하의 외국인이 500만을 돌파할 것을 상상해 보라. 유럽과 남북미를 제외한 전 세계 젊은이들이 한국으로 향하는 추세는 비교적 최근에 생긴 일이지만, 이는 당분간 강하게 지속될 것으로 보인다. 이것이 한반도에서 솟아나는 제1의 에너지이고, 이 에너지는 아시아에서는 유일하게 한반도에서만 발생하고 있다.

두 번째 한반도의 큰 변화는 기독교의 정착과 외부로의 팽창이다. 한반도에 기독교가 처음 도착한 것은 1603년(명의 말, 청의 초기) 조선의 관리 이광종이 포르투갈 신부 마테오 리치(Matteo Ricci)가 저술한 중국어로 된 기독교 서적 몇 권을 들고 들어와 전파한 것이 시작이다. 필그림들이 메이플라워호를 타고 미국으로 향한 것이 1620년이니까, 그보다 조금 전에 조선 땅에 기독교가 들어온 것이다. 1758년(미국 독립 직전) 영조가 천주교를 금지하고 박해하여 일단 주춤하다가, 1884년(임오군란 시, 미 남북전쟁 직후) 미국 북 장로교회 선교사 호러스 뉴턴 알렌(Horace Newton Allen)이 미국 공사관의 직원으로 한국에 들어와 포교를 시작한 것이 개신교의 효시이며,

첫 개종한 한국인은 서상경이라고 한다. 그러나 조선 조정의 붕괴와 일본 식민정부의 박해로 교인 수는 전 인구의 2% 정도에서 주춤하다가 해방 이후에는 종교의 자유와 더불어 급격히 확산되어 이제는 개신교 신자 860만 명, 가톨릭 신자 530만 명, 합하여 1,390만 명의 교인을 자랑하는 한국 제일의 종교가 되었다. 불교신자와 달리 실제로 종교생활을 하는 활성(active) 신자들로 구성된 이 거대한 종교 집단은 그 영향력과 충성도로는 타의 추종을 불허하여, 한국을 실질적으로 기독교적 국가로 만들었다.[62]

그런데 전 세계를 보면, 유럽, 남·북미 모두 기독교의 영향권 하에 살고 있다. 이는 그들의 역사나 전통으로 볼 때 당연한 것으로 보인다. 아프리카도 전통적 미신을 빼면 현대적 종교로 기독교가 지배하고 있다. 그러나 아시아는 예외다. 워낙 오랜 시간 자신의 역사·전통·문화·철학 종교를 키워왔기 때문에 그런지 몰라도, 아시아 각국은 기독교를 별로 받아들이지 않았다. 중국이 그렇고, 인도가 그렇고, 아랍 국가들이 그렇고, 심지어 동남아시아도 그렇다. 기독교의 입장에서 보면 완전히 불모지다. 전 인류의 100% 구원과 하나님의 뜻의 나라를 건설하는 대역사를 시작하는 입장에서 보면, 아시아는 처녀림과 다를 바가 없다. 향료를 구하기 위하여, 차를 싸게 수입하기 위하여,

---

[62] 한국은 종교와 정치가 완전 분리되어 기독교 국가 또는 불교 국가라는 칭호가 맞지 않는다. 그러나 정치 · 사회 · 경제 등 사회운영상 가장 두드러지게 영향력을 행사하는 종교는 기독교이므로 이를 기독교인들끼리만 기독교적 국가라고 칭하고자 한다.

생명을 걸고 엔진도 없는 범선을 타고 대륙 간 항해를 시작하던 유럽의 청년들처럼 가슴 설레는 일이다. 이 거대한 땅이, 이 수많은 인구가 아직도 예수의 구원의 소식을 못 듣고, 전 인류 멸망에 대한 이 기막힌 대책에 관해 알지를 못한다. 이 소식을 전할 자가 바로 우리 한반도에 사는 기독교인들인 것이다. 아시아의 다른 어떤 나라도 이 역할을 할 수가 없다. 우리만이 기독교적 국가를 이 땅에 세웠기 때문이다. 이것이 한반도에 흐르는 두 번째의 거대한 에너지다. 용솟음치는 예수님의 구원의 메시지가 바로 이곳에서 끓고 있다.

하나의 에너지는 선진국을 제외한 전 세계 국가의 젊은이들이 수백만 명씩 한반도로 향하여 오고 있는 힘이고, 다른 하나의 에너지는 이 한반도에 넘쳐흐르는 예수님의 구원의 에너지가 끓어 넘쳐, 아시아 각국에서 온 젊은이들을 통해 각기 자국으로 전달될 힘이다. 이 두 개의 거대한 에너지가 한반도에 모인 것을 보지 못하면 한국의 기독교인들은 장님이고 귀머거리다.

이 너무나도 분명한 하나님의 명령이 안 보이는가? 전 아시아가 지금 한반도에서 쏟아져 나올 구원의 소식, 생명의 소식, 인류의 궁극적 생존의 소식을 기다리고 있다. 그리고 바로 우리가 사는 곳으로부터 20km 이내에 이 일을 감당할 사람들이 다 와 있다. 이 사람들을 그냥 두고 못 본 체하며, 나만 가족과 함께 행복하게 교회에 다니다가 목사님의 축도 속에 평안히 숨을 거둔 뒤, 하나님 앞에 서서 나는 당신이 주신 믿음의 금 주머니 한 달란트를 잘 묻어두었다가

버리지 않고 가져 왔노라고 내어놓을 것인가? 게으르고 악한 자라는 질타를 들을 준비가 되어 있는가? 교회를 유람선으로 착각하는 자는 이 하나님의 명령이 안 들릴 것이지만, 교회를 생명의 구조선으로 아는 참 예수인들은 이 흥분을 못 다스려 잠을 설칠 지경이다.

이슬람, 인류 역사상
가장 오래된 사회보장제도

프랑스의 파리, 마르세유, 리옹 같은 주요 대도시의 초등학교 교실에 가보면 40%가 무슬림 어린이들이라 한다. 기독교 가정의 어린이는 한 집에 한두 명뿐인데, 무슬림 가정에는 아이를 평균 5~6명 낳는단다. 이대로 가면 프랑스 대도시는 2030년을 못 넘기고, 이슬람 교인이 다수인 사회로 변할 것이란다. 아무리 경제적으로 부유해져도 이 무슬림 가족들은 기독교로 개종을 거부한다. 프랑스인 주력사회에 편입이 잘 안 되는 자라나는 무슬림 젊은이들은 지하드(기독교 등 이방인에 대한 이슬람의 거룩한 전쟁)의 최고의 인적 자원 공급처 역할을 할 것으로 보인다. 그래서 일본은 3D 업종(dirty, dangerous, difficult)에 외국인 노동자를 수입하지 않는다. 로보트로 대신하겠단다. 이 폐쇄적 정책 때문에 일본은 머지않아 인구절벽에 봉착할 것으로 보인다. 일본식 갈라파고스다.

이슬람은 종교라기보다 하나의 생활습관이다. 교회가 인간의 생활을 새벽 깨어날 때부터 잠들 때까지 쉬지 않고 간섭하고 독려하며 알라신을 기억하게 하고, 불경스러운 생각을 못하게 하고, 범죄를 짓지 못하게 한다. 그러나 알라의 적이라고 생각하는 모든 인간과 국가에 대하여는 엄청난 적대감으로 폭력을 사용하여서라도 자신의 종교적 신념을 지키고, 남에게 복종을 강요한다. 중앙아시아에서 시작하여 북아프리카 지역까지 뻗어 있는 이슬람은 전 지역에서 통일된 종교적 관습으로 모든 신자의 정신과 생활을 일사불란하게 통제하고 있으며, 중동지방에서는 전 지역에서 언어마저도 유사하거나 동일하여 의사소통에 불편이 없다. 이러한 이슬람의 힘은 어디서 나오는 것일까.

경제사회학자나 역사가들은 이슬람 국가가 공통되게 처한 전근대적 경제 수준과 석유자원에서 답을 찾으려 할 것이고, 신학자들은 교리와 그 우수성에서 답을 찾으려 하겠지만, 일반적으로 잘 알려지지 않은 아주 중요한 이슬람적 힘의 원천이 있다. 모든 이슬람 교도들이 일단 그 안에 있으면 밖으로 나올 수 없는 이유가 있다. 이슬람은 인류 역사상 가장 오래된 사회보장제도이다.

서기 710년에 무하마드는 그가 상인인 아버지를 따라 다마스쿠스에 체류할 때 배운 예수교의 성경과 교리를 그대로 받아들이고, 그 위에 자신이 세운 아랍적 가치와 사회 관리 철학을 바탕으로 새로운 규범의 체계를 만들고, 이를 새로운 경전으로 편찬하여 신 종교를 알라신의 계시로 받았다고 선언하며 이슬람교를 창시하였다. 그런데 이 새 종교에는 과거 다른 종교에서 볼 수 없었던 대단히 독창적인 사회보장제도가 들어 있다. 그 하나는 자카트(Zakāt) 이라고 불리는 헌금 제도로서 모든 신자는 자신의 소득의 2.5%를 무조건 모스크에 헌납하여야 하는데, 이 금액은 모스크의 건설이나 그 운영을 위해 사용되는 것이 아니라, 전액을 불우한 공동체 구성원에게 나누어 주는 자금이다. 이 자금의 배분 역할을 지방 자치단체나 거기서 지정한 사람이 맡아 하는데, 자금 수령자의 신원 확인이나 경제적 고통의 수준과 시급성 등은 관의 자료와 현장 방문을 통하여 확인하고 지급한다. 즉 종교와 국가의 합작으로 만들어 가는 살아 있는 사회보장 제도이다. 이 제도가 1300년 이상 유지되어 온 것 하나만으로도 이슬람교는 신자들의 이탈을 방지할 수 있었고, 유럽의 자본주의 국가들보다 훨씬 더 자비로운 사회 운영체제를 가지고 있다고 볼 수 있다. 한마디로 이슬람은 주변에 굶는 사람을 용인하지 않는다.

둘째로 중요한 사회보장제도는 이자 금지 제도다. 이 제도는 부유한 사람들을 강제로 사회보장적 자선 행위에 끌어들이는 방법으로, 이슬람 교리에 따르면, 모든 재산과 부(富)는 알라의 것이라 가르치고, 막대한 자산을 가지고도 천당에 가려면 이 자산을 이슬람은행에 예치하여야 한다. 이슬람 은행은 이렇게 예치된 자금을 생활상의 필요를 충족시키는 대출과 상업적·산업적 필요를 충족시키는 목적으로 대출을 한다. 여기까지는 서방의 일반 은행과 다를 것이 없다. 그러나 이 대출과 예금은 이자를 받을 수가 없다. 은행은 국민의 자금을 유통하여 경제를 활성화하는 데 기여하는 것으로 족하다. 돈을 빌려간 사업가가 기간 내에 원금을 상환하면 된다. 필요하면 은행에 자금이 있는 한 다시 더 빌려가도 된다. 그러나 빈곤한 사람이나 큰 문제에 부딪힌 사람이 기간 내에 원금을 상환하지 못하면, 채무자는 자신의 빈곤이나 어려운 처지를 증명하기만 하면 원금 상환 자체를 면제받는다. 한마디로 사회보장제도요, 패자 부활제도다. 그 손실은 예금주가 입는다. 이러한 손실은 알라의 뜻이기 때문에 돈의 여유가 있어 은행에 예치한 사람은 어려운 자를 도와주는 선행을 하는 대가로 천당에 간다. 이슬람은행에 여유 자금을 예치하지 않으려면 개종을 하여 이슬람문화와 완전히 격리해 살아야 한다.

이 이자 금지제도는 예수님의 명령과 크게 다르다. 예수님은 "부자가 그를 따르려면 어찌하면 되는가"라고 물었더니 가진 것을 다 가난한 자들에게 주고 빈손으로 나를 따르라고 하였다. 이 명령은 전 세계 모든 부자들의 가장 큰 고민거리다. 예수님을 받아들이긴 해야겠고, 동시에 가진 것을 다 남에게는 주기는 싫고, 참으로 난감하다. 남에게다 주기는커녕 많은 교인들과 목사님들은 있는 것도 모자라 물질적 복을 더 달라고, 장사가 더 번성하게 해 달라고, 더 빨리 성공하여 더 큰 재산을 벌도록 해 달라고 열심히 기도를 한다.

원래 상인이었던 무하마드는 가진 것 남에게 다 줄 것 없다. 그냥 은행에 맡기기만 하여라, 그러면 은행이 알아서 자금을 운영할 것이고, 네가 손해 볼 이자와 약간의 손실로 너는 자선을 하게 되고, 그 결과 천당에도 갈 수 있다고 가르친다.

참으로 영리하다. 원금 상실의 손해는 여러 예금주가 나누어 손실을 분담하게 되니, 각 개인에게 큰 부담도 아니다. 예수님은 앞에도 이야기했지만 대단한 이상주의자다. 물질을 아예 땅에 쌓지말라고 하셨다. 쉽게 좇아갈 수 있는 분이 아니다. 그렇게 보면 이슬람교의 구원이 예수교의 구원보다 더 쉽고 보편적일지도 모르겠다. 이렇게 자카트(Zakāt) 제도와 이자 금지 제도라는 두 개의 기둥으로 이루어진 이슬람 고유의 사회보장제도는 전 세계 무슬림들을 이슬람교라는 뿌리에서 이탈하지 못하도록 단단히 묶어놓고 있다. 신약성경과 제자들과 바울의 가르침에는 이자 금지 명령이 없다. 예수님의 언행과 물질탐구에 대한 질책으로 보아 당연히 이자를 금지하셨을 것으로 유추될 뿐이다. 실제로 유럽의 중세까지는 토머스 아퀴나스의 이자를 금지하는 규범이 살아 있었다. 그러던 것이 르네상스 시대의 유럽경제의 번영과 더불어 슬그머니 이자제도가 살아나고, 고리채 이자만 금지하는 것으로 해석이 되게 되었다. 그 결과 메디치 같은 은행가가 탄생하고, 메디치 가(家)는 세속적으로 탐욕을 추구하던 로마 교황 3명을 탄생시키는 데 주역을 하고, 가톨릭교회는 자본주의 제도의 정당성을 제공하는 정신적 핑계로 전락하고 말았다.

이처럼 한반도에는 두 에너지가 넘쳐흐르고 있다. 우리는 이제 아시아의 누구도 추종을 못할 정도로 기독교화되어 있고, 수만 명의 선교사를 해외에 파견하여 예수의 사랑을 전파하는 에너지가 생겼다. 그리고 전 세계 가난한 국가의 젊은이들이 일자리를 찾아, 공부할 기회를 찾아 즐기며 돈을 쓰기 위하여 한국으로 몰려오고 있다. 놀랍게도 한국 교회의 기독교 전파의 에너지는 멀리 타국에는 잘 퍼져 나가고 있는데, 하나의 작은 국가 인구만큼 많은 국내 거주 외국인들에게는 이 에너지가 연결이 안 된다. 무엇으로 이를 설명할 수 있을까. 아름다운 파란 유리로 지은 화려한 교회에 아프리카나 인도에서 온 시커먼 얼굴의 이방인이 옆에 앉아 같이 예배하는 것을 우리 교인들은 싫어하는 것일까. 교인들이 교회를 떠나갈까 봐 목사님들이 겁을 내는 것은 아닐까.

그보다 더 중요한 것은 우리가 돈을 모아 인도인, 케냐인 선교사를 잘 훈련시켜 모국으로 보내면 그가 만든 새 교회는 단순히 목회만 해서는 안 된다. 빈곤에 찌든 전기도 없고, 깨끗한 식수도 없고, 병원도 없는 양떼와 같은 이들의 목마름과 배고픔을 영구히 해결할 길도 같이 전달하여야 한다. 이 희망을 버린 전근대적 공동체에 희망을 넣어주고, 자신감을 넣어주고, 노력의 대가에 대한 신뢰를 넣어주는 작업이 병행되어야 교회와 공동체와 개인이 다 부흥한다. 우리도 똑같은 상황에서 새마을운동을 통하여 이슬람적 사회 보장 제도보다 더 강력하고 효과적인 주인 의식과 참여 정신을 불어넣어

주었다. 공동체와 구성원의 미래를 책임지려는 젊은이들을 만들고, 이들이 중심이 되어 협력을 통한 공동체 경제의 발전과 구성원 개인의 정신과 생활을 근대화시키는 데 성공하였다. 새마을운동의 성공 체험이야말로 한반도에 흐르는 제3의 거대한 에너지이다. 이 공동체 내의 협력을 통한 자력갱생의 정신이 기독교의 구원의 정신과 결합할 때, 우리가 훈련시킨 외국인 선교사들이 고향에 돌아가 예수 사랑과 새마을 정신을 동시에 가르칠 때 전 인류 구원의 큰 발걸음이 시작된다. 기독교와 새마을운동의 결합은 이슬람의 사회보장제도에 대한 우리의 대답이다. 이것은 한반도가 가진 거대한 세 번째 에너지이고, 전 세계 어디에도 이 세 가지 에너지 즉, 잠재적 현지인 선교사의 운집, 기독교적 구원의 메시지의 전파력, 그리고 선교 지역의 공동체의 근대화를 위한 지식과 경험을 가진 곳은 한반도 이외에는 없다. 이 에너지에 불을 붙이는 것이 오늘날 한반도에 사는 모든 기독교인들의 사명이다.

아담의 에덴동산 추방 이후 인간은 승자에게 무한한 보상을 베푸는 경쟁의 악마에게 여기까지 끌려왔다. 이제는 베드로의 이름으로 세운 예수교의 본당마저 자본주의 시장 경제의 우수성을 찬양하는 도구로 내어주고 말았다. 이제 기독교는 빈곤하고 어려운 이들을 위한 헌신적 노력을 하는 몇 명의 성인의 이름을 외치며 대리만족만을 찾고, 면피를 추구하고 있다. 자기는 스스로 아무것도 아니하면서 알버트 슈바이처, 성녀 테레사, 장기려 박사, 이태석

신부의 이름만 기억하고 거들먹거리면 마치 선행을 하는 것으로 착각하는 사람들 같다. 어느 미국인 지성의 말대로 현대 기독교인들은 "좋은 음식을 너무 많이 먹어, 걸을 수도 없이 살찐 사람처럼 하나님의 좋은 말씀만 포식하고 아무것도 하지 않는" 말씀으로 기름이 흘러넘치는 위선자가 되고 있지 않은가! 내가 속한 그리스도교에는 이슬람과 같은 사회보장제도가 없다.

그렇다고 우리를 둘러 쌓아가고 있는 이슬람, 앞으로 우리를 질식시키려는 이슬람에게 예수님의 전 인류 구원의 역할을 맡길 수는 없다. 이들은 이슬람의 이름으로 자행되는 폭력을 통제하지 못하기 때문이다. 너무 구약 시대적이다. 정의는 살아 있어도 복수가 너무 강하다. 자비와 복종은 있어도, 사랑과 용서가 없다. 반면에 불교와 도교에게도 전 인류 구원의 과업을 맡길 수도 없다. 이들이 추구하는 구원은 영적 신비주의적 경지에 도달하는 것을 전제로 하기 때문에 보통 사람의 구원과는 거리가 너무 멀다. 전 인류의 구원은 보통 사람의 구원을 의미하여야 한다. 몇 명 안 되는 특출한 영적 경험자만을 대상으로 해서는 그들만의 구원이 된다.

전쟁을 포기하고, 서로 용서하며, 모든 사람이 이기적 목적의 경쟁을 자제하고, 뒤처진 사람을 이끌어 주며, 경쟁을 하되, 패배자에 대한 배려를 잊지 않는, 그리고 자신의 정신력으로 자신의 육체적 명령을 다스릴 줄 아는 그런 인간들이 사는 사회를 이 땅에 건설하여, 예수님이 흘린 보혈의 효과와 가치를 최대한으로 높이는 과업은 모든 교회가 추진하여야 할 가장 중요한 임무이고, 예수님의 명령이다. 다른 도덕적 탐구나 자기 수련적 종교로는 이런 세상을 만들 수 없다. 이런 거대한 이상을 품은 종교는 오로지 기독교뿐이다. 아마도 이것이 하나님이 인간을 창조하신 목적이 아닐까 생각한다. 영적 체험을 전제로 하는 기독교, 논리를 배격하고 과학을 배격하고 지성을 배격하고 맹신을 중시하는 기독교인, 격정적 흥분에 쌓여 하나님을 부르짖다 영적 매체와 연결되는 신앙생활을 하는 분들을 볼 때, 나 같은 보통 기독교인은 심한 열등의식을 느낀다. 평생을 교회에 다녔어도 이 '참 믿음'의 길은 멀기만 하다. 하나님의 지시를 받아 외아들 이삭의 손발을 묶어 제단에 올려놓은 뒤, 칼로 그의 목을 따려 하던 아브라함의 이야기를 생각할 때, 우리 보통 기독교인은 숨이 막힌다. 나는 하나님의 명령이라고 하여 나의 외아들은 그만두고 여러 아이들 중의 하나, 또는 남의 집 아이의 목이라도 딸 수 있겠나? 솔직히 남의 목을 따느니 차라리 하나님을 포기하겠다. 그러면 나는 신앙의 낙제생인가? 나 같은 수준 이하의 신앙을 가지고 전 인류 구원의 과업에 나선다면 이는 모순인가?

진정 하나님을 믿는 방법이 기독교 내의 신앙의 귀족들처럼 맹신하는 방법밖에 없을까. 과학을 사랑하고, 하나님이 과학을 배격하지 않고, 사랑한다고 믿는 보통 신자가 하나님을 믿는 방법은 존재할 수 없을까. 과학으로 증명할 수도 없고, 부정할 수도 없는 하나님을 우리가 아는 우주와 자연의 창조자라고 믿는다는 것은 무엇을 의미하나?

결론

과학자들이 찾아내는
하나님의 증거

　　　　　　　　　　　　　　　　예수교는 성경이나 예수의 가르침
가운데 어디서도 과학과 합리주의를 배격하라고 가르친 일이 없다.
구약의 창세 신화와 신약의 요한계시록 두 곳에서 과학적 상식에 어
긋나는 주장을 담고 있어, 이 주장을 옹호하던 나머지 예수교가 마
치 과학을 배격하고, 합리주의적 사고를 불허하는 집단으로 보이게
된 것이 이제 4백 년이 넘는다. 이 기간은 바로 현대 과학이 발전해
온 그 기간이다. 과학은 이제 인간 생활에 있어서 분리가 불가능한
현실이 되었고, 합리주의적 사고를 하는 것은 인간의 자격에 해당하
는 상태에 도달하였다. 그러나 교회는 아직도 이 두 가지 역사적 과
제에 대하여 확정적 대답을 내리지 않고 있다. 한편으로는 우주와

자연은 하나님의 창조물이라고 주장하면서, 그 피조물에 대한 합리적 연구를 통하여 하나님의 창조의 증거를 찾을 생각을 하지 않고, 애써 눈길을 피하려 한다. 타조가 위험을 피하기 위하여 모래 속에 머리를 박는 것과 너무나 흡사하다.

제1장에서 필자는 부족하지만 원시 인간의 물리적 퇴화 과정과 정신적 진화 과정이 동시에 발생한 사실, 사실이라기보다 기적에 가까운 동시변화를 보면, 하나님은 인간을 현재의, 육체적으로는 심히 부족하지만, 정신적으로는 만물의 영장이라 할 만큼 발달된 인간을 만들기 위하여 약 4백만 년 전부터 준비하시고, 인도하신 것이 보인다고 주장하였다. 여기서 하나님의 창조의 증거를 증명할 수 있다는 가능성을 제시하였다. 또한 지구 여러 지역에서 현대적 호모 사피엔스가 동시에 기적적으로 진화한 것을 증명하는 과학자가 다수 있음을 보고하였다. 아메바(Amoeba) 같은 생물체가 수억 년을 두고 현재의 고등 동물과 인간이 되는 과정은 적자생존이라는 자연의 우연적 선택만으로는 설명이 불가능하지만, 무신론자들이 주장하는 대로 한 번만, 딱 한 번만은 우연에 우연을 거쳐 어쩌다가 여기까지 도달하였다고 우길 수는 있다. 왜냐하면, 그의 반증도 불가능하기 때문이다. 그러나 여러 곳에서 동시에 수억 년을 두고 이 같은 기적적 진화가 무수히 거듭되었고, 현재의 시점에서 조사·비교해 보니 현재의 인류는 주거지역이 아프리카이건 아시아이건 유럽이건 상관없이, 다 일가친척처럼 비슷한 DNA를 가지고 있음이 판명되었다. 한 개의

과정(아메바에서 인간까지 진화) 자체가 기적적 우연인데, 같은 과정이 동시에 몇 곳에서 반복되어 결과마저 같아졌다면, 이는 우연이 아니고 필연이다. 이것은 아무리 철면피라도 이를 우연의 일치라고 주장할 수는 없다. 누군가가 그렇게 되도록 인도한 것이다.

과학자들은 과학적 진리를 추구하는 과정에서 자신들이 연구하는 과제가 바로 하나님의 섭리와 역사의 증거를 캐내고 있다는 사실을 모르고 있다. 반면에 과학을 전문으로 하는 일부 기독교인들은 6천 년 전에 우주가 창조되었다는 주장을 증명하려 한다. 하나님의 창조와 간섭의 증거는 바로 우리 코앞에 있는데 과학자들은 관심이 없고, 교인들은 엉뚱한 곳에 영혼을 쏟아부어 연구를 하고 있다. 진화 현상과 과학적 증거를 통하여 과학이 발견한 현상들이 바로 하나님의 섭리 없이는 불가능했다는 점을 기독교 안의 과학자들이 증명하여야 한다. 경제학자가 이런 진리를 주장하도록 놓아둔 것은 예수를 믿는 과학자들의 수치이다.

물론 하나님을 믿는 신앙생활에 합리주의적 분석과 과학적 증거주의로는 설명이 불가능한 부분도 많다. 과학적 증거로 하나님의 창조의 증거물은 수없이 찾을 수 있지만, 하나님 자신을 이런 방법으로 증명할 수는 없다. 생명체들의 현란한 진화과정과 그 흔적에서 우리는 하나님이 이렇게 하신 자취와 증거는 무한히 찾을 수는 있지만, 이것은 어디까지나 정황적 증거다. 이것이 종교 안에서의 합리주의의 한계다.

우리나라 말로 "독자들이 알게 하라", 영어로는 "Let the Reader Understand"라는 이름의, 필자가 읽은 종교 서적 중 비교적 쉽게 쓴 성경해석학 책에서, 댄 매카트니(Dan G. McCarteny)[63]와 찰스 클레이턴(Charles Clayton)[64]은 이 하나님을 믿는 행위를 대전제(The Great Premise)라고 부른다. 증명도 못할 주제에 뭐 검증한다고 애쓰지 말고 그냥 받아들이라는 것이다. 모든 사물의 존재의 원인은 확실히 있다는 확신이다. 굳이 과학적 용어를 사용하려면, 공리라 불러도 좋다. 합리적 분석과 객관적 증거를 신앙에 도입하는 행위의 한계를 이렇게 넘을 수 있다. 이것을 공리주의라고 부른다. 다만 이 부분에 대한 필자의 소견은 본 고의 큰 흐름에서 많이 벗어나야 하기 때문에 여기서는 제외한다.

---

63 댄 매카트니(Dan G. McCartney)는 1971년 카네기멜론 대학(Carnegie – Mellon University)을 졸업하고, 1989년에 박사 학위(Ph.D.)를 취득하였다. 1983년부터는 WTS(Westminster Theological Seminary)의 신약 교수로 재직하고 있다. 저서로는 인용한 것 외에『Why Does It Have to Hurt?: The Meaning of Christian Suffering』과『Machen's New Testament Greek for Beginners』등이 있다.

64 영국의 월드비전(World Vision)의 총무이며,『Let the Reader Understand: A Guide to Interpreting and Applying the Bible』을 댄 매카트니와 같이 저술하였다.

보통 신자의
고민

진화 현상을 포함한 과학적 사실과 합리적 사고방식을 받아들인 기독교는 이제 아주 중요한 질문들에 봉착하게 된다.

대놓고 말들은 안 해도 현대의 기독교인, 특히 지식인이라고 부를 수 있는 부류 가운데 특별한 영적 체험을 해보지 못한 보통 신자들은 몇 가지 정직한 고민거리를 가지고 산다. 정직한 고민이라는 뜻은 하나님을 믿는다는 확신은 있어도, 그리고 성경을 '가능한 한' 글자 그대로 믿고 싶어도, 교회 생활에서 자신의 교육과 상식에 어긋나는 주장이 적잖이 나타나고, 교역자들의 설교 가운데 우리가 미신이라고 냉소하는 것과 유사한 점이 자주 발견되어 자신의 신념과 교회중심의 신앙생활 사이에 심각한 괴리를 느끼는 고민을 말한다. 이러한 고민을 숨기는 것이 부정직한 행동이기에, 이 고민을 인정하는 것이 정직하다.

이들은 이러한 고민을 내놓고 밝히지는 못하고 지적으로 정리하지도 못하는 어정쩡한 상태에서 습관처럼 교회에 다니는 경우가 허다하다. 더 기도하라, 네 믿음이 얕아서 그렇다고 판결을 내리면 그것으로 끝이다. 그러다가 이 고민이 곪아터지면, 교회를 떠나는 이도 있다. 이들의 고민이 필자의 고민이었고, 아직 해결하지 못한 부분도 적지 않다.

우선 원죄는 기독교인의 필수적 신념인가? 아담이 먹은 선악과는 도대체 무엇이길래 인류가 대대손손 그 업보를 안고 살아가야 하나. 내가 무슨 그다지 큰 죄를 지었다는 것인가. 남의 물건을 훔친 적도 없고, 정당방위의 상황을 빼고는 남에게 해를 끼친 적도 없는데, 내가 왜 원죄라는 누명을 써야 하나. 교회에 나가려면, 이 원죄를 꼭 인정하여야 하나.

현대의 조직적 사회에서 큰 범죄 없이 살아가는 보통 사람들은 이 원죄를 거부하고, 유신론자이면서도 교회가기를 꺼린다. 제2장에서는 바로 이 점에 대하여 필자의 답을 제시하였다. 즉 선악과를 먹는 행위라 부르던, 또는 인간의 자각사건이라고 필자가 칭한 문명의 효시(曉始)이던 상관없이, 짐승 같은 인간이 두뇌가 발달하고, 자각을 경험한 이후 인간은 경제생활이라는 새 존재 양식에 얽매어 경쟁의 노예가 되었다. 육체적으로 연약한 동물인 인간이 필연적으로 집단생활을 하게 되고, 집단생활은 식량과 같은 경제적 재화의 희소성을 가져 왔고, 이는 경쟁의 법칙을 배태하고, 그 경쟁의 승리를 위하여 수천 년을 두고 전쟁을 하였고, 승리를 위하여 기술 발달을 촉진한 결과 이제 우리는 인류의 자멸의 위험 속에 나날을 살고 있다. 이것이 바로 전 인류가 피할 수 없는 원죄인 것이다. 이 원죄에서 해방되려면, 인간의 기본적 생활 방법을 바꾸어야 한다. 경쟁이라는 원죄를 털어버리고 무한 관용과 원수까지 사랑하는 새 생활방법이 아니면 우리는 자멸할 운명에 처한 것이다. 기독교는 이 원죄를 설명하는 데 대단히 미숙하다.

두 번째 고민은 하나님이 누구인가라는 종교의 기본적 질문으로서, 하나님을 어떻게 인식하여야 하는가에서 출발한다. 인간의 인지 능력은 극히 제한되었고, 불안정하고, 신뢰성이 아주 낮다. 개가 우리보다 더 멀리 냄새를 맡을 수 있고, 독수리가 우리보다 더 멀리 볼 수 있다. 그러나 인간의 동물적 능력이 항상 이렇게 열등한 것은 아니었고, 인간이 자각 능력을 얻고, 지혜를 얻고, 고도의 지적 학습 능력을 얻고, 선과 악을 구분할 수 있게 된 때 전후에 인간 본래의 본능적이며 동물적인 인지 능력을 대부분 상실한 것을 이미 설명하였다. 그러나 설혹 인간의 인지 능력이 동물처럼 뛰어나다 하더라도 인간의 인지 능력, 즉 아는 능력은 크게 믿을 것이 못 된다. 그 이유는 인간은 자각적 능력이 생긴 후에 주관이 뚜렷한 동물로 진화했기 때문에 모든 사물을 인식하는 과정에서 스스로 정보를 처리하고, 정리하고, 저장하는 습관을 가지게 되었다. 이 정보 처리 과정은 객관적으로 존재하는 현상과 사물을 주관적으로 판단하고, 정리, 저장할 뿐 아니라 데이비드 흄[65]의 주장대로 주변 사람들과 다 같이 사용하는 공통의 상징적 코드, 즉 언어와 어휘를 붙여 저장한다. 누군가가 "말(horse)이 온다."라고 이야기하면, 사람은 각기 다른 생각을 한다. 자기가 저장한 '말'이라는 언어적 코드와 연결된 이미지를 기억 저장고에서 찾아내 각자 다른 이미지를 연상해 낸다. 그것은 각자가 말이라는 동물을 처음 인지했을 때 저장한 그림을 연상하기 때문이다. 같은 말을 하면서도 생각은 다 딴판이다. 따라서 인간이 하나님을 안다는 말은 그 뜻이 천차만별일 것은 당연하다.

하나님을 인식하는 노력은 보통 어려운 일이 아니다. 누구도 하나님을 직접 보지 못했기 때문에 인지하고 자시고 할 형편이 못된다. 몇 명 안 되는 하나님의 목격자 중, 예를 들어 모세는 마른 풀에 붙은 불의 형태인 하나님을 보았다. 대부분의 구약의 선지자들은 하나님을 목소리로 접했고, 바울은 하늘에서 내려오는 밝은 빛과 무시무시한 소리로 접했다. 직접 하나님을 접해 보지 못한 일반인들

---

[65] 데이비드 흄(David Hume)은 1711년에 스코틀랜드에서 태어난 철학자이자 경제학자, 역사가이다. 서양 철학과 스코틀랜드 계몽운동에 관련된 인물 중 손꼽히는 인물로, 그의 철학은 많은 역사가와 사상가들에게 회의론적 자세를 가지게 하였다.

에게는 하나님을 어떤 이미지로 생각할 것인가에 대한 정답은 없다. 현재 살아 있는 사람들 가운데도 전 하바드 대학교 신경외과 교수 이븐 알렉산더 박사나 전(前) 주중 한국 대사를 지낸 김하중 장로나, 기타 필자가 아는 상당수 인사들이 하나님과 대화를 한 경험이 있다고 한다. 하나님을 직접 접했다고 고백하는 이들이 보고하는 하나님의 형상은 서로 너무나 다르고 일관성이 없다. 다시 말해 하나님은 우리 모든 인간들이 인식할 수 있고, 고통 없이 받아들일 수 있는 여러 가지 방법으로 자신을 보여주시는 것이다. 하나님은 인간이 파악할 수 없는 우주의 창조자이기 때문에 인간이 상상할 수 있는 이미지에 구속될 수가 없다.

어떤 이미지로 하나님을 섬기든 그것은 개인의 자유다. 다만 자기가 채택한 이미지를 남들에게도 강요하는 이가 있다면, 이는 넌센스다. 하나님은 그 모습에 대하여 결정을 내리겠다는 인간의 욕망을 거절하신다. 그러나 누구든지 자기 신념으로 하나님의 모습을 정하고 그 개념으로 하나님을 믿겠다면, 하나님은 무한한 관용으로 허락하신다.

하나님을 아는 데는 그보다 더 심각한 문제가 있다. 우주의 3차원 공간에 존재하는 우리 모든 물체들은 다 똑같이 우리가 경험하는 '우리의 시간'의 노예다. 나의 시간이 1초 지나갈 때 다른 물체들도 다 같이 1초를 보내야 한다. 경우에 따라 그 1초가 상대적으로 더 길거나 짧을 수는 있어도 같은 양의 시간을 보내지 않을 수는 없다. 여기에 눈을 감고 시간과 공간을 넘나드는 4차원의 존재를 상상해 보라. 아인슈타인은 우리의 우주는 공간이라는 씨줄과 시간이라는 날줄로 짜여졌다고 한다. 우리의 시간 시스템에서 해방된 다른 시간 체계에 존재하는 동물이나 물체가 내가 지금 앉아 있는 자리에 1초 뒤에 앉아 있다면, 그 존재를 우리가 인식할 수 있을까. 냄새도 맡을 수 없다. 우리의 시간 단위로는 단 1초나 10분이 지나갔지만, 결과는 전혀 다른 세계이기 때문이다. 인간에게는 이 다른 세계로 가는 연결 고리가 없다. 하나님은 우리의 우주라는 3차원 공간과 그 안에서 작동하는 시간이라는 계산 단위를 창조하신 존재이므로 이 시간과 공간이라는 4차원을 초월하는 것은 물론 다차원이라는 표현이 적합하지도 않을 정도로 초월적인 존재이시다.

나아가 하나님은 지고의 선이라거나, 무소불능이라거나, 진노하는 하나님이라거나, 질투하는 하나님이라거나 하는 신의 속성에 자물쇠를 채우는 행동도 거부하신다. 인간이 스스로 하나님의 자격을 설정해 놓고, 그 속성이 성경 속에서나 또는 현실 세계에서 일관성이 없다고 느껴질 때 논쟁을 하는 행위는 본질을 떠난 시간 낭비다. 하나님은 자신의 모든 속성을 보여줄 수도 있고, 전혀 안 보여줄 수도 있다. 하나님을 인간이 만들어놓은 상자 속에 가두어 놓고, 그 체포된 신을 믿으라고 한다면 누가 믿겠는가.

만일 무한히 가능한 형상 가운데서 한 가지의 형상을 선택하여 이를 하나님의 고유하고 유일한 참모습이라고 국가의 법으로 결정한 뒤 만방에 선포하여 이를 따르지 않는 자를 국법으로 처벌한다면 이것은 미신에 불과하다. 다니엘과 그 친구들을 핍박하던 느브가네살 왕과 다를 바가 없다.[66] 오늘 우리나라의 교회가 이와 얼마나 다를까? 어쩌면 예수님의 초상화가 어느 교회에 가도 그리도 다 똑같은지, 마치 2천 년 전에 어느 화가가 예수님을 직접 보고 초상화를 그리기나 한 것 같다. 그러나 이것이 진실이 아닌 것은 누구나 다 안다. 교리도 그 같은 오류를 범할 수 있다. 하나님의 모습을 100% 파악한 사람들 모양 내 인식방법이 정통이고 네 인식방법이 이단이라고 논쟁들을 하면, 일반 신도들이 확신할 수 있는 유일한 것은 우리는 잘 모른다는 고백밖에 없다. 그래서 모르니까 믿는 것이다. 믿는 것과 아는 것은 다르다. 합리적 사고를 원하는 교인은 교회가 왜 알 수 없는 것을 안다고 우기고, 믿어야 하는 것을 아는 것과 동일시하는지 혼란스럽다.

또한 하나님은 인간이 제대로 인식하고 이해하기에는 너무 크고 위대하여 인간들이 각자 시대에 따라 알아듣고 이해할 수 있는

---

66 기원전 6세기 이스라엘 소년 다니엘과 친구들을 당시 바빌론 왕이 열방의 왕족과 귀족의 자녀를 충실한 부하로 만들기 위한 바빌론 문화와 철학 및 사상교육을 하였다. 다니엘은 이 소년들과 함께 바빌론 문화와 전통을 익히며 훈련을 받았다. 그래서 다니엘도 당시 일제 강점기 창씨개명처럼 벨트사차르라고 이름을 바꾸었다(다니엘 1:7). 다니엘은 왕인 느브가네살의 자문을 맡으며 왕정에 현명하게 자문하였다. 다니엘의 적들은 왕이 만든 금신상에게 예배하지 않으면 왕명 불복죄로 사형하는 법을 통과하여 왕의 금신상 앞에 예배하기를 거절하는 다니엘의 친구들을 불가마에 던졌으나, 하나님께서 기적으로 살려주신다. 그 결과 느브가네살이 감격하여 여호와를 유일신으로 믿는 개종을 하였다 한다.

만큼만 보여주시고, 알려주신다. 선택적 계시(selected revelation)라 부를 수 있는데, 개인의 체험이 다 다르듯이 하나님을 체험하는 것도 다 다를 것은 자명하다. 하나님은 너그러워 내가 어떻게 이해하든 다 용서하신다. 어차피 다 알 수는 없는 것이기 때문이다. 너희들이 아는 나의 모습과 속성을 가지고 서로 옳다고 우기지들 말고 공부나 더 하라고 하신다.

실제로 보통 인간이 하나님을 알아가는 행위는 하나님의 창조의 증거인 피조물을 통해 아는 것이고, 그 피조물이 우주이고 자연이고, 우리 인간이다. 이 피조물의 성질과 존재 양식, 그리고 작동 원리를 아는 것이 과학이고, 과학을 통하지 않고 피조물을 이해한다는 것은 하나님을 직접 만나본 신앙의 귀족들을 제외하면 불가능하다. 그래서 과학이 바로 신학이다. 과학이 이 우주와 자연을 제대로 다 이해하는 날에 너는 나를 훨씬 더 잘 알게 될 것이다! 라고 하신다. 이것이 필자의 새 신앙이다. 이 우주 공간의 생물체와 무생물체들 가운데 나타나는 하나님의 창조의 흔적들을 연구하여 창조의 비밀을 하나씩 풀어나가는 과학은 진정한 신학이고, 이 과학은 언젠가는 올바른 신학과 무한소(無限小)[67]로 접근할 것이다.

셋째 과학과 합리적 사고를 사랑하는 교인들은 우리의 신앙 체계 안에 존재하는 믿음에 대한 보상과 죄에 대한 벌에 관해 상당히

---

[67] 수학에서 사용하는 용어로 일반적으로 0보다는 큰 양수의 수이지만, 무한히 작은 것을 말한다(無限小, infinitesimal).

불편하다. 죽어서 천당 간다는 이 종교적 보상은 꼭 필요한 것인가. 예수님이 누차 이야기한 하늘나라는 신앙에 대한 보상의 방법인가, 아니면 선한 사람들이 모여 사는 예수의 이상향인가. 지금처럼 신앙을 지키는 데 아무런 생명의 위험도 없는 세상에서 믿음을 지키는 행위에 꼭 보상이 필요한가. 천당이라는 보상약속이 없으면 기독교는 무너지는가. 그보다 더 본질적으로 인간은 이 보상의 약속이 없으면 선해질 수 없는가. 영어 격언에 도덕의 목적은 도덕 그 자체라고 한다. 보상이 꼭 있어야 도덕을 체질화할 수 있다면, 기독교가 요구하는 선함은 그 수준이 이 영어의 격언보다 한 수 아래가 된다. 기독교는 자발적으로 도덕적 삶을 사는 이들에 대한 모욕인가.

예수님이 십자가 위에서 흘린 피로 인간은 구원받았다. 그러나 이 구원은 세 가지 큰 조건을 달고 왔다. 첫째 조건은 신앙심이 있어야 한다. 믿어야 예수인이다. 왜 믿어야 하나? 그를 따르면 생명을 얻는다고 했다. 왜 생명을 얻는 것일까. 인류의 전멸을 피하면 생명을 얻는 것이다. 어떻게 인류의 전멸을 피할 수 있을까. 용서를 배우기 때문이다. 관용과 공존과 평화와 사랑은 구원의 두 번째 조건이다. 용서하다 보면 공존의 지혜를 터득하고, 공존하다 보면 사랑하고, 사랑하다 보면 원수까지도 사랑하게 되고, 여기까지 도달하면 인류는 스스로 천당을 만드는 것이다. 그것이 하나님의 보상이다. 예수 믿으면 죽어서 천당 간다고? 죽어본 일이 없어서 잘 모르겠지만, 그것만으로는 부족하다. 나 천당 보내려 예수님이 십자가에서 피를 흘리셨겠나. 우리 모두에게 생명을 주시고, 영생을 주기 위해 피를 흘린 것이다. 하나님의 창조의 목적인 인간완성을 위하여, 주의 뜻이 이 땅에 이루어지게 하기 위하여, 피를 흘리신 것이다. 전 인류의 100% 구원이 예수님의 세 번째 구원의 조건이다.

천당이라는 신앙의 보상을 다시 생각해 보자. 어느 종교이든 이 보상을 약속하지 않는 종교는 없다. 어느 독설가는 종교는 보험금을 지급하지 않는 보험업이라고 했다. 보험금은 죽어 천당에 가서 받으라는 것이다. 그러나 그 수많은 종교 가운데 교주가 자신의 목숨을 바쳐 교도들에게 진정으로 이기는 것은 인간세상의 법칙으로 보면 지는 것이라는 역설적 진리를 몸소 보여 준 경우는 예수님뿐이다. 무한 용서, 원수 사랑, 나보다 너희들의 평화와 안녕을 위하여 내 가진 것을 모두 다 주는 사랑, 이런 사랑은 간혹 인간의 부모들 가운데서도 발견한다. 무조건적 사랑이다. 내 사랑하는 자식이 피해를 받았을 때 부모는 복수하기 위하여 자신의 인생마저 버리는 경우도 있다. 예수는 바로 여기서 복수의 정당성을 부정한다. 정당한 복수가 바로 인류 멸망의 원인이기 때문이다. 정당한 복수가 다 실행되면 이 지구상에 인간이 남아 있을 수 없기 때문이다. 이러한 간단한 산술을 인간은 터득하지 못했지만, 예수님은 뼈저리게 느끼고, 복수의 역사를 공존의 역사로 바꾸어 놓는 작업을 자신의 피로 달성한 것이다. 참으로 드라마틱한 방법이지만, 무지한 인간들에게는 이 방법밖에 알아들을 수 있는 방법이 없었다. "진정으로 내 피를 보아야 너희(모든 인류)는 서로 미워하는 것을 멈추겠느냐?"라고 하며, 원수 사랑을 몸으로 설파한 것이고, 이 행위가 바로 "하나님이 이 세상(인간)을 이처럼 사랑하사"(요한복음 3:16)라는 말의 증거다. 그래서 우리는 십자가를 생각할 때마다 돌아가신 부모를 생각할 때처럼 뭉클해지는 것이다. 이 생명의 보상 이외에 무슨 보상이 더 필요한가.

위에서 창조의 목적을 부정하면, 그것은 무신론과 동일한 것이라 설명하였다. 목적이 있어야 우주와 자연의 설계를 할 수 있고, 집을 지을지 다리를 지을지 목적이 없으면 우연히 어쩌다 이렇게 되었다는 말밖에 안 된다. 그것이 바로 무신론이다. 창조의 목적이 있어야 창조행위가 가능하고, 창조행위가 있어야 종교가 존재한다. 생명과 무생물의 존재의 본질이 바로 창조이기 때문이다.

창조의 원대한 목적을 위하여 예수님이 십자가 위에서 하나님과 약속한 구원의 계약으로 인류는 인간의 완성, 인간 사회의 완성을 향한 넓은 통로를 받았고, 이는 하나님의 창조의 완성과 직접 연결된다. 창조의 완성이 무엇인지 우리는 알 수 없으나, 인간과 그 사회의 완성이 창조의 완성의 중요한 한 부분일 것은 알 수 있다.

하나님의 지적 설계론과 과학과 진화 현상을 합하고, 젊은 창조론 같은 억지는 배제하여야 한다. 교회는 지적 설계론만 주장해서는 안 된다. 지적 설계주의는 하나님의 창조의 목적을 설명하는 데 게으르다. 설혹 창조의 목적을 설명한다 해도, 인류가 다 사라진 뒤에 달성되는 목적은 의미가 없다. 살아있는 인간에 대한 하나님의 기대하는 바가 바로 인간을 만든 목적이다. 죽은 인간에게 하나님이 무슨 기대가 있겠는가. 인간의 삶을 예수님의 가르침으로 순화하고, 선도하는 것이 그 목적을 달성하는 것이다. 4백만 년간 진화한 우리의 정신이 우리의 육신의 지배에서 해방되어 분노를 관리할 줄 알고, 공존과 평화의 문화를 실천하는 것이다.

즉 인간창조의 목적은 사랑과 평화를 이루어 인간과 인간들 사이의 관계를 완성하고 인간을 완성하고, 이 인간완성을 통하여 인간과 하나님과의 관계를 회복하고, 선악과로 깨어진 하나님과 인간과의 관계를 정상화하는 것이다. 그것이 바로 구원이다. 이것은 죽어 천당 가는 것보다 비교할 수 없이 중요한 목적이다. 그래서 진정한 기독교인은 교회가 약속하는 천당이라는 보상에 대하여 뭔지 모르는 거부감을 가지게 된다. 그런 한가한 소리나 하고 있기에는 교인이 할 일이 너무나 많기 때문이다.

전 인류의 구원은
꿈이 아니다

인간이 궁극적 자멸에서 구제받을 길은 오로지 하나님이 원죄적 징벌을 종결하셔야 한다. 예수는 모든 인간에 대한 하나님의 포괄적 용서를 위하여 자신의 몸을 바쳐 호소하고 강구하였다. 하나님은 이를 받아들이셨으나, 이 포괄적 용서는 용서를 스스로 요구하는 자에게만 허락하셨다. 이 자진해 용서를 구하는 행위는 바로 예수를 받아들이는 것이고, 이것이 믿음이다. 그러나 예수를 받아들이는 행위는 바로 예수님의 명령을 따르는 것이고, 예수님의 명령을 따르는 행위는 결코 쉽지가 않다. 예수님의 인간에 대한 요구는 한마디로 사랑과 자비의 생활 자세이지만, 그 사랑과 자비는 물질적 부(富)를 포기하고, 약한 자를 보호하며, 원수를 무한대로 용서하라는 초인간적인 생활의 명령이다. 믿으면 다 구원받는 것이 아니라, 구원을 받을 자격이 생긴다 라고 하는 것이 옳다.

그는 우리에게 "그것이 어렵다고? 그러면 그보다 덜 어려운 방법 하나 가르쳐 줄게."라고 하신다. "너희는 선악과 사건 이후 지능을 얻은 결과로 언젠가는 완전 몰살될 수밖에 없는 운명이야. 이 경쟁의 악마가 준비한 몰살의 시나리오에서 탈출하는 방법은, 이 악마의 요구를 용기를 내어 거절하는 것이고, 이는 전쟁을 거부하는 것이야. 전쟁을 거부하려면 우선 보복을 거절하여야 해. 보복을 거부하려면 보통 인내가 필요한 것이 아니지만, 만일 너희들 모두가 보복을 동시에 거부하기로 약속한다면 훨씬 쉬울 것이야."라고 하신다. "보복을 거절하면 전쟁은 확실히 줄어들 거야. 그러나 보복이 목적이 아닌 집단적 욕구를 충족하기 위한 전쟁은 계속 발생할 것이므로 이를 막으려면 한 집단이나 민족의 이기적 목적으로 전쟁을 일으키는 자들을 공동으로 막아서라도 전쟁을 불가능하게 만들어야 해. 육체의 욕구대로 다 충족시키려 하지 말고, 이를 절제할 수 있는 정신력을 키워 정신이 육체를 지배하는 것이 모든 공동체 구성원에게 필요할 뿐 아니라, 충분히 가능하다는 것을 상식으로 여기는 점잖은 사람들의 사회를 만들어봐. 공동으로 막아서라도 전쟁을 불가능하게 만들어야 한다."

이것이 예수님이 2천 년 전에 인간에게 주신 비법이다.

1945년 이후 핵무기와 대량 살상 무기의 개발로 인류는 경쟁적 인류사회의 생존과 멸망의 기로에 섰다. 인간의 자유의지는 여기에서 예수님이 2천 년 전에 주신 평화의 레시피를 받아들인다. 그래서 일단 대형 전쟁은 막았다. 그러나 이 평화가 아닌 비(非)전쟁 상태는 대단히 불안정하다. 집단적 욕망과 보복을 원천적으로 제거하여야 이 비 전쟁 상태는 안정적 평화의 상태로 전환된다. 인간은 그 비법을 모른다. 그래서 이를 대비하여 예수님은 2천 년 전에 예수교를 만들게 하고 보복의 원천적 제거와 욕망의 효율적 관리 방법을 제시하신 것이다. 미국의 존 F. 케네디 대통령은 그가 암살당하기 얼마 전에 그가 달성하기 원하는 평화를 어느 연설에서 밝혔다. 그가 원한 평화는 단순히 "미국인만을 위한 평화가 아니라, 전 세계 만민을 위한 평화, 우리 시대만의 평화가 아니라 앞으로 영구한 평화"라고 선언했다. 생각하는 기독교인은 다 같은 생각을 하나 보다.

이 위대한 전 인류 구원의 사명을 누가 실천할 것인가? 물론 교회다. 교회가 외국인 선교사를 대량으로 파견하는 것이다. 그렇게 간단한가. 이 대역사에서 '나'는 어디에 속하는가. 지금까지 우리는 너무 심령주의적 소수의 탁월한 신앙과 헌신에만 의존한 것은 아닐까? 필자가 신앙의 귀족이라 부르는 극소수에게만 이 일을 맡기고 우리 보통 신자들은 구경만 하면 되는 것인가. 그래서 전 인류의 구원이 실제로 발생한다고 보는가. 그것은 불교식 해법이다. 야단법석(野壇法席)에서 시끌거리기나 하는 보통 불교 평신도들 사이에서 이러한 문제의식이 나올 수 있을지 모르겠다. 그렇다고 매일 새벽 기도회에 나가 전 인류 구원을 위해 기도하면 되는가. 이제는 보통 기독교 신자들, 과학을 두려워하지 않고, 합리적 사고 방법으로 무장한, 모르는 것은 모른다고 주장할 수 있는, 상식과 기독교가 그리 멀지 않다고 믿는 신자들이 나설 때가 되었다. 우리가 이제부터 전도의 대상으로 할 인간들은 대부분 이런 사람들이기 때문이다. 전 인류 구원의 수혜자가 바로 이러한 보통 상식을 가진 합리적인 사람들이기 때문이다.

기독교는 비합리적이지도,
비논리적이지도 않다

종교의 역사는 수만 년까지 거슬러 올라가지만, 과학의 역사는 관점에 따라 차이는 있어도 대략 400여 년 정도다. 종교는 인간과 신의 관계를 추구하지만, 과학은 자연에서 인간의 편견을 제외하고 자연을 있는 그대로 관찰하여 그 특징과 존재의 본질을 추구한다. 그런데 종교는 사물의 존재의 본질을 창조주의 의지에서 찾고 있고, 과학은 궁극적 진실이 존재한다는 가정 하에 이를 추구하지만 이 본원적(本源的) 진리가 우연이었을 것이라고 믿고 있다. 수천만 개의 무의미한 경험적 진실들을 종합하다 보면 언젠가는 궁극적 진리에 도달할 것이라는 가설을 맹신한다. 그렇게 도달한 존재의 궁극적 원인이 우연이었을 것이라는 주장도 하나의 가설이고, 창조주의 의지가 그 원인이라는 주장도 가설이다. 신학은 눈앞의 과학적 사실에 대한 연구에 게으르고, 과학은 우연적 존재론에 대한 맹신 때문에 큰 그림을 보지 않으려 한다. 그래서 둘은 같은 것을 찾고 있으면서도 실제로는 평행선을 달리기만 한다.

이제 종교는 천동설 같은 원시적 토목공사 이론을 방어하는 비현실적 자세를 버리고 과학적 진실에 눈을 뜰 때가 되었다. 진화론은 다윈과 도킨스의 무신론적 논리이지만, 진화 현상은 우리 생활 속에 깊숙이 존재하는 자연 현상이다. 따라서 진화 현상은 신이 자연을 가동하는 중요한 도구이고 피조물이다. 5억 년이 넘는 생물체의 진화 현상에서 우리는 신의 창조의 흔적과 증거를 무수히 찾을 수 있다. 진화 현상은 새로운 신학 연구 방법이고 과학은 최고의 신학이다.

과학자는 종교적 주장을 비합리적 주장으로 본다. 종교가 비합리성을 탈피하려면 합리적 논리와 경험적 증거를 바탕으로 진화론이나 무신론의 비합리성을 설파하여야 한다. 필자는 진화론의 논리적 비약과 증거의 결핍을 설명하고, 유인원 시절에 시작한 인간의 육체적 퇴화와 정신적 진화의 동시 발생 현상, 그리고 호모 사피엔스의 다 지역 동시 진화라는 극도의 기적적 현상에서 비우연적이고 계획적인 하나님의 섭리와 그 과학적 증거가 눈앞에 널려있음을 설명하였다.

이 책은 필자의 종교적 고민들을 합리적 사고방식으로 풀어보려는 시도와 노력에서 출발하였고, 제1장에서는 진화론적 우연 맹신주의의 허구성과 논리적 비약을 설명하였다. 이어 4백만 년 전에 시작한 인간의 육체적 퇴화와 정신적 진화의 교차 현상을 설명하고 인간의 다(多) 지역 동시 진화를 설명하여 하나님의 창조적 설계의 불가피성을 논하며, 이어서 (제2장) 합리주의에 근거한 성경의 부분적 재해석을 통하여 경쟁 사회의 출현과 희소성의 지배에 의한 인간의 황폐화를 설명하고 여기서 원죄의 씨를 찾았다. 이 경쟁 사회가 가져오는 인류의 종말을 위한 질주(제3장), 즉 경제적 번영과 재화의 희소성의 감소가 역으로 재화의 희소성을 강화하는 인류 문명의 비극적 결과를 설명하고, 경제적 목적을 위한 전쟁이 기술의 발달을 낳고 과학을 인류 종말의 도구로 만든 역사를 설명하였다.

그러나 인간은 문명의 종식을 막기 위한 필사의 노력으로 공포의 균형을 통한 전쟁을 억제하는 데(제4장)까지는 달성한다. 그러나 이 깨지기 쉬운 공포스런 균형에 안전 장치를 다는 방법이 바로 예수의 무한 관용과 원수 사랑의 가르침이고, 함무라비 이후의 공평 보복의 법칙이라는 정의로움이 바로 전 인류 공멸의 법칙인 점을 예수는 자신의 목숨을 바쳐 증명하였다(제5장). 소위 정당한 보복이 있는 한 공멸은 불가피하다. 원수를 사랑하는 초인간적 요구를 실천할 수 있을 때 비로소 인간은 공멸을 피할 수 있지만, 이는 바로 인간의 완성이고, (제6장) 육체의 요구를 정신적 힘으로 지배할 수 있음을 의미한다. 이것이 바로 인간의 완성, 인간 사회의 완성, 그리고 주 기도문의 "뜻", 이 땅에서도 이루어지는 상태일 것이다.

나 혼자 신앙이 독실하여 곱게 죽어 천당 가는 것이나, 하나님을 몸소 만나는 영적 체험은 기독교적 존재 목적 가운데 극히 일부분일 것이다. 인류 문명의 존속을 위하여서 예수의 무한 용서의 지혜를 전파하는 것이 그가 2천 년 전에 피를 흘린 목적이다. 그의 아버지는 4백만 년 전에 지구상에 인간이라는 동물을 골라 육체를 퇴화시키고, 정신을 진화시켜서 극히 비자연적인 동물을 만드셨고, 이 인간은 지혜와 보호 본능으로 자기말살 능력을 보유하게 되었고, 정의라는 이름으로 멸종을 향해 질주하고 있다. 그것이 정의가 아니고, 사랑이 정의라는 것을 그 아들은 목숨을 바쳐 설명한 것이다. 그래서 기독교는 비합리적이지도 않고, 비논리적이지도 않다.

저자 박웅서

저자 소개

박웅서(朴熊緒)

경기도 용인시 기흥구 선린교회 섬김

학력

서울대학교 상과 대학 경제학과 졸
피츠버그 대학교 경제학 박사

경력

1961~1968 한국은행
1970~1978 호주 멜버른 대학교 경제학 교수
1978~1982 한국국제경제연구원, 산업연구원 연구부장
1983~1998 삼성 이병철 회장 고문, 삼성전자 및 삼성물산 부사장
　　　　　　삼성석유화학 및 삼성경제연구소 사장
2001~2004 세종대학교 경영학과 정교수
　　　　　　대통령 자문 정책기획 위원(김영삼 전 대통령)
　　　　　　대통령 자문 교육개혁 위원(김대중 전 대통령) 등

상벌

1995 국민훈장 모란장 (한국 산업환경 개선 주도 기여(전경련 산업환경위원회 위원장))
1995 국민 포장
1998 대통령 포장 등

저서

- 『Balancing Between Panic and Mania(아시아 경제 위기)』, 삼성경제연구소, 1999(영문 저서)
- 『고용 없는 성장과 응원석 경제』, 국학자료원 산하 북치는 마을, 2012
- 『경제의 발전과 위기』, 삼성경제연구소, 1997
- 『Korea and her Neighboring Econimies』, 서울대학교 출판부, 1986
- 『중공의 현대화와 우리 경제의 대응』, 국제경제연구원, 1979
  등 18권

주요 참고 문헌

1. NIV(New International Version) 성경, 신약과 구약

2. 위키피디아(Wikipedia), 구글(Google)

3. 『예수와 다윈의 동행』, 신재식, 사이언스 북스 출판, 2013. 07

4. 『The Selfish Gene』, Richard Dawkins, Oxford 대학교 출판, 1976.

5. 『The Blind Watchmaker』, Richard Dawkins, 뉴욕 W. W. Norton & Co., 1986.

6. 『Getting Here, The Story of Human evolution』, William W. Howells, Howells House, 1997. 8.

7. 『Mitochondrial DNA and human Evolution』, Alan C. Wilson; Cann, R. L, Stoneking, M, Nature 32; 31 – 36., 1987

8. 『The Multiregional Evolution of Humans』, Alan G. Thorn and Milford Wolpoff, 1992. 4., p77

9. 《Not Out of Africa – Alan Thorne's challenging ideas about human evolution》, Joseph D'Agnese, 2002. 8., Web page (eMagazine) and Discover Magazine, Kalmbach Publishing Co. Retrieved 3, 2012. 4.

10. 『A Short History of Nearly Everything』, Bill Bryson, Doubleday and Black Swan, 2003

11. 『Guns, Germs, Steel – The Fates of Human Societies』, Jared Diamond, W.W. Norton, 1997

12. 『Nonoverlapping Magisteria』, Stephen Jay Gould, Natural History 106, 1997. 3.

13. 『성경 해석학』, 댄 맥카트니, 찰스 클레이턴, 2000 한국 기독학생회 출판부 IVP

14. 『Am I A Monkey: Six Big Questions About Evolution』, Francisco J. Ayala Johns Hopkins University Press, Baltimone MD.